◆高等院校通识课程系列教材
◆高等院校应用型本科系列教材

职场沟通

主　编◎徐　竞　张英英　欧　剑
副主编◎李增芳　王　丽

中国水利水电出版社
www.waterpub.com.cn
·北京·

内 容 提 要

本书紧扣大学生及职场新人关心的职场人际沟通问题，专门讲述职场沟通的方法，介绍实用的沟通技巧，引导读者轻松面对职场生活，学会应对错综复杂的职场竞争，掌握职场合作技能。本书从沟通的理论及应用入手，首先介绍如何通过破冰、赏识、共情、坦率沟通等方式建立沟通和增进人际关系，其次介绍如何通过求助、道歉、说服、逻辑、汇报、提意见、谈判和拒绝等方法提升沟通能力，最后介绍职场沟通中的礼仪以及沟通的核心价值观。全书综合运用理论讲解、案例分析、课堂讨论、课后实践等教学方式，理论紧密结合实践，实操性强，易于读者学习掌握。

本书教授的理论与方法，不但适合在校大学生和初入职场的青年学习了解，对工作多年但处理职场人际关系不得要领的人也有指导意义。

图书在版编目（CIP）数据

职场沟通 / 徐竞，张英英，欧剑主编. -- 北京：中国水利水电出版社，2024.6
高等院校通识课程系列教材　高等院校应用型本科系列教材
ISBN 978-7-5226-2115-9

Ⅰ. ①职… Ⅱ. ①徐… ②张… ③欧… Ⅲ. ①人际关系学－高等学校－教材 Ⅳ. ①C912.11

中国国家版本馆CIP数据核字（2024）第016133号

书　名	高等院校通识课程系列教材 高等院校应用型本科系列教材 **职场沟通** ZHICHANG GOUTONG
作　者	主编　徐竞　张英英　欧剑 副主编　李增芳　王丽
出版发行	中国水利水电出版社 （北京市海淀区玉渊潭南路1号D座　100038） 网址：www. waterpub. com. cn E-mail：sales@mwr. gov. cn 电话：（010）68545888（营销中心）
经　售	北京科水图书销售有限公司 电话：（010）68545874、63202643 全国各地新华书店和相关出版物销售网点
排　版	中国水利水电出版社微机排版中心
印　刷	北京印匠彩色印刷有限公司
规　格	184mm×260mm　16开本　13.5印张　312千字
版　次	2024年6月第1版　2024年6月第1次印刷
印　数	0001—3000册
定　价	**42.00元**

前言

进入职场后，你认为自己成长的关键是什么？

"我想让自己过往的学习经历和工作中的努力，都变成现实成果。"——抱有类似想法的读者，一定不在少数吧。实际上，有不少读者朋友获得了高学历，学习了大量的专业知识，获得了精湛的专业技能，往大脑里"输入"了各种职业发展的"工具"，但却没有取得自己预期的成果。当一个人不懂得"输出"，或者"输出"的方法不正确，便难以实现自我成长。

为什么会发生这种情况呢？

有人说："我上小学、中学的时候，只要读一遍课本，就能把其中的知识全记下来。"可是，我们的大脑像海绵吸水一样吸收知识的情况，只会发生在20岁以前。人一过20岁，大脑的爆发式发育就结束了。此时，如果个人一味沉浸在不断积累知识的道路上，很难获得更进一步的成长空间。我们需要及时切换学习方式，把"输入"为主的个人成长模式变成沟通"输出"为主的团队协作模式，弥补个人知识与能力的短板，凭借团队的力量获得更大的成就。

如果无法与他人和团队有效沟通，就很难在工作和生活中获得不断进步。个人的发展，一方面要努力获取知识和增长技能，另一方面也要重视培养与人沟通的本领，如此，才更可能实现飞跃式的成长，发挥出用之不尽的潜能！

职场沟通并不是人们通常认为的是用来改善人际问题的一门技术，而是帮助人们实现人与人的力量"相乘"的通用法则。职场中不懂沟通的人只能依靠个人力量完成工作任务，而懂得沟通的人往往能事半功倍。

人们习惯性地认为一个人在接受高等教育之后，就具备了从业的基本能力。但实际上，职场与校园的差别很大，最先认识到这一点的是企业的人力资源管理者们。他们发现，拥有"漂亮"简历的大学毕业生来到工作岗位后，面对工作和新的环境常难以适应。因而，越来越多的用人单位开始把选人和用人的目光从名牌学校、闪亮学历、优异成绩转到专项综合素养和职业核心能力上。编者结合文献研究，在走访调研多家企业和多位校友后发现，用人单位注重的诸多职业核心能力中，沟通能力被排在第一要位。也就是说，学业水平和专业能力可以让你获得一份工作，而提升职场沟通能力则有助于你获取更多的机会，为你更好地从事专业工作创造条件、搭建平台，从而促进你提升专业水准，并获得更多的成就和职业幸福感。因此，沟通能力会使人终身受益。

那么，职场沟通能力是否可以通过学习和练习来提高呢？现在，很多有识之士正在做着这样的努力。事实证明，科学合理的培训对即将步入社会的大学生和职场新人来说，可以在一定程度上弥补个人能力上的短板，使他们更快地适应职场需求。

本教材作为职业素质教育教材响应了时代要求，贴近职场实际，通过沟通能力目标构建、常见职场沟通问题解决、沟通理论讲解与沟通方法传授，配合课后的沟通实训练习，达到提高学生职场沟通能力的目的。教材具有如下特色：

第一，紧贴我国高校教育改革的新动态、新方向，理论与实践有机结合。本书共六章，分别从沟通导论、沟通理论及运用、建立沟通关系、提升沟通能力、职场沟通中的礼仪及沟通价值观六个维度完成对"职场沟通"的介绍。在案例的选取与章节间的衔接上也尽力做到了时效性与实用性的结合，以求能够为高素质劳动者和技术技能型人才的培养提供理论结合实践的支撑。

第二，"沟通理论—问题解决—沟通实践"式内容设计，易于学生理解和实践。本教材一至五章每节内容分为 6 个模块，构成"格言—导言—课前思考—课程内容—课程回顾—沟通实践"内容体系，将学习与思考相衔接、理论与实例相结合，力求深入浅出、层层递进地向读者传达职业沟通的精神内核，在促进读者理解的同时，潜移默化地帮助读者提升对职业沟通的认识、习得更多职场人际互动的艺术。

第三，融入课程思政元素。习近平总书记指出，"要高度重视思政课的实践性，把思政小课堂同社会大课堂结合起来，在理论和实践的结合中，教育引导学生把人生抱负落实到脚踏实地的实际行动中来。"本教材最后一章讲述沟通价值观，将职场沟通具体技术层面的教学深入到沟通底层价值观的建立，明确沟通的基石是社会主义核心价值观。在这一章的编写过程中，编者开展了大量的企业实地调研和职业生涯人物访谈（包括浙江水利水电学院历届知名校友、相关行业优秀企业家等），运用真实的案例教学潜移默化地对学生的思想意识、行为举止产生影响。在此特别鸣谢何志峰（尚格控股有限公司董事长）、张敬伟（杭州创巢投资管理有限公司董事长）、沈海标（宁波舜农集团有限公司法定代表人）、陈建锋（浙江康华物联科技有限公司董事长）、胡家扬（浙江聚疗医疗管理有限公司联合创始人/CEO）、杨悦仁（牛墨集团/汉牛集团总裁）、石向荣（九州治水董事长兼总经理）、吕志升（缙云县水务投资有限公司董事长）、余开润（衢州凯西水利工程有限公司总经理）。

由于编者水平有限，书中疏漏和不当之处在所难免，敬请广大读者批评指正。

编者

2024 年 3 月

目录

第一章

沟通导论

第一节　沟通概述

格言

◆ 一场沟通可能是两个心灵相通的捷径。
◆ 将自己的热忱与真诚融入谈话中，是打动他人的快速而简便的方法，也是必然要件。如果你对自己的话不感兴趣，怎能期望它感动他人。

导言

这个世界上的万事万物、所有的能量场，与我们人类都有连接，沟通交流是连接这一切的桥梁。生活中，沟通无处不在。

课前思考

一提到沟通，我们的内心就会涌现一些场景画面，它们往往关涉平日里沟通频率高却有待提升的人际关系。有问题的沟通往往意味着有问题的关系，有问题的关系更容易困扰我们，影响我们的工作和生活。通过改善沟通方式，跳出困扰关系的沟通模式，才能使关系得到显著改善。那么该如何改善我们的沟通呢？

课程内容

一、沟通的含义

"沟通"一词，最早出现在《左传》中。《左传》中记载："秋，吴城邗，沟通江淮。"说的是公元前 486 年吴王夫差在平楚服越之后，欲北上中原，一争霸主，在今天扬州边上修建邗城（今扬州市邗江区），并在城下向北开通运河以沟通江、淮二水，名"邗沟"。这就是"沟通"一词的来源。

今天，"沟通"是指人与人之间传递信息、传播思想、传达情感的一个过程，是一个人获得他人思想、情感、见解、价值观的一种途径，是人与人之间交往的一座桥梁，通过这座桥梁，人们可以分享彼此的情感和知识、消除误会、增进了解、达成共识。

现代社会是一个开放的系统。社会组织为了自身的生存和发展，需要不断地研究和了解复杂多变的外部环境，在内部则需要正确地确定目标，作出决策、制订计划并科学地对生产过程进行组织、指挥、协调和控制，以确保组织能正常、有效地运转。

所有这些，都离不开信息沟通。信息沟通对于一个组织来说，就像神经系统对人体一样不可缺少，它是人们之间传达思想和交流信息的过程。

任何一个管理过程，都包含两种性质的运动形式：一是物质流，即人、财、物的输入、输出；二是信息流，即各种信息的传递、接收和处理。管理者通过信息流掌握物质流的状况，进而指挥物质流的运动。从这个意义上说，管理部门的职责就在于通过信息流控制物质流。管理，就是经由他人的努力而达成一定的目标。管理者较少与"具体的事物"打交道，而更多的是与"事物的信息"打交道。

管理者想要做好管理工作，就需要进行有效的信息沟通。为了有效地进行沟通，充分发挥信息沟通的作用，管理者对有关沟通的一些基本问题应该有所了解。没有人与人之间的沟通，工作就难以协调顺利开展。事实上，组织的管理者每天的大部分事务，都是围绕沟通这一核心问题展开的，例如，与上司和下属的沟通，与社会公众的交流，等等。

沟通既指组织信息的正式传递，又包括人员、团体间的情感交流。沟通是指为了特定的目的，将信息及其含义，经由各种途径或媒体，在人与人、人与群体间传递，并达成共同协议的过程。

沟通是技术性的活动，其价值在于建立起来的关系——人们互相了解、互相尊重，彼此坦率地讨论个人情感和个人问题等，这是管理者最希望看到的关系状态。沟通不仅是一个人了解他人思想、感情、见解、价值观的一种途径，而且是一种重要的、有效的影响他人的工具和改变他人的手段。

在以人为本的管理中，沟通的地位越发重要，管理者所做的每一件事都需要有信息沟通，沟通的重要性不言而喻。组织内部良好的沟通文化可以使所有员工真实地感受到沟通的快乐。加强组织内部的沟通管理，既可以使管理层工作更加轻松，也可以使普通员工大幅提高工作绩效，同时还可以增强组织的凝聚力和竞争力。因此，我们每个人都应该从战略意义上重视沟通。

二、沟通的内涵

（一）沟通的视角：狭义的沟通和广义的沟通

沟通分为狭义的沟通和广义的沟通，狭义的沟通指的是和某个人之间的交互作用，比如咨询师和来访者之间的沟通；广义的沟通指的是我们和这个世界的关系。我们跟世界上所有一切事物的关系，归根结底都是自我关系，我们和这个世界所有能量的互动，最终都会反馈回来，成为我们和自己的互动。因此，我们和世界建立怎样的连接，就决定了我们内在跟自己的连接。当我们对世界充满善意的时候，其实就代表我们对自己也充满善意。我们通过自己的眼睛看到的世界，其实是内在感受的投影。

以这种广义的沟通视角去看沟通双方的关系，就不会只把焦点放在和对方沟通的具体问题上。例如，父母与孩子进行沟通，不只是追求亲子关系更亲密，还希望通过有支持力的沟通，让孩子在未来的关系互动中更有力量。因此，从广义的沟通视角出发，我们与他人的沟通将更有建设性，对双方更有价值。当然，在获得支持力之前，我们首先需要建立亲和力，也就是和他人连接的能力。

我们学习沟通理论和方法不仅能在沟通实践中提升认知，而且在生活中也能受益，我们与他人的沟通将更为和谐、更有亲和力和支持力。

　　狭义的沟通视角会让我们陷入一种误区，误以为沟通是一场"战斗"的过程，是一场零和博弈，结果一定是一方输、一方赢。一旦有了这种认识，我们就会陷入"战斗"状态，我们的注意力就会集中在"靶子"上。

　　从狭义的沟通视角转到广义的沟通视角并不容易，首先我们要对自己的状态有清醒的认知，其次还要对自我状态保持高洞察力，即对自己在做什么、自己的感觉是否舒适有清醒的觉察。如果我们陷入"战斗"状态，我们的肢体语言会发生变化，身体会前倾，注意力都集中在了"战斗"中。在这种状况下，我们可以改变一下姿势，通过调整呼吸让自己放松下来。在关系中，我们没有办法要求对方放松，但可以先让自己放松，让自己处于平和、安静的状态中。此时，我们就不会带着攻击性情绪去面对对方，而是对双方接下来的谈话充满好奇，这样，双方才能相互协商，从对峙走向合作。

　　（二）沟通的方向：向外沟通和向内沟通

　　提到沟通，我们首先想到的是人和人之间的沟通，这是向外沟通。而我们和自己的意识的沟通、和身体的沟通、和情绪的沟通，则是向内沟通。事实上，问题的解决之道都在个体内部，一旦我们忘记这一点，就会不停地往外寻找，企图通过向外沟通来解决问题。

　　我们在童年时期就养成了两只眼睛向外看、用他人的眼光来看待自己的习惯。我们把大多数精力用于关注别人怎么做，倾听别人怎么说，却渐渐丢掉了自己，对自己内在的声音置若罔闻。这导致我们对真实的自我特别陌生，而绝大多数的心理问题也和这一点有着根源性关系。把向外看的目光转为向内看特别难，但这是解决问题至关重要的一步，一旦我们有了自我观察和自我反思的能力，很多问题的解决途径就开始出现了。那么，如何才能帮助别人看见自己呢？

　　我们能给予别人的最大支持力，就是帮助他"看到"自己。每当他做了什么，我们都可以追问他："你这样做有什么感觉？"或者直接给予肯定："看到你刚才独立完成这件事，真不错。"这样的总结和反观，会帮助一个人成长。

　　我们的沟通向内走得越深入、越和谐，向外就走得越远、越有亲和力。在与人沟通时，我们要先让自己放松下来，从更宽广的沟通视角看问题，而不是"掉进"具体的对话内容中，你用你的固化的沟通模式，他用他的固化的沟通模式。我们能做的是先把各自惯有的模式"打包"存放起来，然后思考如何能够支持对方"看到"自己、成为自己。当对方能够"看见"自己的时候，沟通双方就能在更顺畅、和谐的氛围中达成共识。

　　（三）沟通的目标：提升亲和力和创造力

　　我们与他人沟通时，如果一直处于"战斗"状态，那么沟通的目的就只是说服对方接受自己的想法。如果对方也持有相同的目的，在沟通过程中，双方的内心都有一个声音："你得听我的。"那么沟通很容易变成争执——我是对的，你是错的。我们经常听到这样的话："你怎么就是不承认自己的错误呢？""你怎么就是不听我的呢？我这样做都是为你好。"这其实是为了说服别人接受自己的观点而采取的隐性攻击。这样沟通，不仅问题得不到解决，双方的关系还会恶化。

我们与人沟通的目标是让关系更亲密、更和谐，可是自动化的反应模式会让我们的沟通变成是非对错、谁高谁低的对峙。双方在沟通的过程中都想着占据关系中更高的位置，以此获得价值等级感。事实上，这是因为我们小时候在和成年人沟通时，体验到的是被打击、被说服、被管教的压迫感，现在我们终于长大成人了，不自觉地沿用曾经被对待的方式去对待别人，以获得虚假的高价值感。

我们的沟通场域往往集中在两个地方：家庭和职场。这两个场域的沟通目标是不一样的，家庭里的沟通为的是家庭成员之间关系的亲密、和谐，而职场里的沟通为的是提高生产力、创造更多的社会价值。因此，沟通目标总体而言，是提升亲和力和创造力。

在沟通中，我们往往更关注语言的互动，通过语言交流来分出对错，而忽略情感沟通。但是，只有语言互动而没有情感互动的沟通，是没有灵魂的。情感一旦不沟通，两个人的心理距离就变远了，这便有悖于沟通的终极目标——让彼此的身心距离变得更近。在日常生活中，不论是和孩子沟通，还是和爱人沟通，我们常常违背了提升亲和力这个目标。当孩子受伤、脆弱的时候，我们原本给他一个拥抱就可以了，可是却常用沟通的"武器"把孩子推远。当我们告诫孩子不许哭、要坚强的时候，孩子并不会自我拥抱，他便难以学会与人亲密，等长大后便难以和别人建立和谐的关系。

对于成年人，提升亲和力的方式，就是学会自我拥抱。当我们对自己更亲和、更温柔，我们和别人在一起时才能减少防御和抵抗，才能有让人更舒服的相处状态，才能放下防御心理，靠近对方的心灵。很多人之所以有那么多困扰，正是因为没有人愿意主动接近他们的心灵，连他自己都没有关照自己的心灵。

虽然职场沟通也需要亲和力，但职场沟通的目的不是为了让员工天天抱团取暖，只图开心，而是要发挥创造力，实现更多的社会价值。所以在职场沟通中，管理者还要鼓励大家去觉察自己，"看见"自己。当一个人"看见"自己以及自己旧有的沟通模式，当自己的创造力被唤醒，才不再重复旧的生活方式和人生剧本，而是愿意换一个新剧本，并采用自己不熟悉的新模式去创造职场沟通与人生的更多可能。

三、有效沟通是成功的关键

在职场中，为什么有的人能与人良好沟通、和谐相处，受到领导的青睐、同事的喜欢，有的人则到处碰壁，一再受挫，直至被解雇？

一项对近千名被解聘的员工进行的调查显示：因知识和技能不称职而遭解聘的不到15％，而超过85％的被解聘者是由于他们的沟通能力欠缺和人际关系处理不当。

职业沟通泛指在职场中，人与人之间使用语言、文字或其他方式交流信息和思想、表达情感以达成职业活动的双向互动过程。职业沟通使得职业工作关系的各方能够互相理解，取得对方的支持，有利于保持良好关系，使每个人在职业活动中能够相互理解，相互支持，相互信赖。

职场中人人需要有效沟通。为了获得一份工作，你需要在面试中给人留下良好的印象。美国劳工部在测算劳动力的教育准备时，对1015名有工作的成年人进行的全国性调查显示：87％的被调查者认为，沟通技巧对完成自己的工作"非常重要"，这个比例与把计算机技能认为是"非常重要"的50％的数据形成了鲜明的对比。

　　沟通的重要作用也要求我们必须学会沟通。对于团队而言，沟通的作用主要体现在以下四个方面。第一，收集信息，使决策能更加合理和有效。沟通的过程实际上就是信息双向交流的过程，主管人员需根据信息作出决策。任何组织的决策过程，都是把信息转变为行动的过程。准确可靠而迅速地收集、处理、传递和使用信息是决策的基础。第二，改善人际关系，稳定员工的思想情绪，统一组织行动。沟通是人际交往的重要组成部分，它可以解除人们内心的紧张等不良情绪，使人感到愉悦。在相互沟通中，人们可以增进了解，改善关系，减少冲突。第三，沟通可以激励员工。有效的沟通可以使组织成员明确形势，告诉他们做什么，如何来做，没有达到标准时应该如何改进。目标设置和实现过程中，信息的持续反馈和沟通，对员工都有激励作用。在沟通的过程中，信息的接收者接收到并理解了发送者的意图之后，一般来讲会做出相应的反应，改变自身的行为。这时沟通的激励作用就体现出来了。第四，沟通对组织成员的行为具有控制作用。组织的规则、章程、政策等是组织每一个成员都必须遵守的，对成员的行为具有控制作用。而成员是通过不同形式的沟通来了解、领会这些规则、章程、政策的，因此，沟通对组织成员的行为具有控制作用。

　　对于个人而言，沟通的作用主要体现在以下三个方面。第一，生理需求。沟通对生理健康产生很大影响。医学研究表明，那些缺乏亲密友谊沟通和家庭关系沟通等充足社会沟通与联系的人，比那些拥有良好社会关系的人更容易患心脏病、高血压等重大疾病，更容易过早死亡，也更容易受到感冒等日常疾病的侵扰，需要更长的时间从疾病和伤害中恢复过来。离婚男性、单身男性比婚姻中的男性患高血压、中风、心脏病的概率高2倍。离了婚的男性和女性，患癌症的概率是已婚人士的5倍。在对1447人长达10年的研究中，考虑了年龄、收入、疾病、烟酒、运动等多个变量之后，发现良好的沟通对寿命是有益的。那些沟通良好的人有更长的寿命预期。第二，认同需求。我们对自我的认同源自我们和他人的互动。埃里克森提出，自我认同的确立是青少年的重要发展任务。自我认同是关于个体是谁、个体的价值和个体的理想是什么的一种稳定的意识。每个人在青年时期都在探索并尝试去建立稳定的自我认同感。会对"我是什么样的人、我这个人怎么样、我应该成为什么样的人"形成辩证统一的认识。我们通过与他人交流，通过他人的回应来认识自己，完善自己，积极寻求生活的目的与人生的意义，形成完善的人格，成为理想中的自己，使主体我和客体我达到统一。第三，社交需求。积极的社交关系是幸福的重要来源。沟通除了可以帮助我们强化自我认同之外，也促进我们和他人之间的社交关系，满足彼此的社交需求。社交需求包括爱与被爱、友谊归属和被接纳。这些需求存在于各种关系中——在朋友、同事、家人、陌生人之间，而沟通就是满足我们社交需求的主要方法。调查研究显示，最快乐的那 10％ 的人都认为自己拥有丰富的社交生活。

当你准备进入职场，去应对更深层次的人际关系时，沟通技巧对你的成功将变得更为重要。在职场中，不善于沟通，你将失去许多机会，同时也将导致自己无法与别人顺利地合作。我们都不是生活在与世隔绝的孤岛上，只有与他人保持良好的沟通协作，才有机会获得成功。

要知道，现实中大部分的成功者都擅长和重视人际沟通。一个人只有能够与他人准确、及时地沟通，才能建立起牢固、长久的人际关系，进而才能使自己在事业上左右逢源、如虎添翼，最终获得成功。

四、训练是有效沟通的途径

你是否有过这样的体会：想向别人表达自己的观点，却始终说不清楚；本想消除与他人原有的隔阂，但事情却变得更糟；因为不善沟通，你和同事、领导之间的关系非常紧张。这一切表明，沟通无处不在、无时不在。

沟通使人与人之间心灵相通，有了沟通才能拉近人与人之间的距离。沟通能力强的人，容易获得别人的帮助，容易办成事，不会轻易引起他人误会，办事效率较高。虽然人与人之间的沟通能力差异很大，但它并非与生俱来，而是通过后天的学习和培训习得的，只要你有沟通的意识和心态，掌握沟通的技巧和方法，并勤加练习，你也可以成为沟通大师。

合理的训练能有效提升沟通能力，通过科学、系统的训练以及个人后天的努力，人人都可以提高沟通能力。沟通能力训练的主要内容包括两个方面：一是提高理解别人的能力；二是让自己更容易被别人理解，即提高自己的表达能力。当然，沟通能力的训练方法因人而异，应结合自身状况科学制定，并且需要持之以恒地训练，假以时日，才能不断提高沟通能力。

课程回顾

本课介绍了沟通的概念、广义沟通与狭义沟通、沟通的方向与目标、沟通的作用等知识，我们应认识到刻意训练有助于实现有效沟通。

沟通实践

"纸上得来终觉浅"，在学习沟通理论知识的同时，我们还需通过实践练习来掌握相关理论。若是一味空谈理论，在实际人际交往中，我们与人沟通就会遇到问题。下面的实践练习可以帮助你建立一个沟通理论应用练习的框架。

你可以按照本书的沟通实践练习内容顺序边学边练，也可以自己制订每周学习计划，然后从中挑选一项沟通实践在接下来的几天中练习。你还可以使用本书定期做新的练习，根据你在职场中遇到的新问题再选择一项与之相关的沟通实践加以练习。

你可以让这套沟通实践练习提醒自己随时练习运用所掌握的技能，并在职场中有效地使用。请记住，每次使用沟通实践练习时，你都会经历这样的学习周期：尝试掌握新的技能——反思这个新技能应用得如何——选择下次需要掌握的新技能加以练习。如此这般，你将不断地成长进步，而这些技能也会融入你的生命，成为你的一部分。你会发现，你的沟通能力在一次次的练习中得到了提升。

迈 出 第 一 步

你是否发现自己经常处于对职场关系不满意的恶性循环中？你是否渴望提高团队的效率，让成员们齐心协力地工作？你是否希望得到老板或同事的支持和尊重？

我们大多数人每天大概有三分之一的时间都在工作、通勤，或是在思考与工作或通勤有关的问题，渴望改善职场关系或在工作中得到支持、尊重，是非常正常的心理。

我们要做的第一件事是反思：分析并找出自己有哪些惯性思维或行为阻碍了自己建立想要的职场关系。如果找不到根源，即使你换了工作，这些惯性思维或行为也会跟着你，影响你的职业生涯。

学会从需要的层面与自己的行为连接是改变惯性行为和思维的第一步。通过反思，你会不断地发现，那些从行为（特别是你的惯性行为）中得到或未能得到满足的需要，都为你将来做出改变指明了方向。

假设你对某位同事所做的评判会产生惯性行为，那么下次这位同事再做评判的时候，你首先要检讨自己（而不是带着评判或指责的眼光审视同事）。

你可能会发现你的行为与自己的价值观并不相符，此时你应当深究你言行背后想满足的需要，例如被尊重、认可或支持，然后再反思你的这些惯性行为不能满足你的哪些需要。这样思考之后，你很自然地就会提出一个问题："下次我应该如何调整我的行为来更好地满足我的需要？"

与自己的沟通需求相连接，逐渐让自己的沟通实践练习目标变得清晰。这周花一段时间来观察你对某位同事、上级或客户的某种惯性行为。思考一下，你的这种行为是否符合你的价值观？这个行为能满足（或未能满足）哪些需要？

第二节　职场沟通常见困境

📖 格言

　　世界上最远的距离，不是地球与银河系任何一颗星的距离，而是，你坐在我面前，我们却找不到任何沟通的渠道。

✏️ 导言

　　人一旦缺乏沟通就容易产生误会与冲突，而沟通过头又会感觉啰唆。我们在职场中与日常生活中，都难免会遇到各种各样的沟通困境。

课前思考

　　当你在生活与工作中说了不该说的话、感觉被人针对、遇到利益冲突时不知如何开口，面对职场中的八卦和玩笑或面对权威人士等沟通困境，你通常是如何处理的？

课程内容

　　这一节我们来探讨当我们遭遇沟通困境时，该如何破解。

一、沟通中感到被针对该如何处理

　　"针对"这一个没有感情色彩的词，一旦降临在沟通中人的身上，那滋味可真不好受。在沟通中被同事针对、被老板针对或者被其他人针对……如果别人一直针对你，这可能会让你感到困扰和不安。

　　以下是一些建议，希望能帮助你应对这种情况。

　　首先，遇到沟通中被针对的情况时，要保持冷静和理智。当别人针对你时，保持冷静和理智非常重要。不要让情绪控制你的沟通言语和行为，避免在情绪激动时脱口而出过激的话语或做出冲动的决定。

　　其次，平复情绪后，在沟通中分析对方针对自己的原因，并通过沟通寻求解决。了解和分析对方的态度和言行是否是真的针对自己，还是有其他的原因。如果你认为别人对你的针对是有原因的，可以尝试与他们进行沟通，解决问题，消除误解。如果是无理的针对，也可以尝试与对方沟通，了解他们的动机和原因。

　　再次，寻求沟通中的支持。找到一些支持你的人或群体，向他们寻求帮助和支

持。他们可以为你提供建议、安慰和支持，帮助你面对困境。

最后，在沟通之后，如果效果不理想，不要自责。不要认为别人针对你是你的错，不要对自己过于苛责，而是要学会接受自己的弱点和不足，并在沟通实践中努力改进。

总之，面对别人的针对，要保持冷静和理智，寻求支持和帮助，不要自责，采取适当的措施来维护自己的权益。

二、言多必失，经常说不该说的话如何处理

说话说漏嘴了，让人知道了自己的底牌；说得太忘我了，没有照顾到周围人的感受，误伤别人，都是言多必失的例子。反之"不说话"或者"话太少"，往往又达不到沟通的目的，还容易让沟通氛围变得很尴尬。

沟通中遇到上述困境，该如何破解呢？其破解的关键之道在于：建立"思考循环"的习惯。所谓"言多"不是看话语的数量，而是要站在接收者的角度做评估。

第一，沟通表达前先思考沟通的目的，如我为什么要沟通？通过这次沟通我期望达到什么效果？

第二，试着站在接收者的立场评估一下。接收者对本次沟通有什么期望，希望从我这里得到什么信息？考虑对方的接受能力，为了达到我的沟通目的，最精简的表达方式是什么？

第三，在执行中调整。"思考循环"中对对方的评估判断也许是有偏差的，需要在"执行循环"中做进一步的调整。我们觉得自己的语言表达不算"言多"，但当我们说出去后，对方的反应很激烈，那一刻我们要觉察到自己"言多"了，我们要及时调整自己的沟通节奏和方法，做到有效沟通。同时，也要调整对对方的认知，以便再次沟通时对对方反应的预判更加准确。

三、如何在表达不同意见时不伤害他人的感情

在与人沟通的过程中，我们常会遇到这样的沟通困境：表达不同意见很容易伤感情，但忍着不说，又不能解决问题，该怎么办呢？

不同意见本身是有价值的，这让我们有机会换个思路思考问题。但是，沟通不当，沟通进程就会发展到不可控的地步，导致冲突，破坏人际关系。鱼和熊掌该如何兼得呢？怎样能征求到不同意见（鱼），又维护良好的人际关系（熊掌）呢？

破解这个问题的关键是做好评估，特别是来自第三方的评估。

中国人常常会选择"舍鱼而取熊掌"——为了维护良好的人际关系，有意见也不说。

开会时，领导问："关于我的这个提案，大家有没有不同意见啊？"答案通常都是："没有！"可是当面不提，不表示真的没有问题。一旦开始执行了，各种麻烦就出来了。做一件自己不赞同的事情，心真的好累啊。

其实，鱼与熊掌是可以兼得的，关键就是做好评估，尤其是第三方评估。

人的情绪从平和状态到爆发状态，会有一个过程。争夺话语权的双方，最初就事

论事地争，各自从自己的角度，提出自己的观点和想法，这对全面思考和解决问题是很有价值的。但是争论中，一旦出现针对"人"而不是针对"事"的情形，沟通双方的情绪就起来了，"争"会变成"吵"。

只要评估到沟通中出现对"人"的攻击，就要喊停。

为什么是第三方评估？当事双方很可能都被对方带有敌意的情绪挑动，难以自控。此时第三方最容易站在中立的角度，冷静评估当事双方的情绪，并及时喊停。当情绪之火仅处于火苗状态时被扑灭，就不会燃成一片火海了。等情绪平复了，再来就事论事地讨论，问题更容易得到解决。

四、利益冲突时如何沟通

人们往往以为大学毕业之后，再也不用考试了，但社会上种种无形的考试却是一个接一个，尤其是职场中的各种考验就更多了。对职场新人来说，职场中最难的考题，是面对冲突时如何处理和有效沟通。

有利益冲突，会让沟通变得复杂。在这种情况下，如何跟利益冲突者进行有效的沟通？首先，要认清冲突的本质，积极看待和应对；其次，把冲突看作一次机遇，谨慎应对，转化冲突，建立良好人际关系。冲突有它潜在的价值，也是生活中不可避免的一部分。

（一）认识到冲突是一种对抗的人际关系

冲突是一种过程和状态，当人们感觉到他人对自己关心的事情有不利影响或将要产生不利影响时，冲突就开始了。

冲突是团队成员在工作和交往中产生意见分歧（如目标不一致、观点不统一、对事实解释存在分歧、决策标准不同、行为方式差异，以及对行为预期不一致等），进而出现争论、对抗，导致彼此间关系紧张的状态。

（二）认识到很多冲突必然会发生，因为要让对方承担起应负的责任

有人的地方就有冲突，有团队就必然有冲突。职场中，由员工和管理层组成的一个共同体，合理利用每一个成员的知识和技能协同工作、解决问题、达到共同的目标，这叫团队。

冲突产生的原因很多，主要是因为团队成员在能力、性格、认知模式、价值观、思维方式、教育及文化背景等方面存在差异，当然还牵扯个人利益和影响等。

很多冲突必然会发生，比如对方不愿意承担自己的责任，做出的承诺无法兑现。这就意味着我们需要就责任问题和对方展开面对面的交流，让对方承担起应负的责任，让冲突得到解决。

（三）正视冲突的积极意义，敢于直面冲突

没有经历过冲突或在冲突中无法达成协作的团队，无法成为真正的团队。团队发展四阶段理论表明，一个团队的发展必然经历这四个阶段：规范期、风暴期、绩效期和形成期。其中，风暴期也叫冲突产生期。团队成员各有想法和意见，个性相异，产生冲突、意见分歧等情况必然会发生，团队必须经历这个过程，才能进入下一个阶段——绩效期，成为一个稳定而高效的团队。管理学理论研究也表明：适当的冲突可

以使团队变得更好。

受传统文化的影响，中国人一直以来都喜欢讲"和"，不喜欢与人发生冲突，于是很多人习惯于回避冲突和进行表面的维稳。有些管理者性格内向，不善于处理人际关系，能不与人发生冲突就不冲突，一旦冲突发生了，又片面地讲求和谐，对冲突置之不理、讳莫如深，或者用表面和谐的方式处理冲突，并没有真正解决冲突指向的核心问题，这无疑是在浪费一次好机会。

其实，如果处理方式得当，冲突会带来两个利好：一是问题得到顺利解决；二是人际关系得到提升。如果不处理，那就是：不在冲突中成长，就在冲突中消耗。

当陷入复杂难解的冲突情境中时，我们可能会担心自己让事情变得更糟，不知道做什么，或者开始退缩。我们可能会有一个强烈的念头：假装冲突不存在，或是当对方显露出敌意时，便任由敌对状态持续下去。

沟通的时候，有利益冲突的双方通常会急于表达自己的意见，而忽略对方的意见。当双方只考虑争取自己的利益，而无视对方的利益时，沟通就无法进行。所以，既然利益是双方共同关心的问题，那么在沟通的时候一定要考虑到对方的利益，这样才能让沟通顺畅。

（四）学会转化冲突，走向互利共赢

冲突本身不是问题，如何处理冲突才至关重要。面对冲突，我们可采用以下冲突化解三部曲来转化冲突，实现双方的互利共赢。

1. 识别冲突类型

组织中的人际冲突一般分为三种类型：分歧型、情绪型和干扰型。

分歧型是指由于认知上的不同产生的冲突。例如，在工作中由于双方对任务的理解有偏差，或对做事方式不满意而存在意见分歧。情绪型是指因负面情绪产生的冲突。也就是因为有负面情绪的介入，戴有色眼镜看待他人，从而影响在工作中的判断和行为。比如，因为不喜欢某位领导，就在工作中和他对着干。干扰型则将干扰作为冲突产生的根源。指个体通过扰乱、妨碍或使用其他手段对他人产生不利影响。比如，有的人在他人工作中动手脚，做出一些妨碍性行为，总之就是"搞事情"。

当你与他人产生冲突时，冷静分析一下该冲突属于什么类型，每种类型要解决的主要问题是不同的。

2. 了解自己与对方当前所处的位置，明确立场与态度

冲突管理中对别人有影响还是对自己有影响，你可以先找到你在什么位置，对方会在什么位置。

冲突中，你在哪里？是坚持，是静观其变，还是顺应？清楚你在哪里才有下一步的策略。对自己影响程度大、对别人影响程度小的，位置是坚持；对别人影响大、对自己没影响的，位置是顺应；对自己和他人影响程度都小的，位置是静观其变。既对自己有影响，又对别人有影响，就需要双方做出让步，达成妥协。没法妥协的，就成了问题，需要进一步提出解决方案，继续往上走，找到第三种选择，最终目标是双赢、共好。很多人面对冲突，不知道怎么处理，就是因为不清楚自己的位置。不清楚自己的位置，就不知道下一步去哪里，就没有策略了。

3. 领导冲突

处理冲突，最常见的方法是沟通，通过关键性的对话，讨论出双方可接受的方案，最终达成共识。看似不可调和的差异化认识是可以转化为共识的，下面分享三种化冲突为机会的方法。

（1）共识性沟通。你们在吵什么？是为了什么？冲突背后到底要追求什么？在开口之前，确认沟通的主题，即要沟通的主题到底是什么，是未实现的承诺、未完成的目标及其错误行为？目的是什么？询问自己内心的真实需求，这种需求必须顾及自我、对方和你们之间的关系，以此确定最重要的问题。

（2）深度对话。以能够激发参与者克服冲突的积极方式进行沟通，真正了解对方。沟通方式因人而异，但有一点是共通的，那就是营造安全的对话氛围，不要让对方感到被指责、被冤枉、被委屈等，营造安全的氛围，尽最大努力避免对方在交谈过程中感到焦虑。不要兜圈子、打哑谜，也不要推卸责任，把对方描述成恶人，自己扮演好人的形象。如果你经常这么做，对方会觉得你只是个无足轻重的传话员，而且是个胆小怕事的懦夫。

（3）用事实开场，而不是观点。观点最容易引起对方反感。比如你可以说"我留意到这周你迟到了三次"，而不是说"你很不守时，总是迟到"。

（4）差异描述，表明影响和后果。推荐使用BIC反馈工具。"B"即behavior（行为）；"I"即impact（影响），这种影响是短期的、局部的；"C"即consequence（后果），指长期的后果，比"I"的影响更为深远，尽量和员工本人的长期发展挂钩。比如，"这周我提醒了你三次要提交每日清单，你一次都没有提交（B），导致这一周我们都不知道你做了什么（I），这对于后续的升迁评优会有影响（C）"。

（5）以一个问题结束开场白。比如，我想听听你是怎么想的？以这种方式结束开场白，等于向对方发出一个真诚的邀请，请他们说出自己对问题的看法，接下来就可以讨论问题出现的根本原因了，然后帮助对方制造一个愿意解决问题的动机。

（6）探究询问。为缓解冲突提出一些问题，从中获取关键信息。要有打破砂锅问到底的精神，大部分的询问只是浅尝辄止，停留在我以为我知道、我想听的或我听过的就停下来，根本没有触及问题的本质。

（7）所有冲突的解决，都离不开两个方面：一是自己怎么做；二是如何对待他人。首先，冲突发生时，我们自己要有更多的忍耐。如果对方吼你，你也吼回去，这不是解决冲突的办法。而应当要多学习一些主动处理冲突的技巧，平时在每一个大大小小的冲突中，在工作中多进行自我修炼。比如，从我做起，避免揣测对方、把对方的动机想象得不纯或主观认为对方是个十恶不赦的人；检视自己，是不是也有做得不到位的地方，从而引发了对方的误解；认真了解对方的动机，还原真相；主动对话，提供并探讨第三种选择——替代当前方案的双赢方案。对他人，需要更多的包容、体谅、倾听和相互理解。

总之，面对沟通中的冲突困境，我们要尊重不同观点和利益、立场，保持冷静和客观，不要情绪化地看待冲突。沟通过程中最为重要的是控制情绪，冷静下来，想想冲突发生的缘由。同时注意在冲突情景下的倾听和表达，要做到有效聆听与好好说话，不要只听攻击性的话，听听对方的话中话；忍住攻击对方的冲动，冷静表达，好好说话。接下来，要在沟通中寻求共赢的解决方案，寻求对双方都有利的解决方案。在整个沟通过程中，尤其是在有利益冲突的时候，我们要保持耐心。

五、如何应对职场中的八卦和玩笑

八卦新闻、王长李短、老板如何为人、某某怎么化妆、谁谁穿衣打扮如何……无聊谈资、职场玩笑常偷偷摸摸又光明正大地充盈在一些办公室茶余饭后时刻。

对于刚刚参加工作的职场新人来说，如果面对这种不甚健康的办公环境，特别是当自己也被八卦缠身的时候，可采用以下方法积极应对。

（一）保持专业态度和独立思考

保持专业态度和独立思考，是应对职场八卦和玩笑的重要方法之一。保持专业态度是指职场人按照公司的规章制度和职业道德要求，遵守工作纪律和职业规范，以专业的标准对待工作，包括遵循公司的价值观和核心理念，积极参与工作中的讨论和决策，确保工作质量和效率，以及避免言行不当或情绪化的行为。独立思考是指职场人轻易不受外界的影响，能客观分析、理性思考和对待工作中的人和事，包括仔细考虑所有事实和信息，不轻易相信传闻，以及从多角度、多层面分析外部信息。

职场人应学会保持审慎和谨慎，面对八卦和谣言，先核实事实，了解信息来源及其真实性，再作出自己的判断，不轻易传播信息，避免误导他人或造成不必要的误会和困扰。职场人还应学会寻求帮助和支持，如果被八卦缠身，可以向同事、上级或人力资源部门寻求帮助，避免陷入孤立无助的境地。同时，可以通过提供自己的见解和分析，为公司提供有价值的建议，建立自己的专业声誉和信誉。

（二）注意做到谨言慎行

谨言慎行是职场人必须遵循的基本准则之一。具体而言，职场人应注意自身言论，做到以下几点：

（1）不发表无根据的言论，不制造、不传播八卦消息和流言蜚语，以免破坏自己的声誉，降低领导和同事对自己的信任。在职场中，无根据的言论往往会引起误解、困扰和不必要的麻烦。职场人应该遵循事实和证据，对自己的言行负责，避免散布不实信息，影响他人的判断和决策。

（2）不散布关于同事和公司的消息。职场中的人际关系错综复杂，很容易引起误解和矛盾。职场人应该尊重他人的隐私和权利，避免损害公司的形象和信誉，以及自己的职业声誉和形象。

（3）核查信息的真实性和可靠性。职场人应该了解信息的来源和真实性，避免受到不良信息的影响。面对未经证实的信息，应保持谨慎和警惕，尤其是在网络和社交媒体上，不轻易相信和传播未经证实的消息。

（4）学会控制自己的情绪和言行。在职场中，情绪和言行的失控往往会导致不必要的冲突和误解。职场人应该保持冷静和理智，避免言行过激和偏激。

（三）保持透明和公开的态度

在职场中，保持透明和公开的态度可以帮助职场人建立良好的声誉和信任关系，从而减少八卦、谣言和无聊玩笑的传播。具体做法如下：

（1）保持开放的沟通。职场人应该与同事和上级保持开放的沟通，及时分享工作进展和相关信息。这样，可以避免误解和猜测的产生，促进工作的高效进行。同时，对于自己不了解或者不确定的事情，应该及时询问相关人员，避免出现误解。

（2）尊重他人隐私。尽管保持透明和公开很重要，但职场人也应注意尊重同事的个人隐私，不在公共场合谈论私人事务或透露私人信息，避免引起争论和矛盾，同时也树立自己良好的职业形象。

（3）遵守公司规定。公司通常会有规定和程序来处理涉及机密或敏感信息的问题。职场人应该遵守这些规定，不要擅自泄露、传播机密信息。这样做，即可避免引发法律问题，还可树立自己的良好职业形象。

（4）建立良好的信任关系。在职场中，良好的信任关系是非常重要的。职场人应该积极地与同事和上级建立沟通和信任关系，增加彼此的了解和信任，从而减少八卦消息和谣言的传播，促进工作高效有序地进行。

（四）沉着应对

沉着应对是职场中非常重要的技能，特别是在面对八卦消息和谣言的时候。以下是对职场人应该如何沉着应对的建议：

（1）保持冷静。当你听到关于同事或公司的八卦消息和谣言时，不要立即相信或传播这些信息，要保持冷静，不被情绪所控制，考虑是否有必要进一步了解事实真相。

（2）不参与传播。对于你不相信的传闻，坚决不传播。否则，可能会给公司和同事带来负面影响，破坏职场信任。

（3）查找信息来源。如果你认为必须进一步了解传闻真相，应当查找可靠的信息来源，例如通过与当事人直接交流或查阅公司公告等途径来了解真相。

（4）确认事实。在确认传闻的真实性时，要格外小心，确保只参考可靠的信息来源，避免基于无根据的传言或偏见来作出决定或行动。

（5）不要害怕说出真相。如果你发现传闻不是真实的，不要害怕与他人分享真相。你可以通过与同事交流、公开说明事实、向上级汇报等方式来解决问题。

（五）提高个人素养

培养和保持良好的职业素养对于职场人来说非常重要，以下是关于增强个人素养的几点建议：

（1）保守秘密。职场人应该严格保守公司和同事的机密信息，不得泄露给未经授权的人员。这不仅是职业操守的体现，也是公司信任的基础之一。

（2）尊重同事。职场人应该尊重同事的人格和隐私，不得侵犯同事的权益和尊严。要避免对同事的私生活和个人事务进行评头论足或挖苦嘲讽。

（3）避免诽谤。职场人应该避免散布谣言和诽谤，不应该轻易相信和传播没有经过核实的信息。同时，也要避免对同事进行攻击和中伤。

（4）尊重他人隐私。职场人应该尊重他人的隐私，不得擅自查看同事的私人物品、文件等，也不得窃取、传播他人的信息。

（5）保持良好的职业形象。优秀职场人应该保持良好的职业形象，比如言谈举止得体，同时也要保持良好的职业道德信誉，不随意评论他人建立良好的口碑和形象。

总之，处理职场中的八卦和流言蜚语需要一定的耐心和冷静。通过不参与、保持冷静、直接交流、寻求支持和保持专业态度等方法，你可以更好地处理这些问题，并保护自己的声誉。

六、怎样沟通能让对方听进去

在沟通中，相信大家或多或少都遇到过这样的苦恼：当你表达不够充分，往往难以引起对方的重视；但当你充分表达，对方虽然听进去了，但却很烦你，有"叨唠"之嫌。

那么怎样沟通，既不用说得太多，又能让对方听进去，产生好的沟通效果？破解之道在于调频和评估，其中诀窍是调频（adjust），关键是评估（assess）。

- 评估：评估对方是否关闭了频道。
- 调频：调整谈话内容和节奏，引发对方的兴趣，使之打开频道。
- 再次评估：说完了，请对方给个反馈。

只要对方反馈的内容与自己想表达的内容匹配，表示沟通目的已达到，沟通就无须再重复。

例如，某公司老员工老杨给职场新人小张布置工作任务时，没注意小张的反应，自顾自地唠叨了很久，但小张依然没明白自己的任务是什么。如果老杨在布置任务之前先评估小张的状态，并设法让小张专注于彼此的沟通，比如老杨说"小张你先把手头的事情放一放，我有个任务交给你"之类的话，布置完任务后再评估一下："把任务重复一遍。"当小张反馈的跟自己说的意思一致，说明任务真的布置下去了，那老杨就不用再唠叨了。

说一不二的领导和唠叨的领导相比，谁更有沟通影响力呢？显而易见，一定是说一不二的领导。所以调频是打破唠叨死循环的诀窍。加入了调频，执行循环才完整。

但，"我不唠叨，总有人跟我唠叨。"如果遇到唠叨的人该怎么办？此时需要完整地执行"调频"与"评估"循环。优秀的沟通者会在沟通前默认对方频道关闭，主动调整谈话内容或节奏，并在沟通过程中时刻关注对方的状态，通过获取反馈评估沟通的效果。

七、如何与权威人士沟通

职场人经常要跟自己的上司、单位领导等权威人士沟通，有些人在与平级同事沟通时，能够做到自然、自如，但与权威人士沟通时，要么被动讨好，要么消极对抗。

在你所建构的人际关系系统中，权威人士的位置在哪里？如果权威人士在你的系统中无处安放，你就会一直排斥他们。一个人如果处理不好与权威人士的关系，就会出现屈从于权威或挑战权威两个极端。那么，我们该如何正确地与权威人士沟通？首先，应正确看待权威人士，我们要认识到，权威人士常常是我们的支持者。其次，面对权威人士，不要习惯性回避与之交流，克服自己对权威的恐惧心理，是与权威人士沟通的第一步。

（一）保持积极沟通的心态

我们必须明确权威人士的地位和他们的经验背景，理解他们的意见和建议是基于他们的专业知识和实践经验。同时，我们也要保持自信，相信自己对问题的理解和见解也是有价值的。只有在这样的心态下，我们才能真正从权威人士的话语中受益，并将其运用到我们自己的工作实际中。

（二）具有批判能力

虽然权威人士的观点通常是经过深思熟虑和实践验证的，但并不意味着他们的观点是绝对正确的。我们应该保持独立思考的能力，对权威人士的观点进行思考和质疑，这样我们才能更加全面地理解问题，同时也能够从权威人士的观点中找到更好的解决方案。

（三）要有自主性和主动性

沟通前，先了解权威人士的文化背景、价值观念、习惯和行为规范等，以便更好地理解对方的想法和行为。在沟通时，注意言辞和态度，采用恰当的语言和方式，避免使用过于直接或冷漠的表达方式，避免冒犯对方。同时，努力与权威人士在沟通中建立良好的信任关系，以加强双方之间的合作，更好地解决问题和推进工作。权威人士通常只是给我们指出方向、提供建议，最终决策和行动还是由我们自己来完成。我们应该根据自己的实际情况和需求，选择适合自己的方向和方法。我们不能只凭借权威人士的话语决定自己的人生和职业发展，而应当根据自己的兴趣、潜力和目标制定自己的计划和行动。

（四）遵守规则和尊重权威人士的决策

与权威人士沟通时，我们可以提出自己的想法和意见，但应注意遵守规则和权威人士的决策。这不仅是对权威人士的尊重，更是对社会秩序和公共利益的尊重。权威人士的决策往往是基于对整体情况的综合考虑和公正判断而作出的，我们应当尊重这一决策并配合执行。

权利地位悬殊的人之间，可能需要进行更多的沟通协调，以达成共同的目标。因此，沟通双方都需要学习协调处理不同意见的方法，以便达成合作，实现共赢。面对权威人士，我们既不应讨好也不应对抗挑战，而应保持平等、尊重的态度与之相处。在与权威人士沟通的过程中，还应保持善意和开放的心态，接受不同的观点和意见，从而更好地完善我们自己的工作，取得更好的业绩。

正确对待权威，是我们在成长和发展过程中必须具备的能力。我们应当保持积极的心态，拥有批判性思维，同时还要有自主性和主动性。只有在这样的基础上，我们才能更好地吸取和运用权威人士的经验和观点，让自己变得更加优秀和出色。

在与权威人士沟通的过程中，我们应努力找到双方共同的目标和努力方向。沟通中对权威最高级的处理方式，是具备对权威的领导能力。有领导力的人并不一定级别很高、能力很强或年龄很大，但他（她）能将各种资源整合到一起，找到不同群体的共同目标，让大家的力量往一处使。那么，沟通中如何学会领导权威人士？首先要找到共同的目标，然后在沟通过程中包容对方并引导对方朝着共同的方向达成合作。

课程回顾

本课探讨了当我们在生活与工作中说了不该说的话、感觉被人针对、遇到利益冲突时不知如何开口，以及面对职场八卦、玩笑，或面对权威，处于不同沟通困境时，应该如何正确地进行有效沟通。

沟通实践

你知道自己的情绪触发器是什么吗？

同样的职场环境，一种情况下你认为充斥着各种各样的人际冲突，另一种情况下你认为拥有良好的人际互动关系。要了解为何有此区别，关键在于，你得了解自己的情绪触发器是什么。

情绪触发器可以是某个词汇、某种行为，或其他任何可以触发你负面情绪的人和事物。当你有了负面情绪的时候，不要用会令自己后悔的情绪、言词和行为回应。相反，你可以把这样的情境视为一个机会，一个帮助你发现自己哪些需要没有被满足的机会。

如果我们不能清楚地意识到这一点，那么一个情绪触发器可以让你形成某种惯性反应。但无论你的惯性反应表现出来的是什么（可以是愤怒、对抗或生闷气），它都不能让你满足自己的需要。

自我同理能够有效地干预那些触发你情绪的情境，让你能够采取不一样的应对方式。如果某个情境让你有了负面情绪，而促使你下意识地采取某个反应，你可以进行自我同理，并用车轮句型与自己的感受和需要连接："当我看到/听到……我感到……因为我需要……"

当我们痛苦的时候，我们的思想就像旋风一样急速飞转，导致我们无法同理别人，直到自己被同理的需要得到满足。在这周内尽可能多地发现自己的情绪触发器。把会触发你情绪的行为、言词或经历列出来，发现它们与你的惯性反应之间的联系。

第二章

沟通理论及应用

第一节　沟通的四大底层逻辑

格言

- ◆ 任何事物都有一个底层逻辑，只有找到了它，你才能真正掌握它。沟通也是如此。
- ◆ 成功的人是那些沟通中能够觉察到别人觉察不到的问题，并且能够把问题顺利解决的人。
- ◆ 学习如何思考和认识底层逻辑，比学习任何事物都更重要。

导言

如果你要和老板谈一谈加薪或升职，请问，在你和老板会面并张口提出具体要求之前，应该思考和准备一些什么？针对这个问题，如果先让大家思考一下，凭借自己的直觉和经验，每个人都会有一个自己的初步思考和答案。

猜测有不少人会有这样的想法——选择一个恰当的对话场合、约定方便的时间、揣测老板的心情以及整理自己的表现……这些都是对的，但都不是根本所在。

课前思考

在我们日常的沟通过程中，往往先思考细节，而容易忽略诸如策略、格局、情势这样的大问题。那么，从谈判和冲突解决专家的角度来看，在沟通开始之前，你究竟应该思考和准备一些什么呢？

课程内容

本课程主要讲授沟通的基础原则，共包含四个部分的内容。通过这个部分的学习，希望大家能够掌握人际沟通中的四个维度。这四个维度相互交织，旨在帮助沟通者在沟通开始之前，在策略、格局、情势上进行思考和准备。

需要思考的主要是四个维度，它们分别是结构、性质、目标和风格。无论是在会议、报告、发言、演讲、谈判、协商、争论，还是研讨、文宣、媒体传播这些情景中，在广义的泛沟通领域，结构、性质、目标和风格这四个维度都贯通其中，可以帮助我们形成一个"一以贯之"的策略预判和行为指针。

请留意两个词——"策略预判"和"行为指针"。换言之，在这四个维度上进行未雨绸缪的分析，可以帮助我们预测后续的沟通将要发生什么，并据此制定我们的应对策略。从细节行为出发而不是从策略框架进行考虑，这是大家经常犯的错误。

一、沟通的结构

我们先看第一个维度——结构，或者更准确地说，是权力的结构。在这门课中，沟通被定义为：为了实现具体目标而进行一场有效的对话。也就是说，我们进行的这场沟通不是闲聊，而是有明确的目标要通过沟通实现。当我们设定了沟通的目标，自然会关注谁掌握着资源、能力，或者最终决策的权力，以确保这个目标得以实现。

当我们有具体的目标要在沟通中实现时，理论上，能让这个目标实现的决定权，可能分处在三种不同的位置。

（一）决定权在对方——说服

第一种是决定权在对方。也就是在沟通过程中，当做完局势的预判和分析后，会发现这件事情的解决方式完全由你的对话对象控制，你自己本身完全没有决定权。

如果你是一家公司的销售，你会热情地向顾客们推荐新产品。然而，最终是否购买，决定权在顾客手中，否则，就是强买强卖。因此，在销售场景中，新产品的成功售出与否，决定权在顾客手中，这就是典型的决定权在对方。

当决定权在对方时，它所对应的沟通策略，称为说服。说服，在本质上是一种控制权的匮乏。由于无法控制，便只能施加影响。

在说服领域，最具盛名的作品是美国社会心理学家罗伯特·西奥迪尼的《影响力》。在这本书中，作者将影响力——也就是说服的力量，分解为六个行动要素，分别是互惠、稀缺、从众、权威、一致、喜好。简言之，如果你的沟通策略有效地运用了互惠、稀缺、从众、权威、一致和喜好这六个行动要素，那么这将更有可能是一个成功的说服。

早在春秋战国时期，人们就已经懂得了用说服去获得职位，著名的张仪、苏秦、公孙衍等莫不如此。从某种意义上讲，他们每个人都是沟通中善于说服的"推销员"，每个人都在推销自己，推销自己的主张、价值观、能力，推销自己的产品、方案、成果等，并且都获得了不同程度的成功。那么，如何使自己的说服更有力，更能达到目标，就需要掌握一定的说服原则和技巧。

1. 用真诚、可靠、权威、魅力来建立信赖感

在说服的过程中，建立信赖感是说服的基础。缺乏这一基础，任何说服都难以取得理想的效果。人们往往被魅力吸引，而魅力正是信赖感建立的前提。无论是权威、财富、外表、知识与能力，都是一种魅力，但最重要的还是人格魅力。一个正直诚实的人往往更容易获得他人的信任。

为了让自己变得更有魅力，你需要在各个方面进行提升。从外在形象到内在修养，打造自己的形象，增加自己的头衔，提高自己的能力，积累自己的知识，更重要的是修炼自己的内在品质。这些都是你说服别人最有力的武器。

2. 打造信息内容，利用真理的力量，晓之以理

每个人的信念都是建立在自己认为真实的基础上的。若要说服别人改变自己的观

点，必须有理有据，并利用逻辑的力量，以理服人。无论是改变他人的信仰主张、认识，还是行为习惯，如果你没有充足的理由、新的论据材料和合理的推理逻辑，将很难达到预期的说服效果。

3. 关注说服方式，依靠情感的力量，动之以情

人是情感的动物，有时在表达自己的意见时，光有理性的力量还不足以打动人心，用真挚动人的情感说出来，往往能打动人，从而说服对方。当然，也要具体问题具体分析。了解以下几种说服方式，会使你的说服力大为增强。

（1）理智对情感。受到更好的教育或者善于分析思维的人，比受教育水平不高或不善于分析思维的人，更容易接受理性的说服。初始的态度来源于情感，人们更容易被情感性的论点说服。

（2）好心情效应。开始说服之前，要给对方一个好消息，一方面有利于个体进行积极思考，另一方面是因为它与信息相互关联。

（3）唤起恐惧效应。人们的诉求基本上集中在两个方面：追求快乐和逃避痛苦。而大多数人逃避痛苦的动力要远远大于追求快乐的动力。因此，在说服开始前，用一个能够使对方痛苦的信息，来引发他的恐惧心理，也能有助于你的说服。

（4）单方面说服和双方面说服。对那些已经持有赞成态度的人来说，单方面的论证更有说服力，而双方面的论证，则对那些持反对意见的人比较有效。

4. 了解说服对象，感同身受，运用同理心

当你要说服别人时，必须先了解他人，充分站在对方的角度，感同身受，体会了解，并产生、运用同理心。在这之前，你需要了解以下情况：他人的意见和想法；他人的需求；他人接受你的意见、方案，响应你的主张的能力；他人的性格特征以及接受你意见的方式等。

同理心是站在对方立场思考问题的一种方式，是人格成熟和社会化的标志，是满足人的社会性生活方式的需要。它饱含着温暖与关爱。拥有了同理心，也就拥有了感受他人、理解他人行为和处事方式的能力。在说服别人的时候，要使用同理心技巧，只有建立了同理心的思考模式，说服才会有一个良好的效果。有了同理心，你不仅可以知道对方明确表达的内容，还能够更深入地理解并把握对方隐含的感觉和想法。因此，同理心能够成为你与他人之间得以顺畅沟通的心理桥梁。

5. 学会提问

说服的方式有许多种，但可以肯定的是，说服的最高境界是通过提问，让被说服者自己去说服自己。

每一个人都需要被了解、被认同。然而，被认同最好的方式就是有人很仔细地听你讲话。在现代的生活中，很少有人愿意耐心听别人讲话，大家都急于发表自己的意见。因此，假设你一开始就能通过恰当的提问把听的工作做好，那么你与对方的信赖感就已经开始建立了。

当然，问问题也需要技巧。

（1）先从简单的问题开始问起。

（2）要问让对方回答"是"的问题。

（3）要问二选一的问题。

简单的问题不会给被说服者带来压力，从而减少说服的阻力；而让对方不断地回答"是"，能使对方整个身心趋向于肯定的方面，身体组织呈开放状态，从而易于接纳你的观点；通过二选一的封闭式提问，会限定对方的回答范围，很容易得出你想要的结果，还会让被说服者觉得是他自己的选择。

6. 以对方的认识为起点，强调给对方带来的利益

要说服对方，必须换位思考，先承认对方的认识、态度存在的合理性，避开矛盾分歧，从对方的认识基点出发，先赞同或部分赞同，寻找共同点，抵消对方的抵触情绪，瓦解对方的心理防线，以扩大说服的范围，逐步逼近要害和问题的关键。

在说服过程中，发表自己的主张和意见，需要站在对方需求的角度，换位思考。要着重讲对对方有什么好处，才能有效说服对方接受。只从自己的利益出发，不顾对方的需求和感受，很难达到说服的目的。

7. 模仿对方，寻找相似点

物以类聚，人以群分。每个人都喜欢两类人：一类是和自己一样的人，另一类是他希望变成的那个人。在说服的过程中，如果你有意识地去模仿对方的动作、表情、说话的语气，甚至呼吸的频率，就会达到意想不到的效果。比如，他说话慢，你就慢；他说话快，你就快；他手插口袋，你也手插口袋；他叉腰，你也叉腰；他微笑，你也微笑。

但是，在模仿的过程中一定要注意，不要太同步，要有一个时间上的延迟，比如他跷二郎腿，你间隔20秒再跷；他往前转，你间隔10秒再往前转；他喝水，你间隔10秒再喝等。这会让对方产生莫名的亲切感，有助于说服对方。

8. 名言支持法

人们相信名人和权威。在说服中，引用名人的语录或权威的理论来支持自己结论，能增加说服力。因为名人的话往往有一定的号召力，借助名人的话，可以达到事半功倍的效果。

9. 暗示说服法

暗示说服法就是通过委婉的语言形式，把自己的思想观点巧妙地传递给对方。受暗示是人的心理特性，它是人在漫长的进化过程中形成的一种无意识的自我保护能力，它是人的一种本能。人们为了追求成功和逃避痛苦，会不自觉地使用各种暗示的方法，比如困难临头时，人们会安慰自己或他人"快过去了，快过去了"，从而减少忍耐的痛苦。人们在追求成功时，常常会鼓励自己"坚持一下，我一定可以的"，这些简单的语言都给了人们强烈的暗示，让人们在无形中有了强大的抵抗困难或勇于进取的动力。

暗示有以下几种方式：借此言彼，利用事物之间的相似之处，互相比较；旁敲侧击，说话时避开正面，而从侧面曲折表达；鼓动；等等。

10. 对比说服法

鲁迅先生说："如果有人提议在房子墙壁上开个窗口，势必会遭到众人的反对，窗口肯定开不成。可是如果提议把房顶扒掉，众人则会相应退让，同意开个窗口。"当提议把房顶扒掉时，对方心中的"秤砣"就变小了，对于"墙壁上开个窗口"这个劝说目标，就会顺利答应了。

对于一个想要一杯热水的人，如果你想让他接受"一杯温水"，为了不使他拒绝，不妨先让他试试"冷水"的滋味，再将"温水"端上，如此，他就会欣然接受了。

（二）决定权在他方——辩论

第一种情况是决定权在对方，第二种情况是决定权在他方——即对话中你有具体的目标要实现，但你预判后发现，是否能够实现依赖于第三方的抉择。举一个例子，当你和另外一个与你同级的部门就工作业绩的考评标准出现了严重分歧，但你们并没有上下级之间的隶属关系，你会怎么做？

通常，我们会把这个分歧提交给我们共同的上司，或者公司的大老板，由他来最终决定。这样看来，当你分析了资源、判断了局势之后，你会发现最终的决定权并不在你或对方，而是在第三方——你们的老板，这就是所谓的决定权在他方。

当决定权在他方，它所对应的沟通与解决争议的方法就是辩论。一些人看辩论比赛的时候，可能会认为，正方与反方相互对峙，最终却如此固执，正方没有办法说服反方，反方也没有办法说服正方。双方只关心立场，不关心真相，完全没有接纳与包容的善意、妥协与理解的可能。基于这种认识，你可能会对辩论失望。然而，你如果理解了辩论的本质是在影响第三方，即第三方才有决定权，这个误会应该就可以得到快速澄清。

在辩论中，正反双方并不在意对方是否能被说服，因为他们应该非常清晰地知道自己和对方的分歧是根本性的，对方无法改变，也不必改变，这种情形与法庭上的控辩双方相似。因此，你要影响和改变的不是对方，而是第三方，就像在法庭上，这个第三方便是法官。

下面向大家介绍辩论中的一些实用技巧。

1. 把握开局主动

在辩论场上，谁争取了主动权，谁就有了取胜的保障。为了掌握主动权，我们首先就不能在气势上输给对手，要保持充足的自信，展现出凌厉的攻势。同时，在开篇立论中做到稳扎稳打，尽量讲一些四平八稳、留有余地的话，既不给对手留下可乘之机，也不把自己的退路堵死。

2. 确保语言干净利落

对手的观点在哪里落脚，你就朝哪里"开火"。对准辩论的焦点，不拐弯抹角，不添加多余的语言，以酣畅淋漓的情感、干净利落的话语瓦解对手的观点，确保每句话都有"战斗力"。

3. 抓住对手的核心观点

为了扰乱你的进攻，对手可能会在立论的时候，把自己的观点分成很多小点和层次。所谓"射人先射马，擒贼先擒王"，你一定要善于鉴别对手观点，分清哪些是主要的，哪些是次要的，进而抓住主要观点中的核心的部分，展开你的正面进攻，这样才有效率。

4. 争取牵制对方

对方发言的时候，一定要静心地聆听。从他们的措辞、语调、声量中，尝试判断他们观点的薄弱环节。在攻辩和自由辩论中，集中攻击这些环节，力求先声夺人；取得优势后，不要轻易松手，而应"宜将剩勇追穷寇"，积小胜为大胜。

5. 善用辩论反击技巧

常用辩论反击技巧如下：

（1）反还法。辩论赛中的反还技巧是一种在论辩中"以其人之道，还治其人之身"的战术。在辩论中，用对方的观点、方法、逻辑、推理来回击对方，用对方已承认的事实、道理来回击对方，或使用对方分论点之间、论据之间、论点与事实之间的矛盾来回击对方，可使对方陷入自相矛盾、难以自圆其说的境地，其论点不攻自破。

（2）归谬法。即反对别人的论点，先假定对方的命题为真，然后以对方的命题为前提加以演绎，引导到一个显而易见的荒唐的结论上去，并将之推向极端，推出明显荒谬结论，从而达到以同性的大谬破同性的小谬的目的。

（3）幽默法。即指在辩论中运用幽默技巧来反击。在辩论中，巧妙灵活地运用幽默技巧进行反击，不仅可以使对方不知所措、尴尬，还可以使听众产生共鸣，有利于我方在辩论中获胜。幽默法的具体运用有调侃法、歧义法、双关语和说俏皮话等。

（三）决定权在双方——谈判

第三种情况，决定权既不在对方，也不外置于他方，而是由你们对话双方共享。

当盘整完局势之后，你发现自己掌握了一部分资源，而对方也掌握着一部分资源。虽然权力不一定均等，但彼此对对方都有需要，任何一方都无法依靠自己单独达到目标或作出决定。

在这种情况下，如何用一些策略与方法，使得善意能够释放、资源能够交换、协作能够达成，从而创造"1＋1＞2"的价值，才是最重要的。这就是第三种情况，决定权在双方，也就是所谓的谈判情景。所谓谈判，其实就是决定权被分享的一个决策过程。

在商务、政治、法律等领域，谈判是一种常见而重要的沟通技能。掌握一些基本的谈判技巧，可以帮助我们在各种场合中更有效地表达自己的诉求，解决问题和冲突，实现双赢或多赢的结果。在此将为大家介绍一些常用的谈判技巧，希望对大家有所帮助。

1. 了解对方

在进行谈判之前，我们应该尽可能地收集和分析对方的信息，包括他们的目标、需求、利益、底线、风格、文化、习惯等。这样可以帮助我们预测对方的行为和反应，找出双方的共同点和差异点，制定合适的策略和方案。

2. 设定目标

我们应该明确自己在谈判中想要达成的目标，以及自己可以接受的最低条件。同时，我们也应该考虑对方可能提出的目标和条件，以及我们是否能够接受或拒绝。

3. 制定方案

我们应该根据自己和对方的目标和条件，准备多套可行的谈判方案，并预估每个方案可能带来的利弊和风险。

我们应该先提出最有利于自己的方案，如果遭到拒绝或反驳，再逐步调整或变通，直到找到一个双方都能接受的方案。

4．建立氛围

我们应该在谈判开始时，尽量营造一种友好、合作、信任的氛围，通过寒暄、赞美、分享等方式与对方建立良好的关系和沟通渠道。

我们应该避免使用过于直接或强硬的语言或态度，以免引起对方的敌意或抵触。

5．倾听理解

我们应该在谈判过程中，积极地倾听和理解对方的观点和诉求，避免打断或否定对方。

我们应该通过提问、反馈、总结等方式，确认和澄清对方的信息和意图，发现对方的优势和弱点。

6．表达说服

我们应该在谈判过程中，清晰地表达和阐述自己的观点和诉求，用事实、数据、逻辑等方式支持自己的论点，并用故事、比喻、情感等方式增强自己的说服力。

我们应该注意语言的简练、恰当、有力，并适时使用一些影响力的原则，比如互惠、承诺、社会证明、权威、喜好、稀缺等，来影响和改变对方的态度和行为。

7．协商妥协

我们应该在谈判过程中，灵活地调整自己的方案和条件，根据对方的反馈和变化，寻找双方的共同利益和最大公约数。

我们应该在不损害自己核心利益的前提下，适当地向对方做出让步和妥协，并要求对方给予相应的回报和承诺。

8．控制局面

我们应该在谈判过程中，主动地把握谈判的节奏、方向、气氛和趋势，避免被对方所牵引或干扰。

我们应该根据自己的优势和对方的弱点，采用不同的策略和手段，比如曲线进攻、分而治之、以退为进等，来影响和改变对方的态度和行为。

9．总结确认

我们应该在谈判结束时，及时地总结和确认双方已经达成的协议和未解决的问题，并将其书面化或形式化，以防止对方反悔或出现纠纷。

我们应该在协议中明确双方的权利和义务，以及违约的后果和解决方式。

10．评估反思

我们应该在谈判后，对自己和对方的表现和结果进行客观和全面的评估和反思，找出自己的优点和不足，总结自己的经验和教训，为下一次谈判做好准备。

谈判是一门艺术，也是一门科学，需要不断地学习和实践才能提高。

"我其实没有受过任何谈判的训练，完全没有任何关于谈判的基本认知，该怎么办？"你可以找一个专家来协助你们的谈判过程，这个专家会帮助你管控好情绪，会帮助你控制好流程，会帮助你集思广益，从而促进真正的创造性的解决方案。这种被专家协助的管理冲突的过程，就称为调解，或者冲突管理。

在此，要澄清一个关于调解的普通误解。传统上，我们往往将调解等同于家长里短、日常琐碎的事务。然而事实并非如此，或者说，不仅如此。调解的本质，实际上是协助沟通的服务，是谈判的升级。它是从一个更宏观的位置出发，不仅为一方争取利益，而是为双方创造价值，通过专业的冲突管理技艺，来帮助人们定分止争。

综上所述，本节分析了几个关键点：第一，决定权在对方，它对应的沟通策略是说服；第二，决定权在他方，它对应的沟通策略是辩论；第三，决定权在双方，也就是决定权被分享，它对应的沟通策略是谈判，谈判需要协助的时候，就是调解。

介绍沟通的这种结构性的认知，是为了帮助大家构建一个沟通进阶的系统知识框架，这样就能够了解，为什么在之后的章节内容里，会分别为大家介绍谈判、说服、辩论和冲突管理。

与此同时，通过对"结构"这个概念的讲解，也希望能帮助大家建立人际沟通进阶的第一级台阶：定"事"之前，先定"势"。也就是说，行动之前，先判断权力的方位。简言之，你需要判断一下到底谁更需要谁——据此，再选择沟通的方法。

此刻，让我们再回到今天最开始的场景导入问题：如果你要和老板谈一谈加薪或升职，请问，你打算怎么做？盘算一下局势，看看自己手中的筹码，看看加薪这件事到底谁有决定权。明白了这一点，大家会发现：你会和之前的考虑相比，拥有一个不同的答案。

二、沟通的性质

沟通场景导入

如果你的领导坚持安排一位同事介入你们的工作领域，对此你有异议，觉得不能接受，接下来你怎么应对？

在此，先让大家思考一个依赖自己直觉与经验形成的初步答案。

猜测大家大致会想到这样一些内容：例如就事论事，好好说话；例如强调大家的目标是一致的，理性分析同事介入的利弊；甚至你可以运用上一次课的内容，看看对话中谁的权力大一些，从而配置不同的对话策略。

真正具有挑战性的沟通情景是包含分歧的情景。没有分歧的沟通，其实不需要专门花时间来训练和研习。无论你期待沟通的结果是什么，是合作信赖，是相互谅解，哪怕是把话就说到此处，我们到此为止，我们都需要直面分歧、管理分歧。处理你与对方的分歧，是沟通中的重要功课。

在此，请大家注意，在沟通的原则里，人们最容易忽视的就是性质，也是沟通底层逻辑中的第二个维度。这里所说的性质，具体指的是沟通中分歧的性质。

刚才提出的这个场景问题，其实是现实中真实的经历——曾经有这样一位领导，他（她）坚持让自认为合适的同事介入你们的工作领域。领导认为这样的安排是没问题的，或许对工作有所帮助。然而，你却认为每个人的工作方法和思路都不尽相同，中途介入已经开展的工作，可能会让事情变得更加复杂，头绪更多，对工作的进展很可能没有帮助，反而越帮越忙。而领导坚持认为自己的安排没有问题，你这样质疑他（她）的做法，难道是认为他（她）处理问题的方式是错？或者认为是在否定他（她）几十年的职场经验。

关于这个问题的沟通，当双方的意见不一致时，言辞会越来越激烈，我们在现场分明看到了双方沟通中的"眩晕"现象——他们忘记了自己到底要处理什么问题，忘记了聆听对方可能的正确的想法，忘记了时间，甚至忘记了现场还有其他人的存在。

为什么会出现这个如此忘我的眩晕状态？因为这个争议不仅仅涉及利害，还涉及"三观"。这世间的沟通分歧，可以粗略地分成两大类——利益分歧与认同分歧。

利益分歧是指我们对有形价值承载物的争夺。它在沟通中普遍存在，无论是家事、商事、组织、社会乃至国家，大量的分歧都源于利益之争，甚至可以说，这是分歧最常见的存在形态。但利益分歧不是唯一的分歧，除了利益分歧，还有认同分歧。

不知道大家在生活中是否有这种体验：你在社交媒体闲逛，突然看到一个人对公共议题发表了自己的看法，你瞬间感到自己的"三观"被严重冒犯，觉得自己的朋友圈、微博好友中怎么会有这种人，这种情绪化的反应是如此真实，以至于你冲动地想把对方直接拉黑——仿佛这样做，世界似乎回归和谐。

在今天这个多元时代，很多议题都能激发一个人底层价值观的激烈反弹。坦率来讲，当你被某些言论冒犯、冲撞，你的利益——当然，这里说的利益是指金钱，或其他有形价值承载物并不会受到直接影响，但你依然非常明显地感受到刺激，并可能因此采取行动。这种现象，在很大程度上便涉及认同分歧。认同这一概念的英文是identity，也常被译为身份认同，它是一个人确定的自我意识，是回答"我是谁"这一问题的最重要、最根本的内在心理认知。

按照哈佛大学教授夏皮罗的理论，认同有五个维度，夏皮罗教授称为 BRAVE 模型，即信仰（beliefs）、仪式（rituals）、忠诚（allegiances）、价值观（values）、情感上的重要经历（emotionally meaningful experiences）。比如你在恋爱中遭受到的背叛，你在海外遇到危险时国家给你提供的强有力的救助。这五个维度，是形塑自我精神的重要力量，构成了自我认同的核心内容。如果这五个维度遭受冒犯，人们就会感受到强烈的认同分歧冲击。

在对话过程中如果我们发现与对方的分歧，不仅仅涉及一些简单的利害得失，而且触碰到了对方深刻的价值基础，包括信仰或情感当中的一些重要经历，那么此刻，请你把对话过程暂停。因为在此情境下，采用那种精致利己、高度理性的协商逻辑，或是带有思辨性的、与对方摆事实讲道理的论说方式，其结果很可能适得其反。

当人们一旦进入到认同分歧，情绪会被快速激活，对话的双方就会迅速进入一种"眩晕"的状态。这是一种特殊的心理状态。在这种状态里，他们看不见别人，只看得见敌人；他们不认为对方只是提出了另外一种方案和想法的普通人，而是认为对方想要摧毁自己。

面对分歧，应当如何处理呢？在场景导入之初，在关于是否需要其他同事介入的争论中，他们的言辞已经越来越激烈，以至于争吵得面红耳赤，直到协调者用两个问题打断了他们："这种讨论状态能解决你们的分歧吗？"这个问题是希望提醒他们意识到对话的理性目标。

"你们为什么会对这个问题有如此激烈的意见？"这个问题是在引导他们：此刻，让我们先放下争论，分享彼此的想法。因为，通过故事可以把一个"敌人"重新还原为一个活色生香的人。

直到你给那位沟通对象一个真实讲述自己故事的机会，让你了解到他曾在类似的工作情境中，原本棘手的问题在同事的介入下反而变得更加复杂和难以解决时，你才会明白为什么每当遇到此类情景，他就会反对其他同事的介入。而当这位领导静下心来，听完你讲述那些因同事的介入，非但没有解决问题，反而因关系复杂让问题变得更加糟糕的经历后，他也会理解你的质疑并非针对他的工作方式和职场经验，而是基于过往经验的担忧。了解站在你对立面的那个人的真实故事，而不是支撑他立场的理性理由，你的对方将可能从那些负面标签中重新走出来，变成一个立体的人。

当我们把自己的脚放在对方的鞋子里，在他的那种生命光阴和生命故事中穿行，我们便能真切地感受到对方的处境，产生深刻的理解。我们会思考，如果自己也处于这样的处境，是否也会有类似的决定。如此，同理心才会出现，分歧才有可能弥合。

当然，必须客观地说，这是一个复杂的工作，认同沟通中冲突的处理常常需要冲突解决专家的介入。所以，如果我们处理的是认同的分歧，这种分歧将携带"神性"，它的解决不依赖讲理，而依赖叙事，叙述什么过往、什么曾经、什么阅历构成了"我"，支撑起了"我"此时的立场。

认同分歧的解决是一场时光旅行，我们需要走到这个人的生命经验的内部之中，去寻找他的脉络，理解他的苦衷，从而在人性的层面上产生共鸣。我们在一个科技高度发达的时代，通过手机可以获得各种资讯。但同时也想提醒你，在今天这个"猜你喜欢"的时代，大数据会根据你的喜好推送大量资讯，都是你精神世界的"弄臣"，它会让你的喜欢叠加，让你的欢愉丰盈，但同时，也让你的认知闭塞，局限在一个属于你的"信息茧房"里。

你认同的观念会向你奔涌而来，而你不认同的，会逐渐与你切割干净。在这样的资讯环境中，我们可能会产生一种错觉，觉得自己并不孤单，仿佛与真理同行。然而，现代人有可能在这种偏狭信息的滋养下，渐渐进入越来越偏执的"小众部落"，最终变得偏颇激烈，雅量全失。

在此必须提醒大家的是，真实的世界是由形形色色的人构成，他们各自独特、多姿多彩——世界本就存在真实的差异，因此，你无法事事如意。如果你愿意的话，请你去向一位与你观点不同的人说一声"谢谢"。他们是你认知世界里的奇妙窗口，是他们帮你打开了通往真实世界的大门。

经过上述的深度剖析，可以清晰地理解：在沟通中，冲突为何会频频发生，甚至有时从最初的具体的问题冲突，上升到"眩晕"地攻击对方的立场和价值观。通过深入理解这些，会从根本上帮助我们理解沟通中的对方，并学会如何通过讲述和聆听彼此的故事来缓和并化解冲突。

三、沟通的目标

沟通场景导入

在刘易斯·卡罗尔的经典之作《爱丽丝梦游仙境》中，有一段广为人知的寓言式的对话。

当时爱丽丝发现自己正处在妙妙猫现身的十字路口。爱丽丝问猫："请问，离开这里我应该走哪条路呢？"

猫回答："这主要取决于你想去哪儿。"

爱丽丝说："我并不在乎去哪儿。"

猫打断她的话，回应道："那么，走哪条路都无关紧要了。"

确实，如果你不知道自己想要实现的目标到底是什么时，那在沟通中，你就不会清晰地知道何时该说"Yes"，何时该说"No"，从而进入一种进退失据的忙乱状态。

在此，先问大家一个问题：为什么要在沟通中，需要为即将到来的会面设定目标？请大家利用自己的直觉与经验来形成一个初步答案。

下面将继续向大家介绍沟通的四个原则性观念中的第三个——目标。所谓目标，就是你想通过这场沟通实现的价值与成果。

（一）目标幽灵，如影随形

设定目标有两个功能，其中一个功能可以为沟通提供理性、清晰的指引，从而匡正我们的行为。当我们的对话已经变得不愉快了，例如明显地受到情绪的干扰，那拥有一个沟通目标并去澄清与强化它，就显得尤为重要。这样的做法可以让对话重新回归理性的轨道。

在全国模范法官陈燕萍的调解经验中，有一个处置纠纷的沟通案例。两个堂兄弟曾为一块宅基地发生纠纷，在法庭上二人争得面红耳赤，甚至毫不留情地打了起来。陈燕萍却不着急，她微笑着给原告倒了一杯水，被告见状把水杯打翻了。她又给被告倒了一杯水，结果也被原告打翻了。陈燕萍默默地找来拖把，把地上的水拖干净。看到陈燕萍的举动后，双方的争吵声渐渐平息了下来。这时陈燕萍微笑着问他们："你们来法庭是干什么的？"双方都答道："当然是来解决问题的。""既然知道是解决问题的，那我们来研究一下具体的解决方法吧。"陈燕萍的一席话点醒了双方，他们渐渐回归理性。最终，这场持续数年的纠纷竟然在一朝之间通过调解得到了圆满的解决。

大家看，这就是澄清目标的效果。沟通中澄清目标时，可以使用一个简单的表达结构："不是……而是……"。例如，我们不是来吵架的，而是来解决问题的；我们不是来指责对方的，而是来想办法的；我们不是来搞事情的，而是来搞定事情的，等等。这些表达都可以帮助我们利用目标设定，匡正行为偏差。

科里·帕特森（Kerng Patterson）在《关键对话》中提出，设定对话的目的，并在对话过程中不断检视自己的行为和设定的目的之间的落差，这是一种高水平沟通者才具备的习惯。所以，重要的不仅仅是在准备时设定了目标，也是在对话过程中，保持和自己目标的对照。

我们经常用一个隐喻，叫作目标的幽灵。就是你要真实地让目标存在，让它在沟通中伴随着你，并用它来校准自己。确实，冲突解决专家在帮助你解决冲突的过程中，会不时地用不同的话语策略提醒对话的双方，不要迷失沟通的方向，要保持与自己的理性目标对照。在这种情景下，通常会问类似以下的问题：

你们为什么要来到这里？

你们希望今天获得什么？

你希望未来是怎样的?

如果这件事没有发生,你在做什么?

如果今天咱们能把问题解决,你的感受会如何?

如果今天咱们能把问题解决,设想一下,你从明天开始会进入怎样的生活?

……

(二)设立愿景性目标

上文已论述,设定沟通目标有两个功能:第一,可以帮助我们匡正和反思自己的策略和行为,这一点应该不少人都能想到。然而,仅仅这一点是不够的,目标设定的第二个经常被忽视的功能就是对氛围的影响和行为的诱导。换言之,一个开放的愿景性目标,将更有利于帮助沟通的双方达成沟通的共识。

社会心理学的研究表明,人们为沟通场景设定的不同的目标愿景,会影响沟通双方进入不同的沟道模式。汤普森(Thompson)与德哈波特(DeHarpport)两位心理学家在 1998 年的研究中就发现,将同一个谈判过程标记为"解决问题(problem sol-ving)"之目标,或是"博弈杀价(bargaining)"之愿景,性格类似的当事人在进入不同情境后的行为风格便完全不同。

在解决问题的目标设定下,人们会表现出更多合作、理解与协同;而在博弈杀价的情景中,人们会表现出更多的对抗、坚决与冲突。不同的目标设定将会建构沟通者完全不同的认知框架,而这个认知框架将会明显影响他们在团体互动中的行为表现。

但遗憾的是,很多人在沟通的初始,就会表现出极为严肃的态度,显示出对自己一方利益的誓死捍卫。在对话中,反复地强调"自己",而非可能的"共同"。这种目标设定事实上会建构一种不健康的对话氛围,会使得对方也被迫强调和留意自己的利益,从而很容易使对话进入僵局。

因此,设定善意的、强调共同的愿景,也就是强调作为共同体的"我们"的愿景性的目标,而不是用话语将"你"和"我"迅速地切割开来,这种愿景性的目标设定会帮助双方架构一个更具建设性的对话场域。例如,在销售情景中,你遇到对方可以说:"先生,今天非常高兴有机会和您会面。我相信我们都有合作的愿望,也相信我们会非常愉快地完成今天的沟通,最终实现双赢合作。"

本部分内容给大家介绍了第三个原则性的沟通要素——目标。通过设定目标,能够帮助我们构建清晰的沟通策略,并匡正沟通中可能失去聚焦点的情况。在沟通时可以思考和设定两种目标,第一种是愿景性的目标,它侧重于构建一个更友善的对话氛围;第二种是现实性的目标,它能够让每一次对话,无论时间长短,都能取得成果。

四、沟通的风格

沟通场景导入

你和朋友在街上走,你们同时发现不远处有 100 个鸡蛋,如果是无主财产,你们可以自由分配的话,你会怎么处理?

在此照例先做一个停顿,先让你思考一个依赖自己直觉与经验形成的初步答案。

据一般情况猜测,你会是以下四种答案中的一个:

第一种，他们会加快步子拼命上去捡，捡起后赶紧揣到自己的包里，并声称：自己先看见的。

第二种，捡起鸡蛋后，主动询问对方如何分配，并表示完全尊重对方的意见，自己绝不还价，强调双方的关系和友谊！

第三种，提出具体的分配方案（如 50：50 或 49：51），并寻找到双方都接受的一个中间点。

第四种，假装根本没看到鸡蛋，避免介入这种争端。

据猜测，你很可能会是这四种答案中的其中一种。但这里想告诉你，这四种答案并不好。为什么？这正是本部分内容要深入探讨的第四个沟通原则性观念——风格。注意，这里所说的"风格"，不是别人的风格，而是你的风格。

所以这一讲，不是让你研判沟通的局势，也不是让你去了解分歧的性质，更不是教你如何设定愿景性目标，而是希望通过介绍托马斯-凯尔曼冲突风格模型，让大家更了解你自己。

那么，在沟通中的风格是怎样的？对于不同的风格，我们又应该注意些什么呢？

美国学者托马斯和凯尔曼提出了托马斯-凯尔曼冲突风格测试。两位学者根据两个维度，把人的沟通风格作了分类。第一个维度，即纵轴，是人们对实体性利益的在乎程度，它可以看出你多么在乎钱，多么在乎"落袋为安"。第二个维度，即横轴，是人们对与他人融洽关系的在乎程度。简言之，纵轴是自我利益，横轴是和他人的关系。图 2－1 为托马斯-凯尔曼冲突风格模型。

图 2－1　托马斯-凯尔曼冲突风格模型图

请大家看，在图 2－1 中，根据沟通者对自身利益和对方关系的在乎程度，可以把人在这个矩阵中分成五种类型：

第一种人，在图的左上角，他们对自己的利益特别在乎，但不怎么在乎和你的关系。我们把这种人称作竞争型人格。你平常跟这种人相处时，可能会多少有点紧张，因为他们比较自我。

第二种人，在图的右下角，他愿意牺牲自己的利益，成全与你的关系，这就是传说中的"老好人",他们是所谓的退让型人格。

第三种人,他们会觉得不要太有侵略性,在局势中完全把利益吃尽,压迫对方;当然也不能为了关系完全牺牲了自己。他们会在极端之中寻找某种平衡点。因此会有一个狭长的地带分布在竞争型与退让型之间,这就是第三种类型,我们把他称为妥协型人格。

全部地吃尽是"竞争",全部地牺牲是"退让",在这两者之间找平衡,这就是妥协。

第四种人,位于图中左下角,他们既不在乎利益,也不在乎关系,我们称为回避型人格。他们奉行"多一事不如少一事""事不关己,高高挂起"的原则。在沟通中,这种人会表现出非常强的边界感。

回到之前捡到 100 个鸡蛋的案例,你通常会有四种答案,其实这四种答案就对应着四种常见的沟通风格。它们分别是:加快步子去捡的竞争型、注重关系的退让型、居中搞平衡的妥协型,以及假装没看见、多一事不如少一事的回避型。

到现在为止,我们已经讨论了四种风格,然而,在图的右上方,有一个位置还没有讨论到,这正是我希望通过整个课程的学习逐渐帮你构建的一种心智模式——既能够捍卫自己的核心利益,也有能力持续与对方的良好关系,尽量做到利益与关系的双丰收。这种类型就是合作型。

那么,在捡到 100 个鸡蛋的时候,第五种合作型的人会有什么样的反应呢?他不急于分鸡蛋,而是选择退一步,对局势进行整体性的分析与衡量,用开放性的话语邀请对方一起来讨论。比如说:"老王,咱同时捡到 100 个鸡蛋,虽然数量不多,但分了以后,也不过是几顿饭的钱,不如我们花几分钟来讨论一下这 100 个鸡蛋还能如何更好利用,为我们双方创造出超越这 100 个鸡蛋本身价值的满足感?

别急着分割存量,而是邀请对方通过合作思考来创造增量的可能。这种思维就是合作型人格的思维。它把利益——自己的诉求,关系——对方的融洽度,都试图照顾得更好。

竞争让对方不快,退让让自己辛苦,这两种策略的问题都很明显。那为什么回避或妥协也不值得鼓励呢?

我在不同的场合讲解托马斯-凯尔曼量表时,会请同学们来自我剖析,讨论这几种类型中哪一种是他们最讨厌的。让人感到惊讶的是,很多人选择的并不是竞争型,而是回避型。

因为如果你回避与人交流,别人将没有办法了解你真实的需要。这种置身事外的姿态对回避者来讲可能是心中清净,而对于沟通对象,他们将感到无所适从。

所以,我特别想要提醒回避型的人注意一点:有的时候,你对问题拖延、回避,你需要有一个明显自我觉察——这种状况到底是出于理智,还是出于回避型的自我特征?如果是后者,应该主动去克服或适当纠正。

大家可能普遍认为,居中平衡的妥协型是一种值得被肯定的类型,但实际上并非如此。因为妥协是在两个极端,即竞争和退让之间不断权衡,时而自己多取一点,时而对方多得一点,本质上它仍然是一种对利益的分割与平衡,完全没有涉及利益的协同与创造。

相比之下,只有合作型能够脱离竞争与退让的这条线,把利益和关系共同维持

好。他们通过合作，创造了全新的价值增量，这是极端的竞争或是极端的退让都无法达到的结果。

因此，这里需要澄清一个常见的误区：很多人认为谈判是一种妥协的艺术。但我要明确地说：谈判不是妥协的艺术，妥协无非是在得与失之间的寻找平衡，而只有合作才能创造价值的增量。所以，谈判是共赢的艺术。

课程回顾

1. 了解沟通的结构，以及权力的结构。
2. 了解沟通的性质，以及分歧的性质。
3. 了解沟通的目标，以及理性的目标。
4. 了解沟通的风格，以及不同风格的注意事项。

沟通实践

练 习 车 轮 句 型

你有雄心壮志吗？你是否迫不及待地想要在职场上使用新学的良好沟通技能，并期望看到效果？

若要让良好沟通的几个要素根深蒂固地融入自己的生活中，首先你就得改变思维模式，让你新的行为符合自己新的价值观。简而言之，熟能生巧。

使用所谓的良好沟通车轮句型能够帮助你掌握良好沟通的四个基本要素。我们的车轮句型中就涉及对这些要素的训练。

良好沟通的四个要素和车轮句型是：

1. 观察："当我看到/听到……"。
2. 感受："我感到……"。
3. 需要："因为我需要……"。
4. 请求："你是否愿意……"。

没有做这种练习的人，通常要花很长时间才能让良好沟通真正改变自己的思维模式，或者他们可能完全做不到这一点。因为通过练习车轮句型，能够有效地融会贯通沟通的技巧。

因此，请不要跳过对车轮句型的练习，你应把它当作达成最终目的的重要一环。

这周继续练习车轮句型："当我看到/听到……我感到……因为我需要……你是否愿意……"每天至少练习一次，反思自己某一次与别人的互动。留心自己如何通过这样的练习来掌握良好沟通的四个基本要素。

第二节 沟通漏斗理论

格言

◆ 拒绝无效沟通。
◆ 让别人记住你的话。
◆ 谈话的艺术是听和被听的艺术。

导言

相信很多人在生活中经常会遇到与人沟通方面的问题：自己明明向对方交代了一件事，可对方要么没听清、没听懂或是听错了，最终导致事情总是很难达到我们期望的结果。

课前思考

很多人玩过"传话"的游戏。就是一个人把一句话一对一地传给另一个人，然后依次往下传给其他人。最后，看这句话有没有变形或走样。按道理说，传话没什么难度，而且主持人说的是非常简单的一句话："阿兰德龙，我爱你。"结果到最后一个人大声公布时，他听到的是："楼上的没有楼下的高。"这和原话已经相去甚远。

为什么传话传得"牛头不对马嘴"？这个游戏让我们明白了一个道理：你说的和别人听到的，很可能并不一样。比如，妻子交代丈夫出门拿快递买酱油，或是嘱托孩子出门注意安全、好好写功课等，都可能因为沟通不畅而出现问题，虽然这些大多是琐事，但如果是关乎大事，后果将更加严重。如果父母哪天生病了，我们却去医院买错了药、耽误了病情，或者老板开会需要一份十分重要的文件，我们却没及时准备，那这种沟通不畅影响的后果是十分严重的。那么，究竟是什么导致了这些不理想的沟通结果呢？

课程内容

一、沟通漏斗理论

"传话"游戏中的沟通问题，涉及一个著名的沟通理论——沟通漏斗理论。所谓沟通漏斗，是指工作中团队沟通效率下降的一种现象。沟通漏斗理论是指在沟通过程中，信息从广泛的范围逐渐缩小，最终达到目标受众的过程。这个过程就像一个漏斗，信息从上面广泛地涌入，经过筛选和过滤，最终只有少数信息能够到达目标受众。按照沟通漏斗理论，信息在传递过程中会不断衰减。

对沟通者来说，如果一个人心里想的是 100％的信息，当你在众人面前、在开会的场合用语言表达出来时，这些信息已经漏掉 20％了，你说出来的只剩下 80％。而当这 80％的信息进入别人的耳朵时，由于文化水平、知识背景等差异，只存活了 60％。实际上，真正被别人理解了、消化了的东西大概只有 40％。等到这些人遵照领悟的 40％具体行动时，实际转化为行动的效果可能仅剩 20％了。本质上沟通漏斗呈现的是一种由上至下逐渐减少的趋势，因为漏斗的特性就在于"漏"。

这个原理在沟通中非常重要，因为它可以帮助我们更好地理解沟通的本质和目的。所以我们一定要掌握一些沟通技巧，争取让这个漏斗漏得越来越少。

二、造成信息漏斗现象的原因

按照沟通漏斗理论，我们心中想表达的意思往往只有 40％能被对方理解，只有 20％的内容能被对方准确反馈。那信息是怎样在沟通中不断流失的呢？问题主要体现在以下三个方面：

（1）语言表达能力的差异制约着信息传递。例如，有一位叫李明的员工，他负责了一个项目的进度报告。这个项目涉及多个部门和多项任务。然而他在准备报告时，没有充分整理自己的思路，也没有提前练习表达，导致他在会议上的汇报杂乱无章。他开始讲述时，就直接跳入了项目的细节中，没有先给出一个清晰的概述或目标。在描述具体任务时，他使用了大量专业术语，但没有解释这些术语的含义，也没有考虑到与会者中可能有人对这些领域不熟悉。此外，他的语速时快时慢，有时会因为找不到合适的词汇而停顿，这使得整个汇报不连贯且难以理解。

结果，这样的表达让与会者们感到困惑和挫败，他们无法从李明的汇报中准确捕捉到项目的整体进展、遇到的问题以及下一步的计划。他们可能需要不断打断李明，要求他澄清观点，或者会后自行去查阅相关资料来填补信息的空白。

（2）说者或听者的逻辑思维能力比较弱。例如，在一个团队合作的项目中，团队需要讨论并决定一个新产品的市场推广策略。在会议沟通中，项目经理小张负责提出他的方案。小张的想法很多，但他在阐述时缺乏条理和逻辑结构，常常是想到哪里就说到哪里。他首先提到了一些关于目标市场的调查数据，但紧接着就跳到了具体的推广渠道上，然后又突然回到了产品特性上，最后才提到了预算和资源配置。由于他的阐述缺乏清晰的逻辑顺序和因果关系，听者们很难跟上他的思路，也无法准确理解他的推广策略是如何基于市场调查和产品特性来制定的，以及预算和资源配置是如何支持这一策略的。

此外，如果听者们自身的逻辑思维也较弱，他们可能无法主动将小张的零散观点串联起来，形成一个完整的理解。他们可能会感到困惑，不知道小张到底想要表达什么，甚至可能对小张的提案产生误解或质疑。这种情况下，双方的理解都会受到影响。小张可能会因为自己的逻辑不清晰而感到沮丧，而听者们则可能因为无法理解或接受小张的提案而感到不满或失望。

可见，听到并不等于理解。因此，我们在沟通中会时不时产生"教牛三遍就会了，为什么你还不明白"的抱怨心态。

造成沟通漏斗现象的重要原因是，人们说话时往往默认"对方知道我的逻辑"，但实际上每个人的思维逻辑未必在同一个频道上。你觉得自己在用 A 的逻辑描述事情，但听者认为你的逻辑是 B。彼此理解的逻辑截然不同，所以会感到沟通有障碍。如果想减少沟通漏斗的影响，就要加强自己说话时的逻辑性，尽量不要想当然地做"省略推理"。

（3）隐藏了前提的省略推理造成信息漏斗现象。前面提过，逻辑推理是由若干已知前提推导出结论的过程。严密的逻辑推理会把这些"已知前提"阐述清楚，将观点与话题限定在一个明确的范围内。不要小看这个步骤。因为如果不限定话题范围，讨论就会变得漫无边际、毫无意义。我说东，你说西；我说天，你说地。这就好比主持人与嘉宾不在一个广播频道上，声音喊得再响亮，也没法让对方听见。

当然，"已知前提"也是分层次的。例如，一位教授的沟通对象主要是同行与学生，具备相应的基础专业知识。所以，他们阐述的"已知前提"并不是最基础的甲乙丙丁，而是直接与学术观点相关的材料信息。普通人看不懂专业的学术论文，是因为不具备相关学科的基础知识。所以，北大教授们的"已知前提"对于普通人而言，已经相当于"我以为你知道"的省略推理。由于不知道这些前提，普通人没法真正理解教授文章里的逻辑。于是，大家觉得专家的意见深奥难懂，没法进行沟通。

在日常生活中，我们思考与说话也常常出现"省略推理"的情况。例如，南方很多地区冬天没有暖气。而对于从小在北方生活的人来说，则会将全国冬天都要供暖视为生活常识。一个北方人在冬天到南方出差问当地朋友是否有"暖气片"时，南方的朋友脑海中想的可能是"电暖器"。

这就是由于省略了对"已知前提"的描述造成的误解。由于北方人与南方人理解的"已知前提"不同，所以彼此的交流实际上不在一个范围内。

需要注意的是，举的这个例子同样是一个"省略推理"。因为默认了"北方所有地区都用暖气""所有北方人都以为全中国冬天都烧暖气""所有南方人都不知道北方冬天烧暖气"等"已知前提"是大家都知道的"常识"。但实际上，这些被省略的"已知前提"未必准确。南方的朋友可以通过实地旅游或者浏览互联网文章得知北方供暖设备的情况，而临近北方的部分南方城市也有类似的供暖设备。

我们在前面曾经提及，假的"已知前提"不可能推理出正确的结论。无论推理过程多么符合逻辑思维的特征，都会背离事实的逻辑。而省略推理最大的问题恰恰在于，没有确认彼此对"已知前提"的认知是否相同，从而导致各自推演出的逻辑大相径庭。

反观这整个过程，既然在沟通中，我们起初心里所想的 100%，到最后他人行动时却只有 20%，这个过程中发生了什么？我们心里要说的话，为什么会层层漏掉呢？

除了上述分析的原因，还有以下一些因素。

首先，第一个漏掉的 20%（心里想的 100%，说出来的 80%）产生的原因有：①没有记住重点；②不好意思讲；③表达不清晰，没有讲明白和讲完整。

第二个漏掉的 20%（你嘴上说的 80%，他人听到的 60%）原因有：①自己在讲话时有干扰；②他人在听话时有干扰；③自己说话语速过快；④对方不愿意认真听。

第三个漏掉的 20%（他人听到的 60%，他人听懂的 40%）原因有：①不懂装懂，实际上没听懂；②对方理解能力有限。

第四个漏掉的 20%（他人听懂的 40%，他人行动的 20%）原因有：①不愿去做；②缺少监督；③能力有限无法胜任。

三、如何在沟通实践中应用沟通漏斗理论

沟通漏斗呈现的是一种由上至下逐渐减少的趋势，因为漏斗的特性就在于"漏"。所以，一定要掌握沟通技巧，争取让这个漏斗漏得少一些。我们可以从以下几方面来着手，将沟通漏斗理论应用在实际沟通中，从而避免信息的丢失。

（一）不要把自己的逻辑强加于人

事物的变化都遵循着一定的逻辑，只要了解其中的规律，就可以预测出事物的后续发展。然而，人们总是用自己的逻辑去看问题。

（二）反思：沟通双方用的是一个概念吗

两个语言不通的人，会借助翻译的帮助来交流。翻译人员会把两人表达的意思整理成相同的概念集合，然后再用不同的语言进行传递。按照沟通漏斗理论，通过翻译来沟通更容易加剧信息在交流过程中的遗漏。最终，沟通的质量取决于翻译人员对双方本意的理解程度与语言表达准确度。

实际上，使用同一语言的人在交流时，也存在一个无形的翻译官——大脑。每个人的逻辑思维水平有差异，对事物的行为逻辑也理解不同，而沟通就是一个不断修正各自逻辑从而实现逻辑接轨的过程。当你觉得和他人交流就像鸡同鸭讲，说明双方心中的逻辑没能顺利接轨。遇到这种情况，先别着急烦躁，不妨围绕最基本的概念重新梳理沟通思路。

通常，学术界对同一问题会有几种不同的定义（概念），所以教授们写学术文章时，通常会用大量篇幅来写明自己对某个问题的定义（概念）。有时候甚至会用专门的一个章节把学术界里所有的相关定义全部列出来做对比，然后再明确指出自己在本文中使用的是什么定义（概念）。

这样做的最大好处，就是预先树立了明确的讨论基础。如果赞同教授使用的概念，就可以进一步探讨其他问题。双方的交流都紧密围绕着统一的概念，不至于出现鸡同鸭讲的情况。如果不赞同教授使用的概念，也可以明确提出自己的意见。这样，不至于让双方在争论许久之后才发现彼此使用的是不同的概念。

在普通人看来，教授们严谨得有些烦琐。然而，恰恰是这份严谨确保了他们在逻辑思辨中不会因为概念的模糊而受到干扰。因此，我们在生活中应当注意与谈话对象统一对概念的认识。否则，彼此头脑中的逻辑永远没法接上轨。

沟通漏斗理论很有价值，它对我们与他人的良好沟通具有正向指导作用。除了上述的应用，它至少还给予我们两点启示。

一是在工作中，一个团队要共同完成一项任务，就必须要配合默契。一个企业要发展壮大，员工之间必须达成有效的合作，而合作的默契是源于沟通。如果不能有效且正确地向同事或下属传达指令，那任务也就势必不会圆满完成。

很多投资人以及企业管理者常常因为没有清晰地表达自己的想法，没有完整地传递信息和接收信息，导致股东无法理解他们的做法。比如，当一家上市公司的首席执

行官（CEO）在内部会议上没有完整地表达自己的投资理念和经营方式时，容易引发误解，可能引起股东的不满，甚至导致股东施压管理层要求更换人选。同样地，当CEO的表达不够准确时，企业的战略实施和执行能力会受到影响，下属们可能会做出偏离轨道的行动。不仅如此，如果沟通能力不足，CEO在日常经营和管理中就不能很好地应对内部分歧与矛盾，一些小问题可能会在不恰当的表达和理解中被放大，成为团队合作的重大隐患。

只有在工作中尽可能减少沟通漏斗，才能达到更好的理解，也才能更出色地完成工作；还能避免他人不全面的或错误的理解影响人际关系。

二是在生活中，沟通漏斗理论的应用也是广泛且深刻的，它揭示了信息在传递过程中逐渐衰减的现象。以下是沟通漏斗理论在生活中的几个具体应用。

在家庭沟通方面，家庭环境中，沟通漏斗理论提醒我们注意信息传递的准确性和完整性。例如，家长在给孩子布置任务或讲解道理时，可能会因为表达不清、孩子注意力不集中或理解能力有限而导致信息衰减。为了克服这一问题，家长可以采取以下措施：

清晰表达：使用简单明了的语言，避免使用过于复杂或孩子不理解的词汇。

确认理解：通过提问或让孩子复述的方式来确认他们是否真正理解了家长的意图。

多次重复：对于重要或复杂的信息，家长可以重复讲解，以加深孩子的印象。

此外，在社交互动中，沟通漏斗理论也提醒我们注意信息传递的准确性和完整性。为了建立良好的人际关系，我们需要注意以下几个方面：

尊重对方：在沟通过程中尊重对方的意见和感受，避免使用攻击性或侮辱性的语言。

积极倾听：保持专注和耐心，认真倾听对方的观点和需求，以便更好地理解和回应他们。

明确表达：使用清晰、准确的语言表达自己的观点和感受，避免产生误解或冲突。

综上，沟通漏斗理论在生活中的应用是多方面的。通过不断学习和实践沟通技巧，我们可以提高沟通效率和质量，建立更加和谐、有效的人际关系。

课程回顾

1. 掌握沟通漏斗理论。
2. 了解造成信息漏斗现象的原因。
3. 了解如何在沟通中运用沟通漏斗理论。

沟通实践

实战中运用沟通漏斗理论

学习新的沟通技能能让你更好地掌握新的知识，并在未来与同事更好地互动。我们常常认为，只有使用良好的沟通方式才能让我们与他人的沟通更加积极有效。在这种认知的驱使之下，我们开始强迫自己与同事达到良好沟通。而有悖于初衷的是，练习最终变成了评判："如果我同事能做对的话，我们就不会有这个冲突！"

在你练习良好沟通的时候，重要的是要时刻与自己的目的保持连接，否则就有可能让新的技能成为防御或攻击的新战场，而你则疲于使自己占领制高点。这样就不能达到改善沟通的目的。

除了设立练习承诺外，还要明确学习、使用良好沟通的目的。在职场中，当争执发生时，我们的最佳选择就是暂时离开争执现场，给自己一些时间来冷静思考，重新与自己的内心需求建立联系。你希望通过掌握这项新技能，让自己更具同理心，是为了达成什么目的？

请思考你在职场中学习和使用良好的沟通的目的，并把目的写在纸上。这样你就可以一边练习，一边与目的建立连接。

第三节　沟通视窗理论

格言

◆ 不要在别人面前滔滔不绝，看似是展示自己，其实是你赤身裸体暴露在他人的目光下。

◆ 话不在多，在于分量。

◆ 欣赏别人的优点，善待别人的缺点，尊重别人与自己的隐私，快乐达成顺畅的沟通。

导言

为什么有的人很容易快速地和其他人打成一片，而有些人与他人相处很久，依然犹如陌路人，或许沟通视窗（乔哈里视窗）理论能解答你的疑问。

一家跨国公司在全球范围内拥有多个分支机构，其中中国分公司和外方分公司正在合作一个重要项目。项目团队由两国成员共同组成，需要频繁沟通以确保项目顺利进行。在项目启动会议上，双方的项目经理详细介绍了各自团队的成员、职责、项目目标和时间表。这些信息对双方来说都是已知的，构成了沟通的公开区。由于双方都在这个区域沟通，信息传递清晰明确，减少了误解和冲突的可能性。双方能够快速建立信任，为后续的深入合作打下基础。

我国团队在技术实现上有一个独特的创新方案，但出于保密或不确定对方是否感兴趣的原因，没有在初期会议上提及。这个创新方案就处于隐藏区。为了扩大公开区，我国团队决定在后续的技术交流会上主动分享这个方案，并寻求对方团队的反馈。通过建立信任和保持开放的沟通态度，双方逐渐将隐藏区的信息转化为公开区的内容。

可能由于对我国市场的了解不足，对方团队在项目推进过程中，忽略了一些重要的文化或法律因素。这些因素对我国团队来说是显而易见的，但对对方团队来说则处于盲目区。为了缩小盲目区，我国团队主动提出进行文化敏感性培训，并分享关于我国市场的相关信息。同时，对方团队也积极寻求我国团队成员的反馈和建议，以便更好地适应我国市场环境。

随着项目的深入，双方可能会遇到一些前所未有的挑战或机遇，这些都属于未知区的内容。例如，项目可能涉及一个新兴技术领域的应用，而双方对该领域都缺乏深入了解。为了探索未知区，双方决定共同组建一个研究小组，专注于该领域的学习和研究。通过不断学习和实践，双方逐渐将该领域的知识从未知区转化为公开区或隐藏区（如果涉及保密信息）的内容。

在这个例子中，通过运用沟通中的视窗理论，双方团队能够更好地理解彼此在信息透明度上的差异，并采取相应的策略来扩大公开区、缩小盲目区和隐藏区、探索未知区。这不仅提高了沟通效率和质量，还促进了团队成员之间的信任和合作关系的建立。

课前思考

1. 沟通视窗理论有什么内容？
2. 沟通中如何使用沟通视窗理论？

课程内容

那么，什么是沟通视窗理论呢？下面来向大家作全面的介绍。

一、沟通视窗理论

（一）沟通视窗理论的由来

20 世纪 50 年代，美国心理学家乔勒夫和英格拉姆对人际沟通进行了深入研究，根据"自己知道—自己不知"和"他人知道—他人不知"这两个维度，依据人际传播双方对传播内容的熟悉程度，将人际沟通信息划分为四个区域——开放区、盲目区、隐秘区（又称隐藏区）和未知区（又称封闭区），这一理论即沟通视窗理论，也被称为"乔哈里视窗"和"自我意识的发现—反馈模型"。

沟通视窗理论是一种关于沟通的技巧和理论，它将人际沟通的信息比作一扇窗，

并将其分为四个区域。人们的有效
沟通就是这四个区域的有机融合。
人们一般使用沟通视窗理论进行自
我剖析，慢慢提升自己、丰富人生，
收获充满尊重与支持的人生成长历
程，本书将使用沟通视窗理论来指
导大家进行高效的人际沟通。视窗
理论四区间如图2-2所示。

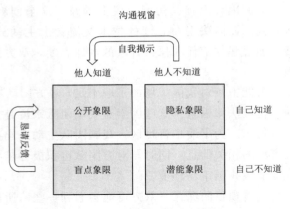

图2-2　视窗理论四区间

（二）沟通视窗"四区"含义

公开区（开放区）是自己知道、
别人也知道的信息。例如你的家庭
情况、姓名、部分经历和爱好等。
开放区具有相对性，有些事情对于某人来说是公开的信息，而对于另一些人可能会是
隐秘的事情。在实际工作中的人际交往中，共同的开放区越多，沟通起来也就越便
利，越不容易产生误会。

盲目区是自己不知道、别人却可能知道的盲点。例如性格上的弱点或者坏的习
惯，或是别人对你的一些感受等。在现代社会中，那些地位和权势越高的人，往往越
难以听到关于自己的真实反馈。因为围绕在这些人周围的往往都是一些阿谀奉承的
人，沟通单向而闭塞。一旦当事人没有博大、开放的胸怀容纳一些敢于对自己讲真话
的朋友或善于直言的下属，他的盲目区就有可能越来越大。

隐藏区是自己知道、别人却可能不知道的秘密。例如你的某些经历、希望、心
愿、阴谋、秘密，以及好恶等。一个真诚的人也需要隐藏区，完全没有隐藏区的人是
心智不成熟的。但在有效沟通中，适度地打开隐藏区，是增加沟通成功率的一条
捷径。

未知区是自己和别人都不知道的信息。未知区是尚待挖掘的黑洞，也许通过某些
偶然或必然的机会，得到了别人较为深入的了解，自己对自我的认识也不断地深入，
人的某些潜能就会得到较好的发挥。

四种象限的信息彼此连接，共同构成了一个整体。我们每个人的追求应当致力于
不断扩大公开象限，这就需要我们努力去做"自我揭示和恳请反馈"。

自我揭示，坦率地来说，就是要与他人分享自己的经历、工作内容或个人爱好，
以增加彼此的了解，从而缩小隐私象限。当彼此之间有共同喜好或者共性时，根据心
理学原理，人们更喜欢跟自己相同的人为伴。

恳请反馈，则是希望对方给予自己更真实更真切的反馈，闻过而思，发现自己的
盲点，"有则改之无则加勉"，进而缩小自己的盲点象限。最好的行为方式，就是保持
空杯心态去聆听他人的回馈，不带任何主观情绪的感受和自我反省。

因此，随着隐私象限和盲点象限不断被缩小，公开象限就会被无限放大。在领导
力的沟通实践中，当个人的公开象限被放大时，就会收获到更多的尊敬和信任——这
同时也是沟通与交往中的两大核心。

二、如何在沟通中运用视窗理论

任何人都有以上四种区间的信息，在他人看来，每个人的这四种信息量的大小是不一样的。

（一）公开区的运用技巧

如果一个人主动将自己的信息恰如其分地公开，会让人觉得他是一个善于交往、非常随和的人。比如人们经常利用对天气的感受来打开话题。又比如项目刚开始时，经理就主动说："我这个人性子急，但是也干脆，咱们任务紧、压力大，我有时可能说话直了点，各位多担待，等任务结束我请各位吃饭！"公开区信息量大的人容易让人觉得此人表里如一，值得信任，可与其进行合作性的沟通。

要想使公开区变大，我们就要多说、多询问别人对自己的意见和反馈。这从另一个侧面告诉我们，多说、多问不仅是一种沟通技巧，同时也能赢得别人的信任，因为信任和真诚是合作的基础，只有建立了坚实的信任基础，才能共同建设起沟通的"高楼大厦"。

（二）盲目区的运用技巧

如果一个人的盲目区最大，那他可能会是一个不拘小节、夸夸其谈的人。他有很多不足之处，别人看得见，他却看不见。造成盲目区过大的原因之一就是说得太多，问得太少，这种类型的人通常不会询问也不在意别人对他的评价。

比如在学校工作群中，一位上了年纪的教授总是发送一些娱乐性质的新闻消息，领导和其他同事碍于他的资历对他这种欠妥行为既不会提醒也不会回复，而如果该教授及时询问其他人的感受，相信这种情况会少很多。在沟通中，一个人不仅要多说而且要多问，以避免盲目区过大的情况发生。

（三）隐藏区的运用技巧

如果一个人的隐藏区最大，那么关于他的信息别人都不知道，只有他一个人知道。这是一个内心封闭的人或者说是个很神秘的人，我们对这样的人信任度是很低的。与这样的人沟通，合作的态度就会少一些。因为他很神秘、很封闭，往往会引起我们的防范心理。

造成他的隐藏区最大的原因是他问得多、说得少，不擅长于主动告诉别人。

比如一个早出晚归、基本不和舍友同行的人突然要参选班长，相信投票给他的人不会太多。

在这种情况下，沟通只能顺其自然，我们可以先赢得他的信任，使他主动打开心扉，让他认可我们以及我们要与之一起做的事，否则沟通只能流于形式。为了任务的达成，对这种类型的人要"公事公办""公开呈现"。比如这种类型的人迟迟不回复信息，那么有礼貌地在工作群里提醒他或许是这种情况下最好的办法。

（四）未知区的运用技巧

未知区占比大意味着关于一个人的很多信息，他本人和别人都不知道。这种类型的人不会询问别人对自己的看法，也不会主动向别人介绍自己。封闭使他失去了很多机会，他能够胜任的工作可能很少。

每个人都要尽可能缩小自己的未知区，主动地通过别人了解自己，主动告诉别人自己能够做什么。

未知区是个尚待挖掘的黑洞，应该不怕失败，多去尝试，敢于挑战各种不确定性，从而激发自己的潜力。冥想也是个不错的方法，周期性地给自己安排一个安静的时间，抛除外界的干扰，探索自己内心真实的想法。

总体来说，沟通的时候，你说得多还是问得多，会让别人对你产生不同的印象，也会影响别人对你的信任。

有学者认为，个人提升就是公开区不断扩大的过程。一个人如果有足够大的公开区，就会拥有优秀的领导力。公开盲目区是一种好方法，例如演讲者在上台后就开始自嘲，这是典型的公开盲目区行为，旨在把盲目区的内容转化为公开区的内容，从而迅速获得他人的认可。

公开隐藏区就是将一些你不好意思说或忘记说的内容向对方做自我揭示，比如与同事一起吃饭聊天的时候可以跟同事讲讲自己最近遇到的事，也可以讲讲自我的规划和愿景，这些都是自我揭示的方式。跟别人讲述自己的人生经历是一个非常好的自我揭示的方法，也是一种十分有效的沟通方式。两个独立个体在沟通时，如果相互了解对方的过去，无形之中就会拉近彼此的距离。如果两个人曾经共同经历过很多事，彼此之间的公开区很大，关系就会很亲密。大家在平时沟通时，不要仅仅局限于工作内容，还可以谈谈生活和爱好，积极寻找话题，扩大公开区，这样更能够赢得对方的尊重和信任。

将盲目区转化为公开区的一种常见办法是恳请反馈。随着承担的职责越来越多，人们越难发现团队或自身存在的问题，这时团队其他成员的反馈就变得异常重要。唯有如此，我们才能及时发现自己的问题，提升团队和个人的竞争力和凝聚力。

总体上，要扩大自己的公开区，获取信任，多询问别人，缩小自己的盲目区，主动告诉别人一些"私密"信息，扩大自己的隐藏区，积极探索未知区。

课程回顾

1. 了解沟通视窗理论的由来。
2. 了解沟通视窗"四区"具体内涵。
3. 了解沟通中运用视窗理论的技巧。

沟通实践

实战中运用视窗理论

前面的练习中，我们谈到了如何与人际关系最里圈的人练习良好沟通。这些人与你最亲密，也最了解你。其中也强调了与练习伙伴事先一起练习的重要性。

假设你选择在家里练习车轮句型，如果没有承诺练习并与你的目的连接，可能会显得你的沟通不够真诚，因为你的语句不够随意，总会有所克制，或是你的"老我"和"新我"之间发生了冲突，使你无法顺利表达清楚。

一种很好的练习承诺的方式就是"意识承诺"。通过意识承诺，你的练习伙伴可以不断地帮助你区分良好沟通的几个关键概念：

（1）观察与评判。

（2）感受与伪装成感受的评判。

（3）需要和满足需要的方式。

（4）请求与要求。

例如你在分享自己一天的经历时，你的练习伙伴可以提醒你，在描述时注意这几个概念的区别。

在沟通过程中，有意识地提出需要帮助的请求，并对一个原本没有意识的行为予以承诺，能够帮助人们更有意识地去达成那个行为。在你人际关系最里圈的人中，谁最有可能和你达成意识承诺？思考如何表达这个承诺，并在这周尝试。

第四节 高效沟通三角

格言

自然赋予我们人类，一张嘴，两只耳朵，也就是让我们多听少说。

——苏格拉底

导言

耳朵是通向心灵的路。只愿说而不愿听，是贪婪的一种形式。反馈与提问，使沟通系统实现动态平衡。

会说话是一种才能，会倾听更是一种修养。耳听八方能使我们跟上时代的步伐，广纳群言能使我们保持清醒的头脑。因此，在与人的沟通中，倾听与说话一样重要。倾听不仅是一种姿态，更是一种与人为善、谦虚谨慎的姿态，这种姿态能让你在沟通中更加包容、更加开放，从而达到更好的沟通效果。

倾听是理解，是尊重，是接纳，是分担痛苦，是分享快乐。它的意义远不只是给对方一个表达意见的机会，它实际上是放下姿态，用温暖的笑脸去面对说话者，加强彼此的沟通，获得对方的尊重与信任。

课前思考

　　反馈与提问是对倾听的补充和深入，是沟通的一部分，也是确保沟通效果的重要一环，同样不可或缺。只有通过反馈，你才能将双方的沟通引向深入，也只有通过反馈和进一步的提问，你才能最大限度地达到自己的目的。请练好倾听、反馈以及提问的基本功，当你掌握了这些技巧，便能实现与他人真正有效的沟通。那么，该如何正确倾听、反馈以及提问呢？

课程内容

沟通场景导入

　　在一家大型公司的市场部，经理小李正在向团队介绍一个即将启动的新项目。这个项目对公司来说非常重要，涉及与一家国际知名品牌的合作。小李在台上热情洋溢地讲解着项目的背景、目标、策略以及预期成果，他详细阐述了每一个细节，希望团队成员能够全面了解并积极参与。然而，在座的团队成员小王却显得心不在焉。他一直在低头玩手机，偶尔抬头看看小李，但很快就又低下了头。小李注意到小王的状态，但为了不影响整体氛围，他并没有直接指出。当小李讲到项目的核心策略时，他特别强调了需要团队中每个人发挥自己的专业优势，共同协作来完成这个任务。此时，小王突然抬起头，打断了小李的话："啊？你说我们要去爬山吗？需要准备什么装备吗？"

　　这一问，让整个会议室的人都愣住了。大家面面相觑，不知道小王为什么会突然提到爬山。小李也是一脸愕然，但很快他就反应了过来，原来小王根本没有在听他说话，而是完全沉浸在自己的世界里。

　　这个案例虽然无伤大雅，但却暴露了职场沟通中一个常见的问题——不注意倾听。这个案例让我们看到，沟通中不注意倾听，有时会闹笑话的。小王因为分心而没有捕捉到小李讲话的重点，结果闹出了这样的笑话。在职场中，不注意倾听不仅会导致信息传递的失误，还可能影响个人的职业形象和团队的协作效率。因此，我们应该时刻提醒自己保持专注，认真倾听他人的讲话，以确保沟通的顺畅和有效。

　　人人都想成为沟通高手，而一个沟通高手首先要学会成为一个倾听高手。倾听在人际交往中非常重要，我们在倾听他人的时候，首先要先放下已有的想法和判断，不带成见地去感受对方的变化，需要全身心去倾听。

　　因此，在交流的过程中，除了聊天需要技巧之外，倾听别人也有一些技巧。有时候我们一些无意识的反应，也许会让别人感到不舒服。虽然别人可能不会直白地说出来，但会大大地降低对方说话的欲望，再想激起对方的分享欲或倾诉欲就难了。

一、倾听

（一）倾听的类型

从倾听的效果上，可以将倾听分为以下几种类型。

1. 听而不闻

这种倾听是心不在焉，别人讲别人的，自己想自己的。听而不闻的人只是在应付或敷衍了事，没有主动参与到沟通过程中，更不会给讲话者以交流、反馈，给人以被轻视、不被尊重的感觉。

2. 选择倾听

这种倾听只对自己感兴趣的部分予以倾听，其他部分则不理不睬。这种倾听往往会忽略很多重要的信息，从而造成沟通过程不畅，影响沟通效果。同时，这种行为也体现出了对讲话者的不尊重。

3. 专注倾听

这种倾听是对所有的信息都认真倾听，比前两者都有效。但这种倾听只关注了对方讲话的全部内容和信息本身，而忽视了对方的情感，因而不能捕捉到对方表达的全部信息。

4. 有效倾听

这种倾听是真正主动参与沟通。它聚焦讲话内容，并把感观、感情和智力的输入综合起来，把注意力从自己转移至讲话者，不带偏见，不作预先判断，积极反馈，使讲话者从你的参与中受到鼓励。它不仅用耳朵，更用眼睛、脑和心。

5. 同理心倾听

同理心倾听能捕捉完整的信息，注意对方肢体语言和语调这些隐含信息，真实全面地理解讲话者的意见和需要，觉察出讲话者所要表达情感。

（二）倾听过程中的忌讳

1. 高高在上

在与下属沟通的时候，作为上司最容易犯的毛病就是高高在上。由于上司和下属之间存在地位、身份上的差距，有些上司还有意无意地扩大这种差距的效应，导致下属在上司面前唯唯诺诺，有话不敢讲，影响了上下级的顺畅沟通。有些上司在下属来汇报工作或请示问题时，要求下属毕恭毕敬地端坐着。这种类似"审问"的环境明显影响了沟通效果。此外，还有的上司在与下属沟通的过程中心不在焉，或摆架子等，这些都是"高高在上"的表现。

2. 自以为是

对于一个问题，自己已经有了一定的想法和见解，这时候就很容易关上自己的心门，不愿意甚至拒绝接受别人的意见。要知道正确与错误都是相对的，当你以宽阔的胸怀、谦虚的态度对待他人的建议时，肯定会有意想不到的收获。

3. 先入为主

先入为主是偏见思维模式造成的。沟通的一方如果对另一方有成见，顺利沟通就无法实现。比如你对一个下属的能力产生怀疑，即使这位下属有一个很不错的想法，你也可能不会接受。善于倾听能让你更快交到朋友，赢得别人好感。

（三）倾听障碍

倾听障碍包括讲话速度与思考速度存在差异；思想不集中，假装专心；说话者的措辞难懂；倾听体验不佳。

造成倾听障碍的主要原因有以下几个方面：

（1）情绪上的懒惰或厌倦。比如在开会时，对领导讲话的内容完全不感兴趣，便干脆选择不听。

（2）保守封闭。因为心理比较保守封闭而拒绝接受其他事物，导致自我形成一种封闭的环境，因而很难与之沟通。

（3）固执己见。性格上比较执拗的人，往往会坚持己见，尤其是在情绪激动时，完全听不进别人的意见。

（4）不真诚。倾听者没有怀着真诚沟通的心与对方交谈，从而对别人的谈话或意见置若罔闻，错过了聆听他人意见的机会。听者已有的偏见，也会使人先入为主，如果你臆断某人愚蠢或无能，即使对方口吐珠玑，你也不会对他（或她）说的话给予关注。

（5）倾听者急于表达自己，说服对方。这类人认为只有说话才是表达自己、说服对方的唯一有效方式。若要掌握主动，便只有不断地说、不停地说。在这种思维习惯下，他们容易在他人还未说完的时候，就迫不及待地打断对方。

（6）听者急于结束谈话。因为注意力不集中而把一部分注意力放在倾听上；或者，如果你感到对方的话无聊或让你感到不自在，可能会改变话题或者讲笑话，终止对方谈话的思路。

（四）倾听过程中的不良表现

（1）随意打断对方讲话，以便讲自己的故事或提出意见。

（2）没有和对方进行目光交流。

（3）任意终止对方的思路，或者问了太多的细节问题。

（4）催促对方，同时接打电话、写字、发电子邮件等。

倾听就是倾身而听。我们要用我们的身心来倾听。此时，应当将对方视为世界上最重要的人，给予对方最真诚的关注。因此，我们有必要了解有效倾听的要点有哪些。

（五）有效倾听的要点

（1）不说话不等于在倾听。

（2）倾听不只用耳朵。

（3）留心对方的"弦外之音"。

（4）倾听时应该主动给对方以反馈。

用心去体会他人的感受和需要，不管别人带着怎样的情绪跟我们说话，我们都要耐心地去观察发生了什么事，听他们的言外之意是什么，体会他们有什么感受，需要的是什么，以及我们可以为他人做什么。

在倾听对方的过程中，可以采用一个框架，就是听对方的故事背后的情绪、感受、期待、愿望、观点，以及渴望。当捕捉到对方的情绪点，可以停留在这个地方，问一下对方的感受，也可以将自己感受到的反馈给对方，向对方求证是否是这种情绪体验。如果感受到了对方的感受，对方就感觉到你和他在一起，他的情绪浓度就会化解一部分，让他感受到被理解和支持。

（六）有效倾听的四个层次

1. 排除干扰

在倾听时要排除干扰，不让噪声、认知和情绪干扰和影响到倾听的效果。不仅要听清对方所讲的内容，还要听清楚所讲的中心思想，有效捕捉要点。

2. 身体参与

与对方讲话要给予积极的回应，如赞许的点头、关注的目光、对谈话感兴趣的表情和微笑等。

3. 语言参与

在对方讲话的过程中要适当地表示理解，如"对""是这样""有道理"等。对于有疑问或没有听清的地方要及时提问，比如"您的意思是……？""您刚才说的是……？""您能举个例子吗？""能再解释一下吗？""有一点我不清楚，您后来怎么样？"等。

4. 思想参与

思想参与也称为同理心倾听，是有效倾听的最高层次。同理心是指在人际交往过程中，能够体会他人的情绪和想法，理解他人的立场和感受，并站在他人的角度思考和处理问题。同理心倾听要求倾听者要保持良好的精神状态，要全神贯注地观察讲话者的变化，要善于归纳讲话者的语言和情感内容，要理解而不评价、思考而不挑剔，它的出发点是为了了解，而并非为了回应。

（七）正确倾听的要点

1. 克服自我中心

不要总是谈论自己，不要总是自以为是，不要总想着如何去占据主导地位，想着如何去吸引外界的目光，把焦点只留给你自己。身体前倾，表现出对谈话感兴趣，可以用头部动作和丰富的面部表情回应说话者。

2. 尊重对方

不要随意打断对话与插话，要让对方把话说完，不要因一些不重要或不相关的细节而打断别人，要学会起码的对话尊重。在倾听时，务必注意自己的眼神。除了并列行走或坐下时，其他时候要注视别人的眼睛，表示我正在认真听你说话，并且眼神要柔和自然，不要飘忽不定、闪烁。都说眼睛是心灵的窗户，这句话不是假的。眼睛会传递出很多信息，就算你没有表情，别人也可以从你的眼睛看出你的第一反应。交谈的过程中，倾听者除了可以简单地进行笔记的书写，最重要的还要学会注视别人，要看着对方的眼睛，不要随意地环顾四周，这样是极其不尊重他人的。

3. 控制好自己的情绪

不要因为一些不赞同的话表现出过激的行为与言语，不要急切地去表达自己的见解与看法。交流与倾听不是同步而行的。在倾听的过程中，要减少没必要的发言，不要过于频繁地打断他人，可以适当给出必要的迎合。

（八）倾听的技巧

1. 积极主动

好的倾听是积极主动地倾听，不消极被动，不冷漠，更不是被动接受式倾听。我们需要通过倾听去挖掘对方更多的信息，从而让自己把握主动，所以你首先要有积极主动的态度，同时也要有一个积极主动的问话行为，通过不断的开放式提问让对方贡献更多的信息，做到知己知彼，同时保持自身信息的相对隐蔽，那么你就能把握话题的主动权了。

因此，一个沟通高手首先要在态度上非常积极主动，对对方充满兴趣与热情，保持好奇心。他们不仅善于提问而且听的时候还特别专注，做到这一点基本上就已经赢了一半了。

2. 切忌先入为主

与人交流的过程中，最忌讳的就是先对对方有成见，先入为主地把对方当成"坏人"，那对方本身好的一面你就很难接受得到。在这里要提醒大家，开放包容的心态决定了我们到底能不能吸收更多的信息资讯，能不能了解事情的真实层面。

为了让别人更好地倾听你，首先要把对方的心门打开。当对方对你有很强的防备心的时候，你应当避免说出你真实的建议、产品、服务信息等，因为他很可能听不进去。

3. 捕捉主干

一个好的倾听者是善于"删繁就简"的，这样有助于把握对方的主要逻辑和思路。他不仅善于阶段性地跟对方确认，还善于分类归纳。

古代有一种酒器叫"戒盈杯"，在它的底部有一个孔，如果你往里边倒酒水，只要倒满了就会漏得一滴不剩，恰到好处则会一滴都不漏。戒盈杯的设计者有可能就在告诉我们说话不要太满，要恰到好处。那作为倾听者也是如此，不要盲目地听，更不应不懂装懂，以免误导对方。若是一味地"满满满""多多多"，最终可能既未吸收对方所言，也让对方感到困惑。这样的沟通一定会出问题的。

4. 重点交互

人的心理接受程度是有限的，这个现象被称为"时限效应"。如果超过了这个限度，对方就会接受不了，甚至会产生逆反心理。

这里给大家讲一个朱元璋暴打茹太素的故事。茹太素曾经是朱元璋主管财政的重要官员，有一次茹太素准备了一个 1.7 万字的奏章，朱元璋让王敏为他朗读。当念到6000 多字的时候，朱元璋仍未听到他的重点，朱元璋愤怒地命令道："把茹太素给我找来，先给我打十大板！"打完后，王敏继续念，又念了6000 多字，还没让朱元璋听到奏章重点。朱元璋的脾气彻底暴发："再给我打十大板！"直到王敏念到尾声，也就是最后的 500 字时，茹太素提了五条建议，也是整个奏章的重点。明明 500 字就能说清楚的，结果说了一大堆没用的。

所以，在讲述事情的时候不要太啰唆，以免让对方感到困扰。关键在于确保对方能够听到你的重点关键信息，并且能够梳理得出来。这就是重点交互。

在沟通中，听与说同样重要。为了显示你一直在倾听，有时候需要及时附和对方，这也是有讲究的。你说出来的附和的话不要显得太冷漠和简短，尽量让语句长一些，语气更有激情一些。像"确实""是的""没错"这类附和语，既冷漠又简短。我们需要在此基础上扩展句子，或者热情地说出来，可以改成"确实，我之前还真不知道""确实，这太有创意了""哇，确实是这样！"等等。扩展句子时，你可以使用一个原则，那就是肯定对方话语的价值，表达肯定性的评价。

倾听能让我们身心痊愈，可以使我们的人际关系变得更好，也能让我们说话的时候更加有趣，还能让我们在面对危险的时候化险为夷。倾听也可以让我们勇于面对自己的弱点，让我们更加了解自己。

学会倾听，才是最有效沟通的开始；学会倾听，是沟通中最先应该具备的能力。

几乎每段职场对话中都会有一方说"请"或"谢谢"。如果你并不享受进行中的会议，那么你可以思考对方到底想表达什么。如果听到对方在说"请"，那么你可以去猜测他到底在提什么请求，之后替他重新组织一个清晰的请求，来帮助他达成目的。也可以通过问对方问题，来帮助他组织一个清晰的、用正面语言表达的请求。要确保请求清晰，而不是含糊不清，如"我们会完成的"或是"我要你负责这件事"。

二、反馈

在倾听他人之后，我们要及时反馈，把我们理解出来的看法表达出来，这样做既可以让他知道我们是否理解到位，也能让他人从我们的反馈中更加了解自己。

在跟他人反馈时，我们的语气要温和，要关心他人，学会与人共情。如果不被理解，我们需要只专注于他人的感受和需要，他人的语言只是表达了他的需要和请求，不必为他人的过激言辞分析自己或者对方的过错，只有这样我们才能不被伤害。

沟通场景导入

曾有人做过实验，当一方的队员讲完他的工作思路与努力后，一旁的经理作出了两种不同的反应。一种是让对方感到他没有认真听，而且没有给予任何言语回应，结果沟通迅速结束了，队员们接下来的团队表现也比较差。而另一种反应是，在队员讲完之后，马上进行回应："跨团队和跨部门工作的能力并不是每个人都具备的优势，但你在拆除筒仓方面给我留下了深刻的印象。特别是，当你将营销团队吸引到我们的对话中时，它使我们的想法更加清晰并帮助我们更快地实现目标。请继续保持良好的工作。"第二种反应激发了队员们的动力，他们在接下来的讨论中表达得更为充分，团队表现也更好。

显然，第二种沟通方式的效果更好。当我们在和人谈话的时候，倾听者如果态度封闭或冷淡，说话者会很自然地"关闭心扉"。如果倾听者态度开放、很感兴趣，而且对说话者的内容进行回应，那就表示他在认真听对方说话，很想了解对方的想法，说话的人就会受到鼓舞。

（一）常见的反馈类型

为了使倾听有效，我们应该克服倾听干扰。因此，掌握必要的倾听策略就显得格外重要，有效反馈是一个很好的方式。如果只是"倾听"而毫无反馈，对于信息提供者来讲，就好比是"对牛弹琴"。有效反馈是有效倾听的体现，管理人员通过倾听获得大量信息，并及时做出有效反馈，这对于激发员工的工作热情、提升工作效率具有重要作用。

反馈有多种形式，有语言的和非语言的、正式的与非正式的之分。其中语言形式的反馈常以口头或书面的方式对所获信息做出反应；非言语形式的反馈是以一系列的形体语言对所获信息做出的反应。这类反应可以是有意识的，也可以是无意识的。正式的反馈常以报告、会议等方式来表现；而非正式的反馈则可借助闲聊的方式做出反应。常见的反馈类型包括判断和分析、点明原因、提出疑问、复述。

1. 判断和分析

即对所获信息加以评价和判断，并对所获信息加以剖析。例如："这样做很好！""你所指的是……"

2. 点明原因

如果我们发现自己不能正确地倾听时，说出其中的问题是最好的策略。例如：告诉对方你没跟上他正在讲的内容，让他解释得更清楚些；如果有某些词你没能理解，告诉他，让他再把这些词解释一遍；让他知道你现在无法集中精力，要求换到其他地方以便能使你集中精力倾听等。虽然向他解释谈话的时间比你料想的要长，而你不得不去其他地方。你可以提出以后聚在一起再谈一次，那时你能更好地集中精力听他谈话。所有这些反应事实上都会使与你谈话的人感到高兴，因为所有这些方法都告诉他，你想找机会更好地倾听他的谈话。

3. 提出疑问

即借助提问以获取更多的相关信息。在倾听过程中，恰当地提出问题，往往有助于我们的相互沟通。通过提问的内容可获得信息，同时也可从对方回答的内容、方式、态度、情绪等其他方面获得信息。

美国沟通专家把提问分为两种方式，一种为开放式提问。回答这种提问，不能用简单的"是"或"不是"来回答，回答结果一般无法预料，例如，甲："我对公司本月销售额很不满意！"乙："为什么？"另一种为闭合式提问，经常提问"是否""是谁""什么时候"等问题，其结果往往可控，与预期结果相近。

倾听中，两种方式是相互运用的。其作用各有千秋，开放式提问气氛缓和，可自由应答，可以作为谈话中的调节手段，松弛一下神经。另外，可用开放式问题作为正式谈话的准备，如"最近怎样？"然后很快开始实质问题的交谈。比较来说，闭合式提问使用机会更多，其优点是可以控制谈话及辩论的方向，同时可以引导和掌握对方的思路，但运用不当会使人为难，气氛容易紧张。两种方式应综合运用，以求得最佳效果。

4. 复述

即通过对有关信息的复述，以核实所获信息正确与否，同时也有助于向信息提供者表达自己的兴趣所在。

（二）有效反馈的基本原则

有效的反馈可以起到激励和调节作用，怎样反馈才能有助于沟通和理解呢？

1. 态度应是平等和坦诚的

反馈要照顾对方的感受，必须把对方置于与自己同等的地位，任何先入为主、盛气凌人的做法都是不可能被接受的。例如：一位经理当着大家的面对一位下属的报告进行这样的反馈："你的报告提交得太晚了，而且字迹小得几乎难以辨认，像小米粒一样。重新打印出来马上交给我！"这种反馈由于没有心理上的平等，因而无法与对方建立起信任和理解的关系。

2. 营造开放的氛围

如果谈话的气氛较为紧张，有些人会对他人的行为、语言产生防卫性反应。这时可以用开放性的、友好探询的问句。例如：如果用"你为什么才来？"那么对方可能会寻找各种理由为自己辩解，但如果用"你在路上遇到了什么事？"效果则要好得多。

3. 语言表达要明确

如"你的任务完成得很好"，表达效果就不如"这次会展的组织工作非常好，达到了我们的目的"。如果我们接收到不明的反馈，可以采取相应措施引导谈话向更有利于信息交流的方向发展。例如：当你听到对方给予"你的任务完成得很好"这样的评价时，可以这样反馈："你认为这次任务成功在哪里？有什么需要注意的吗？"

（三）反馈的语言技巧

1. 用疑问句的语言形式反馈

疑问句不仅能够引导对方继续说下去，还能够便于他人对我们的理解做出补充。另外，如果采用肯定的语气，那么，通常不会产生好的结果。然而，如果别人通过我们的语气意识到我们是在体会，而非下结论，则一般不会产生反感，能够让对话自然地进行下去。我们的问题可以集中在以下几个方面：

（1）来自他人视角的观察："上周我有三个晚上不在家，你说的是这回事？"

（2）来自他人视角的感受及需要："你很灰心？你希望得到肯定是吗？"

（3）来自他人视角的请求："你是不是想请我帮你预订酒店？"

2. 重复关键词的反馈

重视谈话中语言重复的力量，这不仅能检验我们对谈话的吸收效果，也是保持对话节奏的好办法。

曾有人发明了一个电脑程序，功能非常简单，测试人员对着电脑打一些话，程序会把这句话重新整合，简单地复述出来，比如打"我喜欢吃冰淇淋"，那屏幕就会显示"冰淇淋，你喜欢"。就是这些简单的重复，几天之后，几乎所有测试者都认为，冷冰冰的机器背后，坐着全世界最懂他的那个人。

当对方给出比较模糊的叙述的时候，你可以用"你是指……""你说的是……"等句式把模糊的部分澄清。对对方的陈述做出反应，可以帮助对方注意到自己所说的内容。比如，"我明白你的意思……""你所说的是……"在反馈时，可以对对方的情感做出回应，鼓励对方更多地表达他的感受。比如，"听起来你正在生气……""你表现得好像很生气"。此外，在反馈的语言中运用总结技术也很重要。每当对方表达完一段话后，可以用两句话总结对方表达的信息。

（四）反馈的四种语言表达方式

1. 逐字反馈

对于客观信息的确认至关重要，简单来说就是重复关键词，如时间、地点、规格、价格等。

在沟通过程中要确保信息不走样，但这样的确认在双方情绪爆发的场合中并不适用。比如，在一家快速发展的科技公司里，项目经理张伟和他的团队成员小王正在为即将到来的产品发布会紧张筹备。由于项目时间紧迫，任务繁重，团队成员们都在加班加点地工作。然而，在一次项目进度会议中，张伟发现小王负责的模块进度严重滞后且存在多个未解决的问题。面对这种情况，张伟的情绪开始失控。"你怎么回事？这么重要的任务都能拖后腿！"张伟的声音里充满了愤怒和不满，"你看看其他同事都在加班加点地赶工，你却在这里拖我们后腿！"小王听到这些指责后，感到十分委屈和沮丧。他试图解释自己遇到的问题和困难，但张伟根本没有给他机会，只是不断地打断他，继续发泄自己的情绪。最终，这次会议没有取得任何实质性的进展。小王的情绪也受到了很大的影响，他感到自己被误解和忽视，对工作的积极性和热情也大打折扣。而张伟也因为情绪失控而失去了团队成员的信任和尊重，使得团队氛围变得更加紧张和不和谐。

此外，逐字反馈不能证明反馈者真正听懂了。比如：当老板说："我们要立刻将这件事完成。"那么"我们"仅仅是指你，还是你和你的同事呢？"立刻"是指具体什么时候呢？你会发现沟通中的不确定性和模糊性。因此逐字反馈并不能确保信息的有效理解和接收。

2. 同义转述

直接用你自己对对方言语的理解进行同义转述的表达。比如对于上个问题，你可以这样回答："老板，是不是我和同事们可以先把别的事情放一放，优先把这件事做完？"这时，老板可能就会和你互动："对，不过不仅仅是优先……"这两种方法的本质是一样的，都是为了更加精准理解说话人的意图。

3. 意义形塑

意义形塑希望能将整个谈判的话语场引导向自己真正希望达成的目标。这个方法与前面的两种方法在本质上完全不同。比如，在离婚纠纷案中，在讨论孩子未来的抚养权时，已经调解决定孩子由孩子妈妈抚养，但孩子爸爸在离开法庭前说了一句话："我希望每隔两周能够跟孩子共度一个周末。"这句话看似表达得很清楚，两周见一次孩子，但实际上，可以有两种完全不同的理解。

第一种理解，运用意义形塑方法，将父亲的话语场变得更加积极：虽然已经离婚，孩子判给了妈妈，但是父亲还在承担陪伴孩子成长的责任，他依然觉得父爱在孩子成长当中是不能缺席的，每隔两个星期就愿意陪伴孩子。第二种理解，可以从消极的一面来形塑意义：工作还是排在第一位的，父亲永远不把孩子放在第一位，隔两周才见一次孩子，也就是一周都见不到一次。这两种叙述没有哪一种是绝对正确的，都是进行了选择与加工。这就是主动介入对谈判意义的控制，尤其是在冲突的对话现场，你会发现谁有能力将话题和语词注入内涵，谁就可以占据主动。

4. 把握时机

反馈必须灵活地捕捉最佳时机，有时需要及时反馈，但有时反馈应在接受者准备接受时给予，当一个人情绪激动、心烦意乱、对反馈持有抵触心理时，就应推迟反馈。

善于反馈的人能识别对方言语中哪些是真情实感，哪些是表面情绪，而只对对方的真诚情感进行反馈。

要使反馈有效，就必须在沟通双方间建立起相互信任的关系，创造良好的沟通氛围。另外要注意的是，反馈只能是反馈，不能直接作为建议，除非对方有这样的要求。

三、提问

有效倾听的关键是学会提问。在学会提问之前，我们需要知道问题的两种类型，封闭式问题和开放式问题。

是否收获到有效的信息，是封闭式问题和开放式问题的一个重要区别。我们要学会用开放式问题来获得更多信息，同时建立人和人的关系。倾听最重要的目的是建立关系。

沟通场景导入

某家国际企业在其美国总部与中国分公司之间进行了一次视频会议，目的是加强两国团队之间的合作与理解。会议中，美国团队的一名成员杰克，出于好奇和友好交流的初衷，向中国团队的一位成员李华提出了一个问题："你们中国人都非常擅长数学和科学吗？我在很多报道中都看到过这样的说法。"然而，这个问题在中国团队中引起了微妙的反应。李华虽然礼貌地回答了杰克的问题，但语气中透露出了一丝尴尬和不适。原因在于，这个问题触及了中国文化中的一个敏感点——即对于"刻板印象"的反感。在中国文化中，人们强调个性差异和多元化，不喜欢被简单地归类或贴上标签。而"中国人都擅长数学和科学"这样的说法，虽然在一定程度上反映了中国在某些领域的成就，但也容易让人产生误解，认为所有中国人都具备某种特定的能力或特质，从而忽视了每个人的独特性和个体差异。此外，这个问题还可能让中国团队成员感到被轻视或不被尊重。他们可能会认为，杰克没有真正了解或尊重他们的文化背景和个体差异，而是基于一种片面的、简化的印象来提出问题。

那么，在我们倾听后给予反馈时，该如何提问呢？

（一）问题的类型

什么是封闭式问题？封闭式问题的关键词有：是不是、有没有、好不好、懂不懂、明白不明白等。当被连续问了三个封闭式问题之后，我们会感觉没有收获到任何有效的信息。

什么是开放式问题？开放式问题的关键词有：是什么（what）、在哪里（where）、为什么（why）、怎么办（how）等，比如"您是从事什么工作的？""您的家乡在哪

第二章　沟通理论及应用

里?""您有什么特别的经验愿意跟我分享?"当一个人被问了开放式问题的时候,会有一种被尊重的感觉,因为对方是想了解自己。

开放式问题能让两个人的关系变得更紧密。封闭式问题容易让人形成自我保护,更容易让人感觉到居高临下。

（二）倾听的目的

虽然写信和发电子邮件可以准确传递信息,但为什么还要说话呢?因为这样能够建立感情和联系。所以,倾听的目的不仅仅是为了传递信息,最重要的目的是建立关系。建立关系要比传递信息更重要。

倾听的目的在于让对方获得被认同感,并愿意继续"交谈"。对于初次见面的人可以加深彼此的印象,对于认识已久的人可以保持良好关系。

提问是引发思考的技术。大家可能听过类似的话:好的提问胜过好的答案;有时提问比答案更重要!什么是有效提问?有效提问指通过对被指导者提出适当的问题,促使被指导者思考自己的问题,帮助被指导者找到解决方法,从而提高他们解决问题的能力。

先夸赞后提问。当察觉到对方说了一阵子后,先用简单的赞美来总结对方刚才的话题,如"你这样做真的很棒""你已经很努力了""能看得出你很用心",然后再用提问的方式引导对方继续话题,"那你当时为什么突然做了这个决定?""你会有担心和害怕吗?""你是怎么走过来的?"等,从而获得自己想了解的内容。

平和的语调更容易有着陆点。倾听对方讲话一段时间后,表达自己的观点并获得认同也同样重要。但在表达自己观点的时候,往往因为兴奋而不自觉会有语气上扬,或者出现语调变高的情况,从而导致自己的话没办法很好地传达给对方。这时,如果能保持平和的语调,例如像"睡前讲故事"一样说话,既有顿挫,又润物细无声,对方更容易接受。

（三）提问的三个特点

1. 开放式优于封闭式

开放式问题可以打开更多的可能性,让对方讲得多一些,获得更多的信息,同时拉近两个人的距离。而封闭式问题容易让提问者禁锢在自己的思维里,给对方预设了答案,很难引发对方的思考。试着把封闭式的提问改成开放式的提问。

2. 未来导向优于过去导向

未来导向是积极的、向上的,过去导向是消极的、追责。试着把过去导向提问改成未来导向提问。

3. "如何"型优于"为什么"型

如何型的提问专注于怎么解决问题,为什么型的提问容易让人有谴责感、防备感。

如果真的非常需要知道为什么,可以使用"什么原因"而不是直接使用"为什么",会让听的人感觉舒服一些。

（四）提问的注意事项

提问之前弄清楚:为什么而问?这些问题是否该问?弄清楚提问过多可能会带来

消极作用，如造成依赖、责任转移、减少被指导者的自我探索。同时，不该问的问题别问，启发性的问题多问。有一些类型的问题尽量少问，比如"为什么……（暗示对方是错误的）"和多重问题（容易让被问者迷茫、不知所措）。

还可以捕捉对方话中的关键词来提问。这个技巧能源源不断地丰富聊天话题。比如你问对方："这周末有什么安排呢？"对方回你说："打算和朋友一起去喝酒。"对方的关键词有和朋友喝酒，对朋友这个关键词你就可以提问："你的朋友是工作中认识的吗？有机会大家可以一起出来玩。"对于喝酒这个关键词可以这样提问："我也喜欢喝酒，不知您喜欢哪款酒呢？"

在提问时，不要问一些与谈话内容无关的问题。比如对方在倾诉她的感情问题，你突然问对方："你脖子上的项链是在哪里买的？"这会让对方觉得你根本没有听她讲话。还要注意一点，那就是不要问难回答的问题或者追问对方的隐私，避免增加对方回答的负担。比如对方讲了一个事情，你问对方为什么会这样等。这些问题有时候比较复杂，不好回答。如果你感觉到对方没有细说的意愿，就适当转移话题，只要做好倾听的角色就可以了。

课程回顾

1. 了解倾听的技巧。
2. 了解反馈的技巧。
3. 了解提问的技巧。

沟通实践

我们现在就需要谈谈

为了追求效率、提升工作质量以及加强团队合作，你是否会逼迫自己在没有做好充分准备的情况下就直接面对与同事的冲突？你或许觉得把事情说出来是释放怒气或驱散挫败感的最好方式，而且最终能够让你继续工作。

但实则不然。这样做只会让你和对方更加挫败，无法彼此重新建立连接。

在你开始与同事或老板谈话之前，花几分钟时间先进行自我同理，尝试与自己的感受和需要建立连接。

如果你猜测到接下来的谈话、会议、互动会很艰难，那么事先按照以下几步练习：

（1）观察：不带主观情感评判地发现对方（之前）真正说了或做了什么。

（2）感受：不带主观情感评判地发现自己的感受。

（3）需要：不带指责地发现对方的言行让自己的哪些需要得到了满足（或哪些需要没有被满足）。

在用自我同理的方式准备接下来的互动时，要注意自己的思维过程和感受的改变。你可以想象一下：这个过程在真正开展对话时如何改变你的动机？

这周让自己在进行一个高难度对话、参加会议或面对同事和客户之前练习这几步。继续重复这个过程直到你发现自己的目的不再是评判、指责或自称为"对的一方"。

第三章

建立沟通关系

第一节　破冰：如何给他人留下好印象

格言

◆ 我们对别人产生兴趣的时候，恰好是别人对我们产生兴趣的时候。

——贺拉斯

导言

有这样一种说法，你的水平体现为身边最常接触的五个人的平均值。你的气质、措辞和社会行为都能反映出你所处的群体。也许你正在考虑进入职场，渴望结交一些新的同事朋友，寻找一些能让你愉快或有助你成长的伙伴，这就需要你在生活和工作中能快速地和一些陌生人建立起关系，给他人留下好印象。

破冰是一个流行于社交场合的术语，意指在人际交往中打破沉默、陌生和紧张的状态。它的目的是通过一系列的技巧和活动，使参与者之间相互了解、信任和建立友好关系。在破冰活动中，通常会采用各种互动方式，如自我介绍、游戏、问答等，而最为常见的便是闲聊。在本章节中我们重点介绍闲聊的破冰方法。闲聊可以帮助职场沟通中的双方放松心情，更好地了解彼此的兴趣爱好、职业背景和生活经历，从而建立起友好、合作和互助的关系。

那么关于破冰，以下三个观点你是否认同呢？

（1）人们在建立联系（社会层面与职业层面）和构建群体的过程中需要破冰。

（2）破冰是一种备受忽视的沟通形式，很多聪明人认为闲聊浅薄且没有价值。

（3）人们从不认为人际链接中的破冰是一种需要学习、练习和改进的沟通手段。这就能解释，为什么每个人都说自己有"社交恐惧症"了。

也许，你仍然不屑一顾，认为：我不喜欢闲聊，为什么不直接切入正题呢？很多时候，闲聊是为后续严肃交流所做的热身运动，这种隐匿的价值却没有被很多人认识到。闲聊是如此常见，以至于我们意识不到它竟然是一种沟通手段，而且具有自己特殊的功能。

与此相对的是，公众演讲在人们心目中普遍占据重要地位，但人们对它感到恐惧。为了克服这种不适感，人们会去不断练习，甚至去接受专业咨询，请演讲教练等。多数人都相信，通过训练，自己的状态更有自信，措辞可以变得更加丰富，语言组织可以变得更有条理。但人们却不会像训练自己的演讲技能一样去训练自己的闲聊技能。在大部分人的心目中会觉得闲聊是无意义的，甚至是浪费时间，它就像是刚刚打开水龙头时流出来的锈水，快点讲完这些毫无意义的话，切入谈话正题吧！

有人认为，破冰是为了打破初次见面时的尴尬，即便闲聊也没太多营养，也无法真正缩短距离感。破冰并不是一次性动作，而是一个动态过程，其本质应该是"双向获取信息"，让两个人在沟通过程中逐渐相互靠近。有些人在初见时拼命闲聊，用力破冰，这也有可能增加对方的防御心理。但这并不意味着我们保持高冷，社交"坚冰"便能自然融解。这层"冰"虽然看不见，但是客观存在，一定得有人先往前迈出一步。而且，谁以巧妙的方式破除了这层冰，谁就可以率先走进对方的世界，赢得对方的信任。

破冰是一次温柔但非常关键的博弈，奠定了沟通双方此后关系的基调。好消息是，这些技巧是可习得的，可以通过练习提升在人际沟通中的破冰能力。

课前思考

1. 有没有什么沟通技巧比闲聊更重要？

2. 你真的不喜欢闲聊？哦，不，你一定很喜欢闲聊。你只是稍微局促于和陌生人闲聊的尴尬和消耗。本节会教你如何应对这种情景。

3. 也许你正活在"社交恐惧症"的阴影下，但真相并非如此。你一生中曾克服过很多恐惧，回过头来你是如何看待当初那些恐惧的？

课程内容

一、破冰入门

破冰不需要你做好充分的准备，交谈也没有稿子，不需要滔滔不绝地背诵，和人初次交往需要轻松灵活，对谈话过程中出现的新鲜事物、新鲜观点做出反应。谈话开始时，每次讲话不要超过 1 分钟，如果对方转换了话题，记得放下自己的话题，投入新话题当中。倾听时，既要注意内容，也要注意情绪。愿意转换话题，沉下心来倾听别人讲话，这样才能发现你们有什么共同之处。

请看下面的对话，从中感受破冰过程中的灵活流动性。

小珊：我们刚从公园的花房回来。那里的兰花可真漂亮。你去过吗？

小琳：哦？是植物园旁边那个吗？

小布：不是的，她说的是那栋写字楼边上。

小谷：噢，是不是上次我们到博物馆去参观，然后边上有栋很特别的写字楼，你说跟我们附近的很像的那栋？

小布：你们什么时候去的博物馆？我下周也要去，听说最近在展出莫奈的作品呢。

小金：刚才我们还在说这件事！我们昨天晚上还在蹲点抢票呢，要不要一起买呀？

看到对话怎样向着出人意料的方向发展了吗？

他们本来在聊本地的花房，最后却聊起了抢画展的票，这就是闲聊有趣的地方。

闲聊就像是一次没有目的地的旅行，美丽的是一路上的风景。为了让聊天能愉快地继续下去，你需要投入注意力、释放善意、开放信息，自然地推动谈话进行下去。闲聊就是这样运作起来的。

（一）抛出话题

主动抛出话题是沟通中至关重要的组成元素，也是害怕闲聊的人所面临的最大障碍。如何抛出一个"好球"呢？这就像网球比赛中的截击球。截击球不能达到直接得分的目的，但打这样的球并非毫无目的。打截击球需要你以一种特定的方式将球击回，使对方再次击球。虽然这样打没有得分，但是你可以观察对方的球风和技巧。同样地，在闲聊的过程中，你需要抛出话题，对方才有机会回应，然后你再继续回应。闲聊就像是截击球，是一种安全而稳妥的试探，给双方一个热身的机会。

什么样的闲聊会惹人厌呢？那就是你没有将球击回，而是紧握住球（也就是交谈）不松手，没有注意到对方早已烦躁不安、神游天外或心生怨言了，他们只是出于自己的修养没有打断你而已。当今社会，有部分人"社恐"，有部分人则"社牛"，他们特别爱说话，如果不被强行打断或身边人一言不发、目光呆滞，他可以说到天荒地老。不受欢迎的"社牛"有以下两种：

第一种：把聊天当成开新闻发布会。对方只是友好地问了问你的工作或兴趣爱好，你却独自讲个不停，好像错过了这个机会，就再也没有机会把自己知道的所有事都说出来一样。也许对方本来只打算听你回应一两句话，而你却滔滔不绝地说了上百句话。他们永远对你印象深刻，但绝不会有好印象。

第二种：叙述冗长重复。讲述自己的经历时总是要从头讲起，如强迫症一般地准确回忆出具体时间和事情缘由，你恨不得冲口而出：讲重点！另外的情况是，这个叙述，逢人就讲，已经重复讲了多遍，尤其是回忆过去以及某个他人不觉得好笑的笑话等。

没有人愿意惹人厌烦，那么这一切是怎么发生的呢？

第一种把聊天当成开新闻发布会，是演讲人把视线从谈话对象身上移开了，他们没有看到对方的提问仅仅是轻体量，是为了互动，而不是想获得一个深刻全面的答案；第二种冗长重复的讲述者是在尽情享受听众的关注，讨论的内容不是事情，而是他自己，这很难让人产生兴趣。讲述自己的事情会给人带来满足感，让人忘记了自己所处的环境。在满足自己内在交流完整性需求的同时（有些人是通过叙述来整理自己的思路），你会忽略交谈对象的注意力和他们的交流需求。可是你也忽略了，闲聊需要的就是相互打断，而不是持续的自我演说。这两种情况都忽视了社交的基本准则，讲话人只注意到了自身需求，没有关注听众的兴趣。我想我们每个人都犯过这样的错误，要慢慢学会留意自己讲话的时长。当然也有高手，他们能够在弯弯绕绕的叙述过程中始终抓住听众的注意力。你觉得自己是个高手吗？当然，高手在讲述时总是能吸引听众。

（二）留意对方的反应

没人愿意听一个陌生人在社交场合长篇大论，开口前默念这条真理，练习如何控制讲话时长。让"长话短说"成为自己的座右铭，赶在对方准备打断你之前尽快说出重点。如果你想要深度破冰，和对方完整地分享自己的长篇大论，至少得约对方出去喝杯咖啡或一起吃饭，这个时候让对方来决定是否接受你的邀请。尽管你们有更长的时间待在一起，也不意味着你可以长篇阔论，要从对方的表情观察他们是否对你的叙述感兴趣。讲话时注视对方的眼睛，如果他们移开了目光，就要考虑缩减后面的谈话内容了。你要搞清楚他们是真的想听下去，还是仅仅出自于他们的修养。很多人在破冰阶段看似热情随和，但他们是在演讲，而不是交谈，毕竟谈论自己熟悉的内容远比尴尬地挑起闲聊话题要放松得多。

那么是不是在破冰阶段，大家都是"蜻蜓点水"呢？这个要视情况而定。社交环境是很复杂的。比如，你的谈话对象是个重要人物，你只需要做好倾听的准备即可，不必在心里默默衡量他是不是说得太多，没有邀请你来互动。如果你足够稳定，可以默默在脑海里记下他提到的事，用于日后互动的素材；如果你能回忆起他之前的谈话内容，或记下他的特质与好恶，对方会对你有好感，这说明你对他足够尊重和重视。

（三）破冰起初形式的两个注意点

1. 回应他人的寒暄和破冰，需要持开放的态度

在社交场合中，当他人抛来橄榄枝时，我们要避免寡言少语，有些人因为紧张，或认为话越少就越不会出错，就常常用封闭式的回应模式，快速结束了他人与自己的对谈。例如以下对话：

小王：你们公司也在 13 楼吗？

小李：不是。

小李的回应模式就像是把球打出场外一样，话讲到这里，小王也许只能继续追问："那你公司在几楼？"这样就显得不太有礼貌，或者小王再另寻话题，小李继续用封闭式回应结束对谈，这样循环往复，一次次把天聊死，到后来就没有谁再好意思与小李闲聊了。所以，当对方引出新话题的时候，留意一下自己的回答方式，是否有大量单音节的回复（即寡言少语）。这类简短的答复（"是""不""对"等）会让对方感觉到你的冷淡与拒绝。如果你总是这样，就会成为不折不扣的"谈话终结者"。即使一定要回答"是"或"否"，也不要只回答一个字。多说一些，给对方留出进一步交谈的空间，例如小李可以这样回应：

小王：你们公司也在 13 楼吗？

小李：不是，在 17 楼。你们公司在 13 楼呀？

小王：是呀，看你在 13 楼出电梯，以为我们同层呢！

这个时候，开放式信息越多，效果越好。

2. 破冰时，抛出的话题要足够安全

在社交场合破冰时，抛出的话题不要带有个人边界侵入性。开始谈话的一方可以多介绍下关于自己的信息，多讨论些中性的第三方人、事、物，在询问对方信息时要谨慎，要让对方感到安全。通常来说，关注第三方事物能令双方更愉快地交换意见。与此同时，中性的话题也方便你或对方从中轻易抽身。这类闲聊话题尤其适合等电梯或几分钟的寒暄的间隙，或是其他不需要进行实质性交谈的场合。

二、破冰 "ARE" 守则：锚定、表达、鼓励

如何治愈"我总是不知道该说什么"的问题。有个人站在我旁边，他的眼神友好，表现出坦诚的样子，也许我们刚才已经相互微笑致意，打了招呼，握过手，并且各自介绍了自己。害怕的事情来了：要开始闲聊了。最初和"他们"聊天会有些生硬，但闲聊的目的是为了将陌生人转变为熟人。在这个阶段，多数人都会感到尴尬，幸运的是，我们有一个简单的公式，它能帮助你顺利走完这个过程：锚定（anchor）、表达（reveal）、鼓励（encourage）。

（一）锚定（anchor）：锚定当下的事物，引出中性的话题

优秀的开场白（"放锚"）是怎样的？

我们是不是在哪里见过？

你是什么星座？

你经常来这里吗？

如果世上真的有魔力之锚存在，那么也许能帮助你缓解不安感，但实际情况是，如果你不是特别风趣聪明的人，这种千篇一律的开头只会显得刻意，令人感到不耐烦。最简单、最安全的话题是围绕让你们二人聚在一起的活动展开的：一起参加某个组织或团体、活动和会议等。我们当然可以对那些环境布置发表评论，但我建议不要提出负面评价，比如"这次活动的主办方真是没水平"。一般来说，讨论你是哪里的也很安全。你来自杭州呀，杭州真是个宜居的城市呀！杭州有很多山清水秀的地方吧？这次在杭州开的亚运会你去看了吗？如果你一听到对方说这样的话就觉得没什么意思，说明你没有领会到他的好意。这是一种交谈的暗号："能和你说说话吗？我们能做朋友吗？"如果你对这类友好无害的话题感到厌烦，渴望更有价值的交流，那么我想指出一点，你实际是假定其他人都做好了加入更紧张、更实质性话题的准备。这并不是个明智的假设。在闲聊最初的阶段，双方其实都在权衡自己要不要和对方聊下去。现在，你可能就明白了："我原来都在拒绝那些善意的、想要与我交谈的人，他们虽然用了一些看似无聊的话题与我交谈，并不是因为他们没有思想或智力水平不如我，而是他们希望在陌生人的初步交谈中显得温和友善些，才会先以一些无关紧要的话题掀开序章。"很多人都需要学会从高高在上的位置上走下来，学会友好地回应他人的善意，参与到那些看似平淡无奇的对话当中。你在说什么并不重要，重要的是你开口和他人交流，促成一次友善的交谈。不必太认真，只需要看看周围，说一些二人都能看到的愉快或有趣的事情。你当然可以对美好的事物表达赞许，这会为交流定下愉悦、轻松的基调。只要加以练习，你就能知道哪些锚定话题更容易引向深层次的沟通。

（二）表达（reveal）：表述与这个话题相关的个人看法

气候是我们的好朋友，它是世界上最安全的话题：中性、简单，能够为人所共享。讨论"今天真热呀"或"真冷呀"，意义在于沟通和认同，在于寻找共同之处，无论是唉声叹气"这个太热了吧"，还是乐观推测"是呀，看来是快到秋天了，早晚凉爽了"，都能够增强彼此间的社会交往和联系。谈话双方可以针对这个话题延展开

来，加入个人元素，使其更富趣味性。或者他们可以简单应承一下，一笔带过，免去卷入某类话题的风险。

自我表达和暴露对谈话的延续性至关重要。在开场白中锚定话题后，如果想进一步展开交谈，我们需要先透露一些个人信息，再请对方发言。这样做是为了建立信任。这既是一种礼貌，也是为了帮助对方更容易地推进谈话。然而，亲密度是由你自己掌控的，它取决于个人细节的透露速度。

举例来说，你可以说："这几天的天气真好，杭州西湖边游客真多。"这类的表达并没有包含个人信息。但你也可以说："这几天的天气真好！我本来想这个周末就去西湖环湖跑步的，可惜上周刚感冒痊愈，估计有点悬。"这句话中包含了你对跑步的兴趣和上周感冒的信息，这样的开放式信息给了对方选择的机会，既可以延续天气的话题，也可以向更加私人化的跑步或感冒主题延伸。无论是在哪里遇到新朋友，我们都需要了解如何从闲聊向实质性谈话转化的技巧：你需要主动透露一些具体的个人信息，也同时要仔细聆听对方透露的开放式信息。

同时，一个会聊天的人还需要有细心与专注力，在以上两种个人表达中，如果你只听到对方说天气，而忽略了西湖、跑步和感冒，那就说明你以前将多少闲谈扼杀在了摇篮里！

（三）鼓励（encourage）：引发对方表达，鼓励他发问

当我们锚定了话题，表达了观点，这时候也可以用提问的方式鼓励对方，调动谈话气氛。但要注意避免提出"是/否"类的封闭式问题。虽然这样的问题也能够引起交谈，但是对方真的有可能只回答"是"或"不是"，之后你只能另寻话题。很多社交局促的人不擅社交，是因为他们没有鼓励到对方表达，没有掌握提问的方法。这样的聊天很无趣。我们最好能提出开放性的问题，提出具有挑战性的问题。这样的提问抛出了话题，也给对方留出了充分的回应空间：

你觉得这部电影怎么样？

来的时候路况怎样，停车顺利吗？

本地人一般喜欢去哪里度周末？

控油的洗发水哪家好？

你用的是什么跑步 App？

这家餐厅怎么倒闭了？

惯用的提问方式是何事（what）、何因（why）、何处（where）和何法（how），如果你也想鼓励谈话对象做出更多的回应，可以借用这种方法。最后你很可能会得到对方更多的个人信息，用以继续维持交谈。在现实生活中，提问远没有那么简单，比如，在社交场合，我们对初见的陌生人，最常见的提问是：

你是做什么工作的？

"你是做什么工作的？"这句话是人们最常用的开场白。在很多圈子里，工作是一个人最重要的标签。但也有不少人认为这个问题不合时宜、失礼、市侩，可能会冒犯对方。在"刺探"对方职业前，你需要考虑清楚，有些人并不愿意用工作来定义身份（在现代职场人际中尤其抵触这类问题）。想要了解对方，我们还有其他替代问题。

你周末一般会做点什么？

现在带孩子玩真需要动动脑筋啊，你们的孩子平时都玩些什么？

你在这个团体里多久了，有什么感受？

看你气色特别好，有什么养生秘诀？

但我们不得不承认，职业确实能够帮人打开话匣子。也许对方从事着很有趣的职业，正好可以作为谈资。对于一些不同寻常的职业，你可以提出很多好问题，它们能帮助你展开一段有质量和信息量的交流。但如果对方的职业没这么有趣怎么办？或者对方不想在初次社交场合，就反复地与陌生人谈论自己的专业职业，特别是你们对彼此的信息量极为不对等时，你所感兴趣的十万个为什么，对于对方来说，是个极其无聊的知识普及环节。那么，对于一名临床心理治疗师来说，什么问题有挑战性呢？大概不会是"你是不是能一眼看穿我在想什么？"或是"做你们这行的天天当他人的情绪垃圾桶，是不是时间长了自己也会出问题？"这样的质疑，也不是简单的"我请教你个问题，我们家小孩如何如何，你看他如何才能改变，我该怎么办？"这样的直接求助。并不是这些问题不好，只是它们没有意思。好问题能引发人的兴趣、思考，并能促发对方分享个人观点的意愿。引起对方的兴趣是件很有趣的事。

下面是一些提问选项：

你觉得当代心理问题，哪部分人群需要得到关注，但没有进到你的诊室里来呢？

什么样的个案来找你们咨询是你最希望接待的呢？

我们国家的心理咨询行业现状和西方国家行业现状有什么不同吗？

从经验的角度看，在破冰阶段，最好不要直接去问对方做什么工作，或围绕着对方的职业展开一堆提问。但如果说到这个话题，无论对方从事的是哪种职业，你都可以回应："哇哦，听起来真是不简单。"仔细想一想，谁会觉得自己的工作简单呢？你还能想到更好的表达同理心的方法吗？

锚定、表达和鼓励需要通过反复练习，才能达到熟练使用的程度。练习意味着你需要不断地说，反复地讲。重复能帮助你将其强化为动作记忆，直至它们变成一种自动的行为模式。我知道你会觉得这种做法有点儿笨，但你需要把这些灌输进自己的脑海里。你可以选择在熟悉的地方练习，不要因为一时的笨拙和摸索而灰心丧气。如果实在无从下手，可以从书里挑选适合的内容来练习，稍微变动一下，不断重复。（锚定）"天气不错啊，是吧？"（表达）"我看到他们在草地上搭起了帐篷，觉得几个朋友在帐篷里喝点饮料，聊个天，还挺好的呢。"（鼓励）"你喜欢露营吗？感觉怎么样？"这就是闲聊的开始。练习能帮助你适应真实世界中的社交，你绝不会后悔。

三、男性与女性：交流风格的差异

男性和女性有不同的沟通方式、意图以及语言风格。如果沟通不能及时、清晰和真实，那么便会带来很多问题。我们需要了解男性和女性之间的沟通差异，才能更好地理解不同性别的人，从而帮助提高沟通效果。

（一）沟通方式

男性喜欢使用简短、直接的语言方式来表达他们的想法。他们强调要阐明自己的观点和解决问题，不喜欢谈及太多细枝末节的东西；女性更倾向于用丰富的语言和更加细腻的表达方式来讲述她们的观点和感受，不仅会谈论细节，还会谈论她们的感觉和想法。

（二）语言和词汇

男性和女性在沟通时选择的语言和词汇也不同。男性通常采用精确、清晰、客观的语言，女性则偏好使用更多修辞和感受性词汇。在同样的情况下，女性会使用更多的形容词，以便提供更多的细节和背景。

（三）态度和目的

男性和女性在沟通时的态度和目的也可能不同。当男性和女性之间进行沟通时，男性的主要目的是解决问题，女性通常想要表达自己的感受和需求，而不是直接解决问题。男性往往会将目光集中在未来的目标上，而女性通常会将目光集中在当下的感觉。

（四）相互理解和尊重

男性和女性之间这些沟通方式的差异是职场沟通中的一个潜在性的挑战，但能运用得好也能事半功倍。识别差异的第一步是相互理解和尊重。无论沟通的方式是什么，每个人都必须学会听听对方的想法、感受和需求，而不是仅仅为了解决问题而听取。以积极的和互相理解的心态去接受，更好地了解并尊重对方的观点是至关重要的。

总之，理解男性和女性之间的沟通差异是非常重要的。无论是在个人关系还是在社会的交往中，对这种差异的认识有助于我们更好地与不同对象进行有效的沟通并建立更有意义的关系。

课程回顾

1. 自己有哪些与他人建联的破冰技术，其中有哪些闲聊方法有待提升。
2. 练习破冰"ARE"守则：锚定、表达、鼓励。
3. 理解男性与女性交流风格的差异。

沟通实践

破冰"ARE"守则操练

沟通初期的破冰"ARE"守则：锚定、表达、鼓励，需要反复练习才能运用自如。练习意味着你需要不断地说，反复地讲。重复能帮助你将其强化为动作记忆，直至它们变成一种自动的行为模式。

课程结束后，邀请你在课外阅读相关的"沟通破冰"书籍：《"没话找话"指南：给社交别扭人的破冰实操话术》《倾听的力量：影响他人最简单又最困难的关键技能》《沉默契约：不明说，别人怎么会懂》。

可以从你阅读的书里挑选适合的内容来练习，每天找一位同学攀谈，内容稍微变动一下，不断重复。

（锚定）打招呼——寒暄和彼此认识——做《职场沟通》学习实践

（表达）我看到书中提到说：……，我的体会和想法……

（鼓励）你是怎么看的？……你的想法和体会……

这就是其中一种破冰的开始。练习能帮助你适应现实生活中的社交，坚持练习，加油。

1. "破冰操练日"记录。

破冰"ARE"守则：锚定、表达、鼓励。

Day1.

Day2.

Day3.

Day4.

Day5.

2. "破冰操练日"练习在我身上发生了什么。

第二节　赏识：如何赞美给人印象深刻

格言

◆　人类本性中最深刻的渴求就是受到赞美。

——威廉·詹姆斯

导言

俄国著名作家列夫·托尔斯泰曾说过："赞美不但对人的感情，而且对人的理智也起着很大的作用。"可见，适当地赞美别人，是改善人际关系的润滑剂。正如润滑油对轮子是必要的，可以使轮子转得快。赞美是每个人都需要的，在向他人表达赏识赞美时，你有没有遇到过这样的困惑：

只有对他人有所图或那种讨好型人格的人才会去夸别人吗？心地坦荡、为人正直的专业人士就不用搞这一套了吧。

很尴尬吧，不好意思说别人的好话，尤其是对领导、异性和陌生人赞美更会紧张。

赞美不就是夸人，夸人还不简单？使劲夸就行了。

有些人还不如自己呢，凭什么要违心地夸他！

那是我的顶头上司，而且他很严肃，他不喜欢人家拍马屁，我要怎么夸？

我跟某个甲方项目负责人不熟，又不了解他，我要怎么夸？

我在团队里人微言轻，别人根本不在意我，我的赞美不起作用，还有必要夸吗？

如果我和同事在一起，我一个劲儿地去赞美领导，他们听罢会作何感想？

我不知道赞美技巧和说话艺术，怕自己赞扬不当反而弄巧成拙，不如就不说了吧。

显然，向他人表达赏识赞美，并不是件容易的事，没有练习过沟通中赞美技术的人，有可能不知道如何给人留下好印象，没夸到点子上，甚至可能弄巧成拙。

如何在向他人表达赞美时，既真诚，又能给人留下深刻印象？

课前思考

1. 是什么阻碍了我去赞美他人？
2. 本课程中我迭代更新了哪些赞美技术？
3. 我如何更好地回应他人的赞美？

课程内容

职场人际沟通中的赏识和赞美其实都是相互的过程。我们需要学会用同理心去交流，既然我们需要得到别人的认同和赏识，那么也应该不失时机地赞美对方，促进沟通顺利进行。在职场沟通中，要想处理好人际关系，就要懂得同理对方的心理需求，学会真诚有效地赞美对方。

一、赞美即看见

"真诚赞美"与"阿谀奉承"之间的度到底该如何把握是很多人在沟通中的困惑。在沟通中，即便我们很真诚地赞美对方，对方也有可能会反问"真的假的""你哄我的吧""他拍马屁""这就是他的社交辞令，别认真"。对方之所以会这么想，其实就是因为我们习惯用"形容词"来概括性地评价对方，而没有用具体的事件，客观地陈述事实来表明对方的好，以及对方究竟好在哪里等具体问题。所以，那些空洞的赞美很容易让对方不往心里去，甚至会认为这仅仅就是表面功夫，并不真心。

美国著名管理学家内梅罗夫博士建议，赞美他人时最好回想某一特定情况，描述出具体的行为或是变化，夸赞别人越具体越好，说一百遍"你是个好人"，不如说一句"会议开始前，都是你主动调试的投影仪"。又例如，在日常的沟通中赞美他人聪明时，一定要具体到对方是做了什么，或者有什么变化，让你觉得他聪明了，否则对方还可能误认为你在嘲讽他耍小聪明、走捷径。我们可以说"这个事情我跟别的同事沟通需要说半天，你一听就明白要点了，真是智商高呀"，这是在赞美对方的一个具体行为表现。你也可以说"这类项目，刚进公司的小伙伴都是加班加点一周抢进度才能完成，你刚来也是如此，不到三个月，现在你一天就搞定了，真是突飞猛进呀!"，这是在赞美对方的变化。你学会了吗？

当我们赞美一个人的时候，不必过多地去赞美他本来就有的东西，例如外表、禀赋。具备成长型思维的人认为人是不断发展的，人们可以通过努力来获得更多的闪光点；而僵固型思维的人则认为人的能力取决于天赋。所以当我们时刻去赞美一个人的天赋时，其实也就限制了他的成长。例如，总表扬孩子聪明，孩子就不愿意去经历失败了，总想凭借聪明每次都轻松过关，因为他要努力维护自己逢考必过的形象，背着偶像包袱。成年人的世界也是如此，如果你夸同事"聪明""天赋高"，他就收到了一条信息："我搞定一切是理所当然的"，他其实没有被真正看到，因为那只是他精致的外套。真诚有效的赞美，是看到每个人的行动，看到努力的过程，看到过程中一个人的心路历程。

所以，赞美的本质是告诉对方："我看见你了，我看见你的好了，我看见你跟别人不一样，我看见你的成长了，甚至是我看到别人没有发现的那个你了（我称之为一个人的'内在本质'）"。比如，当你遇到一个美女时，你赞美对方"你真漂亮"，对方有可能会娴熟地回应你"谢谢"。因为，她周围所有的人都告诉她很美，这并不会给人留下什么深刻印象。但是，如果你能看到别人没有发现的她的特质，就会给对方留下深刻印象。例如，你发现这个美女高冷的外表下有颗聪慧、友善的心时，你给予对方一种反馈，并表达说"刚跟你接触的时候，因为你太漂亮了，我会下意识的觉得跟你有距离感，慢慢地，我留意到，你很沉静，总是微笑着耐心倾听他人说话，而且非常聪明，短短几句话就把我刚才要表达的都总结了，如此智慧温婉的女性，很荣幸能认识你。"这样的赞美，会让人感受到，自己被"深深"地看到了。又例如，你到一家公司与CEO谈合作，想赞美他一番，低维度的夸奖通常是毫无区分度的"张总，您这思路、想法真是高明"。而我们通过本课程的学习，知道了要把赞美放在真正的看到上，你可以这么说："张总，您看您目前天天面临这么高压的工作，居然还能保持如此自律的生活习惯，看您办公室挂了那么多块马拉松完赛徽章，难怪身材保持那么好呀。"

综上所述，只要你的措辞能体现"我看见你了"，你的赞美就是有效的。在赞美他人的过程中，我们需要记住这一条黄金定律："看见即疗愈。"

你可能会说："我就是希望不要被关注，我只希望做个普通人。"你只是不想被你脑袋当中设想的被关注的方式关注，但你一定有一种你期待的被看到的方式。有些人喜欢站在舞台中央，而另一部分的人则喜欢有人和他一起仰望星空，看着星星，就如同看到了彼此的眼睛和眼睛里面的内在世界。有些人喜欢被众多的人看到，而有些人喜欢被真正能看得到他的人看到。有些人喜欢被公众表扬，有些人喜欢被悄悄点赞，暗暗窃喜。虽然方式不一样，但人无一例外的，都会存在焦虑，所以当我们的存在模式被他人看见并给予正向的反馈时，我们就会有安全感，并感到愉悦。记住这个观点，你会真正意识到，给予他人赞美并非出于恭维和讨好，而是向他人给予一份友善与支持。

赞美公式：

赞美＝看见（行为＋变化＋内在本质）

二、赞美即影响力

如果说赞美的本质是告诉对方"我看见你了"，因为被看见而对你的赞美有了辨识度，那么怎么赞美对方，还能增加对方的信心，从而产生愉悦感呢？

很多人在赞美对方的时候，会一直强调对方的好，但是这种过于放大对方的优点，很容易让对方认为你是在"社交"。所以，在沟通中，为了让自己的赞美更加真诚，有些人会拿自己做比较。例如，对方运动很规律，我们可以说："我最近也想运动，但是去健身房也是'三天打鱼，两天晒网'。所以，我觉得你真是比我强太多了"。这种拿自己做对比的赞美，能更清楚、具体地反映出对方的优点，对方能感受到，我们是发自内心在赞美。不过，不是所有的人都喜欢拿自己的弱项去衬托对方的优势。更推崇的方法是表明对方好的行为和品格对我们的影响力。例如，我在荔枝FM做了一档减压好眠冥想类专辑，节目下面有些是赞美的评论，你觉得哪个赞美更有效能？"你的声音真好听""你的冥想音频比××音频做得好多了"这些都是涉及评价和比较的赞美，有用，但未必有高效能。我们再看这样的评论："××老师，你的音频伴随我度过了高考那年最艰难的时光，现在我考研了，重新来听你的音频，为自己加油！""第一次找到你的节目是在2018年，那年焦虑第一次发作，整夜心慌无法入睡，听着你的节目能安静下来并睡着。之后每一年都会在这样的时候来听，这里就是我的避难所，被疗愈的地方"。是什么样的赞美最能够激发一个人？那就是影响力，当一个人感知到，他对你产生了影响后，你对他的赞美是令人印象最为深刻的，我接受到的就是这样"深深"地赞美，以至于不断滋养我持续为他人工作的信念。赞美的言辞不一定是多么高级和深邃，而是要表达对方对于我们的影响之深，是对方的好深深地影响了我。

这一点上，在向上沟通或与优势方沟通中尤为重要。一般真正优秀的人并不会在意他人对自己的赞美之词，因为他们已经过了这个阶段了，但是人人都喜欢听好话，需要"被看见"。那么，作为职场新人如何去赞美权威呢？你完全可以对层级比你高的领导说："去年跟您出差，您跟我指出的几个要点，这一年我就啥也不想，按照您的指点闷头去一样样地办，结果，我真的在工作上发生了……的效果。"这看起来不是赞美，仅仅只是反馈，领导会觉得他对你很有影响力，他的高价值被看到了。

赞美，即是反馈他人的好对你的影响力，你学会了吗？

三、非言语赞美

事实上，赞美更多的时候是用非言语信息来传达的，而不是大家以为的用语言来表达赞美。这不仅降低了对人们语言能力的要求，还更加安全、有效。

一般我们会通过一些约定俗成的仪态规范向别人表示尊重。比如，对方说话时，我们不能环抱手臂，更不能四仰八叉地坐着。同样，我们可以将赞美用身体语言表达出来，例如不断点头，身体前倾，配合着说："嗯嗯，是这么回事。"这些都是礼仪常识。

除此之外，还有一项礼仪特别重要。与人面对面交流时，看手机的频率，我们命名为"摸机率"。控制"摸机率"，就是在沟通时要尽最大可能少碰手机。大家都有这样的体会：别人说话的时候我们频繁看手机，其实就是在告诉对方，你说得特别没意思，无聊到我想看会儿手机；当然，反过来则表示对方很重要，我很尊重对方，沉浸在与对方的交流中，完全忘记看手机了。所以，如果你格外重视某次沟通，要么控制你自己完全不碰手机，要么在你不得不碰手机的时候跟上一句"抱歉"，避免误会。

那么相反的，提高"举机率"，在听对方演讲时，适时举起手机拍摄对方的投影内容。通过这个行动，对方就能感知到你的赞美。再比如，在对方发言时认真做笔记。这是一个比身体语言更明确、更强烈的赞美信号。

另外，眼神与表情在表达赞美时尤为重要，请想象一下，如何用眼睛与神态去表达对对方的赞美，你的身体仪态是在表达欣赏还是攻击？

四、背后赞美

在背后议论他人是沟通中的大忌。但是在背后夸人的效果，很多时候会比当面夸奖更有效。而且我们不用担心别人会将我们的夸奖传递给被赞美的人，反而这样传递的话会取得更好的效果。例如，在闲聊的时候，突然提到某件事情，我们想起来很擅长这件事情的人，可以说"这方案某某做得很好，而且相当有创意"。如果这句话通过朋友传到对方耳朵里，对方一定会相信你的赞美是真诚的，并会为此感到特别高兴。所以说，赞美他人不仅是一种美德，更是一种沟通艺术。这种沟通艺术会让我们更加懂得去发现、欣赏对方的优点，并真诚表达自己的认同，进而给对方带来莫大的鼓舞，也让沟通更顺利地进行。

五、不让他人尴尬的赞美

当向同事表达赞美时，最佳时机就是在擦肩而过的一瞬间带上一句："张老师，您昨天的发言我收获特别大。"对方回你一句："谢谢，有用就好。"到这里，赞美和接受赞美就迅速闭环了。但部分人会拉着人家喋喋不休表达完赞美又开始闲聊，把人堵在路中间，给人一顿发现性点评，不仅对方觉得尴尬，经过的人也会认为你很讨厌。如果你希望自己的赞美能给别人留下深刻印象，也可以事后用微信、邮件来表达，或发个朋友圈夸一夸，对方看到一定会很高兴，也不会感觉是什么负担。

特别强调的是，职场沟通中对异性的赞美一定掌握分寸。不是所有的女性都喜欢被称呼为"美女"，尤其是男同事对女同事的称呼，要符合职场礼仪，表达赞美时尽量避开对方的外貌和穿着。例如，如果你夸女同事说："今天这衣服真好看，显得你身材真好。"虽然可能是出于善意和真心，但还是容易引起不必要的误会。异性之间的赞美要避开性别特征，比如可以说："今天状态很好呀，精神焕发。"这就是不体现性别特征的表达。

六、不让自己违心的赞美

你可能会问："就是泛泛之交，普通同事而已，我非要赞美他人吗？"大多数人可能都有这种感受。我们需要认识到这一点：赞美别人，不是为了别人，而是为了我们自己的成长。当我们不断去发现身边人的光芒种子时，他们的光就会越来越多，反过来照耀的是我们自己，我们自己的生存环境也变得更好了。所以，习惯性发现他人优点的人，往往能够与自己建立更和谐的关系。

比如，在大学里一个寝室的同学，在一起四年，遗憾的是，你没有找到一个特别喜欢的同学成为好朋友，他们有些性格或行为你不是很喜欢，但你可以"有选择地说"，给出一个正反馈："我们寝室同学清一色的'吃货'，大学四年一起寻觅各种美食，真是太开心了。"你没有说违心话，而且还是给寝室同学们一个正反馈。那么，寝室同学是不是也会接着给出一个正反馈呢？

再比如，你经历了一场极其无聊的聚会饭局，你能给一个正反馈吗？当然可以："今天一顿饭下来，我就记住你说的这句话了，回头我去试试，要真灵，一定请你吃饭啊。"你还是没说违心话，整个饭局你烦躁不安，没什么收获，就只听到某人提到最近跑步有个新方法，这么跑后膝盖不痛了，你听进去了。好的，那么你仍然是在不违心的前提下，完成了一次赞美。

七、赞美进阶版：如何回应赞美

解决了如何赞美别人的问题，我们还有一个难题：怎样可以更好地回应别人的赞美。

中国人从小被要求谦虚、谨慎，遇到赞美就特别不好意思。别人夸你："你今天真好看。"你说："没有没有，今天化妆了。"对方随口说："你真瘦了啊。"你说："哪有，最近什么运动都没做。"这样的回答，不仅让自己显得尴尬，还可能让对方觉得你有些烦。我们其实不必用这种不知所措的自谦来否定别人的赞美，而是可以大大方方地回应："谢谢，有你夸我真好。"在此基础上，更高明地接受赞美的方式，其实是保留一个开放性的结尾，让对话可以无限继续下去。

比如，领导表扬你："材料处理得不错。"你可以回复说："谢谢领导，我知道你是鼓励我，如果想处理得更好的话，你会给我什么建议。"或者："我最近就想攻破材料这关，您给我说说，咱们单位我还应该跟谁请教请教？"除了回应领导的赞美，更重要的是表达了自己想要进一步成长的努力，你保留了开放性与领导互动的结尾，让沟通可以继续下去，这就是一种接受赞美的进阶版方式。

课程回顾

1. 觉察是什么阻碍了自己向他人表达赞美。
2. 练习"赞美公式"：赞美＝看见（行为＋变化＋内在本质）。
3. 理解赞美是为了自己而非他人，带着发现美的眼光看待世界和他人，提高自己的人际容纳度。

沟通实践

赞 美 实 践 日

赞美这项沟通能力，训练的能力从来不是赞美本身，而是你内在人性观和世界观。养成发现别人的光芒种子的习惯，点亮他人的习惯，我们就可以发现任何一个人身上的优点。渐渐地，你个人的性格偏好便不会再干扰你的人际惯性模式，而你周围的人也会因此受到鼓舞，并更喜欢和你合作。

用本课程学习的赞美公式在一天中认真赞美五个人，对于所有你遇到的人，比如楼道的清洁员、超市的收银员、身边的小伙伴、家人等，在接受他们的服务，或者和他们互动之后赞美他们一句。之后，在每月选择一天作为自己的"赞美实践日"，在这一天内，向我们见到的所有人传递一个赞美。完成一个，记录下来。一天下来，我们看看会发生什么。

1. "赞美实践日"记录。

练习"赞美公式"：赞美＝看见（行为＋变化＋内在本质）。

Day1.

Day2.

Day3.

Day4.

Day5.

2. "赞美实践日"练习在我身上发生了什么。

第三节　共情：如何逐步深入关系

📖 格言

　　没有共情，我们就没法与他人心灵沟通，就不能理解别人的需求和情感，我们就不能成为真正的领导者和改变者。

——布伦特·斯蒂尔

✏️ 导言

　　心理学家道格拉斯·拉比尔曾经提出这样一个名词，叫"共情缺陷障碍"。他认为有这种障碍的人，会被局限在自己的世界里，始终以自身为参考标准，无法设身处地地感受他人的想法、情绪和信念。"共情缺陷障碍"对于关系具有极大的破坏性，它会让人失去基本的同理心，不但会影响一段关系的深入，还会诱发人际冲突，甚至关系破裂和敌对。

　　什么是共情缺陷障碍呢？

为了更好地理解"共情缺陷障碍"，举个生活中一对互相抱怨的情侣的例子。女生最近对男朋友非常不满，经常埋怨男朋友对她缺少关爱，每天下班后，他总是只顾着玩游戏、看抖音，却不肯花一点时间陪女生聊聊天，或节假日也没有主动想着到哪里去玩，做个攻略。女生也有自己的工作，刚进职场正需要全力以赴的时候，一想到以后如果两人结婚生子，就男生这个表现，还能指望他一起干家务带娃嘛，两人就这么不咸不淡地恋爱着，既不结婚也不分手，这让女生觉得"很不公平"，开始找茬对男生进行各种指责，而男生在保持了很长一段时间的回避和沉默后，也开始反驳："我知道你什么意思，就是嫌我钱不够多，没有能力给你一个有保障的未来，但我也很不容易。在公司辛苦工作了一天，回家已经觉得很累，什么都不想做，我还希望你能给我一个笑脸，为我端茶送水呢，可是从你那里，永远只能得到白眼和指责，没有一点温柔……"。

在这样的一段关系中，如果两个人眼中只有"我""我的委屈""我的需要"，而不从对方的情绪、想法、需要去考虑的话，这样的沟通只会一次次地加深关系的裂缝。患有"共情缺陷障碍"的人就像是生活在他自己的世界，只关注自己的需要，只用自己的标准衡量人和事。在生活中，像这样的亲密关系的冲突并不少见，对于自我需求很看重，捍卫着僵硬的自我边界，同时却也不允许他人有自己的需求，捍卫自己的边界。缺乏共情能力的人，一贯喜欢用他们的"自我"去评判他人，"我认为""我觉得""我的想法就是事实和结论"，由此便会造成沟通受阻的问题。

在职场上，我们也能很快区分出哪些人缺乏共情能力，而哪些人因为共情而更容易与人建立链接。

例如，当上司发现他的下属没有按时完成任务的时候，倘若采用非常自我的说法，草率地质问下属："你为什么就不能用点心？你这样的表现让我怎么能信任你？你不觉得你作为一个成年人连基本的要按时完成任务这种要求都做不到吗？"可想而知，这样的沟通方式一开始就带着评判，无疑会给对方造成巨大的情绪阻碍。在这次沟通中，双方对工作的进展有获得什么效能吗？有共情能力的上司，情况就会大不相同。比如，他会这样对下属说："我注意到你这次没有按时交任务（描述行为），是下任务时工作量安排得不够合理吗（第一种换位思考）？还是你有别的困难（第二种换位思考）？我想了解在你那发生了什么（邀请对方来澄清，拓展自己的视角）？"这样的共情能够避免主观判断，拉近、深入和对方的链接，最终能帮助我们真正了解发生了什么事情以及对方的想法和感受，这才是一种合作和共创关系。

如何避免共情缺陷，使用共情沟通深入人际关系呢？

课前思考

1. 如何为他人提供他们真正需要的帮助和支持？
2. 本课程中我迭代更新了哪些共情的技术？
3. 我如何不会因为过度共情而内耗呢？

课程内容

心理学家罗杰斯也曾指出："所谓的共情是指站在别人的角度考虑问题，它意味着进入他人的私人认知世界，并完全扎根于此。"也就是说，我们想要与他人共情，就不能仅满足于从外部、从远处进行有距离的观察，而是要进入他的内心进行深入观察，以便真正了解他的需求（包括明显的需求和比较隐秘的、可能连他本人都没有意识到的需求），并尽力给予他所需要的支持，这才是最能够让他人感受到的被懂得、被爱着的共情方式。

面对这个充满差异和不同的世界，我们能够，也应该更加努力地培养微妙而又敏锐的共情能力，学会理解和关心其他人的感受。不过，大多数人对于"共情"的理解并没有那么准确。一般谈到"共情"这个词时，我们可能会将它简单地理解为与对方有共同的情绪感受，其实共情的过程很复杂，它包含着自上而下的认知调节过程和自下而上的情绪分享过程，也就是"情绪共情""认知共情"两大类。

一、情绪共情

下面这个案例可以帮助我们更好地理解"情绪共情"的过程。小王今天的感觉不错，早晨跑了 5 公里，到公司高效地处理了半天的工作，下午很松弛地做了点杂事，下班约了朋友一起吃饭聊天。可是当他远远看到朋友时，就发现这位朋友情绪不高，脸色也不好看，朋友没有具体说发生了什么，小王也没有追问，两个人一边吃饭，一边说点别的话题。看到朋友烦躁、闷闷的样子，小王就想尽力地挑选点轻松的话题，但显然朋友有些敷衍、高兴不起来，慢慢地，饭局的氛围开始低沉了，朋友的状态似乎平静多了，但很奇怪小王莫名其妙心情不好了，心里堵得慌、很不舒服，接下来的时间小王就在莫名的烦闷中度过了……在小王身上出现的情绪变化就是我们所说的"情绪共情"。这种共情是我们感受到了对方的感受，我们的情绪同步了对方的情绪。

二、认知共情

在真正理解对方的处境下表达的共情，称为共情的"认知调节"，它指的是人们运用自己的知识和经验解读他人的想法、意图，从而真正理解他人的处境。关于认知共情，再举一个医生的例子。我听到过的病人对医生的最多抱怨之一就是医生给每个病人的门诊时间不够，病人还没有陈述完整，医生就下诊断开治疗方案，让病人觉得不被聆听、关注，甚至出现对医生的诊疗不信任的问题。而这个对于很多精神科的大夫来说是个更大的难题，因为病人说明白自己的心理问题和痛苦，比介绍自己的躯体症状要更复杂得多，而这些心理障碍的患者，对医生投入时间不多会产生更大的不信任和不被理解感。他们会觉得我那么痛苦、那么难受，你都没有耐心倾听我，你都一点不理解我，怎么能治疗我的痛苦呢？认知共情会怎么做？有经验的精神科大夫会跟患者这么说："我们的每次会面，我相信你有一些事情、感受和想法，想让我知道，但一到诊室会不知道从何说起，你看我这边一个上午要看 50 个号，时间也紧，这样我会错过很多关于你的重要的信息。这样，我让护士给你发一个记录手册，你在每次就诊前可以把你想要跟我说的记下来，这样我能更多地了解你的情况，对我们的诊疗有帮助，这个非常重要，你一定要认真记。"患者记在记录册的内容，不一定全部有用，但是从"认知共情"的角度来看，让患者感知到医生在重视了解自己，那么医患信任度就会大幅度提高。所以，希波克拉底就说过一句话：医生有三宝——言语、药物和手术刀。共情式沟通不仅对医生，对任何一个职场人士都至关重要。

与情绪共情相比，认知共情能力的发展相对较晚。临床心理学研究显示，3～4 岁的儿童只是能够了解别人与自己有不同的情绪和想法；到 6 岁以后，才能初步具有采择观点的能力；到 11 岁左右，发展出比较完善的认知共情能力。这也是大脑不断发育完善，认知能力不断提升的结果。我们在受到情绪感染时，会调用认知调节，而不会无限制地与他人共情。认知调节的调用会受到以下几种因素的影响：

（1）关系的亲疏远近会影响共情程度。比如一位母亲在看到自己的孩子哭泣时，就会比看到其他孩子哭泣产生更强烈的情绪反应，这正是因为对于不同关系的认识在影响着无意识的情绪感染过程。

（2）注意力是否集中也会造成一定影响。集中注意力去感受，更容易诱发强烈的情绪、感受。

（3）观点采择。我们能区分什么是我的感受和想法，什么是他人的感受和想法。比如我们要有一种对于"他人疼痛"的共情，从自己和他人的角度来共情疼痛有什么不同。如果站在自己的角度想象，会让个人感觉更加强烈，会引发恐惧、不安等消极情绪，而对他人疼痛却会显得关注不够；可要是站在他人角度想象，就会产生强烈的共情关注，个人的感觉则不太明显。这种疼痛共情的差异正是由于不同角度的"观点采择"造成的。站在自己的角度体验疼痛的共情，会有可能共情泛滥，以致无法真正关注到对方。

三、需求共情

在情绪共情与认知共情的基础之上，有一种共情状态被称为"需求共情"。这也是共情的最高层次，进入这种层次的人会更懂得如何向他人提供实际的帮助与支持。你有没有在人际沟通中遇到这样的难题，你已经为对方提供了情绪共情，也能在认知上提供共情，但仍然无法解决问题？也许，我们得来点"实际"的才能真正深入关系。那么，如何才能做到"需求共情"呢？下面介绍共情三步骤：

（1）进行情绪共情，表达对对方情绪感受的理解。我们可以主动去感受对方的情绪，并可以这样问对方："你现在的感受是……""你是不是感觉……""你现在一定有……感觉，对吗？"而在对方描述自己的感受时，我们一定要表现出接纳的态度，而不要总是问"为什么会这样""为什么会那样"，因为在情绪还未被疏导之前，我们急于探究原因，只会给对方带来心理压力。相反，在成功共情之后，对方往往会主动开口告诉我们更多的信息。

（2）进行认知共情，表达对对方意图的理解和尊重。我们还可以深入了解对方的想法，并可以这样问对方："你想说的是……""你现在最希望的是……""你的目标是……"在对方阐明意图的时候，我们也应当给予足够的尊重，可以告诉对方："我理解你的感受，我知道这对你很重要。"

（3）进行需求共情，以具体的行为表达对对方的关心。在完成情绪和认知共情后，我们已经可以稳定地和对方建立"联结"，接下来就是"共情担忧"的环节了——我们可以向对方传递理解、关爱，并可以对对方进行引导和帮助。比如，我们可以对对方说："需要我为你做些什么吗？""你看我能为你做些什么？"如果此时对方不需要具体的建议，只是需要陪伴和抚慰，我们也可以用一个会心的眼神、一个动人的微笑、一个温暖的拥抱或是一次有力的握手让对方重获力量。当然，在进行共情沟通时我们虽然有一定的句式可以参考，但最好不要生搬硬套。为了取得良好的共情效果，我们应当用心去体验对方的世界，找到最适合当下情境的共情沟通办法，才能触碰乃至打动对方的心灵。

情绪共情、认知共情、需求共情并不是彼此割裂的，而是互相补充、互相增益的。如果没有情绪的卷入，认知共情就会显得过于生硬、冷漠，没有认知的共情就很难挖掘基于需求的共情，没有清晰的认知、底层的需求，情绪共情就会陷入泥潭难以有实效。我们要锻炼自己的共情能力，一定要注重同时提升这三个方面的能力，才会让自己在守住共情边界的同时，又能成为一个善于沟通的人。

四、使用共情，深入关系

我们可能经常会遇到无话可说的尴尬场面，可沟通高手却很少会被这种问题困扰，无论和什么样的人对话，他们似乎总有说不完的话题，这与他们有较强的共情能力有很大的关系。善于共情的他们在沟通中不会一味只说自己想要的话题，却无法与对方的感受认知和需求同步。发挥你的共情能力，这样不但能够激发对方的沟通兴趣，还能深入彼此的关系。我们可以尝试以下几种方法。

（一）选择对方感兴趣的话题而不是自己感兴趣的话题

可以使用以下方法来贴近对方的兴趣点：

（1）观察法。我们可以仔细观察对方正在做的事情，或是观察对方的穿着打扮、表情、姿态等，这些细节都能够帮我们找到一些有意思的话题。比如我们到对方公司去会谈，你可以通过办公室的布置、个人工位上的摆设，推测他对哪些方面的话题感兴趣；再如通过对方的服装、配饰和同事的闲谈，我们可以据此推测他的兴趣点和了解他的品位。

（2）询问法。如果在观察中无法快速找到对方的兴趣点，我们也可以采用直接询问的办法去更好地了解对方。比如可以采用开放式提问法："你下班后喜欢做些什么？""周末一般怎么度过？"或者采用封闭式提问法："你平时喜欢阅读、运动还是旅游？"当对方给出回答后，我们就可以顺势展开谈话了。

（3）调查法。如果我们准备进行一场比较重要的谈话，而对方又是素未谋面的人士，为了让沟通进行得更加顺利，我们可以提前做一番调查，比如可以从熟人那里收集一些关于对方的资料。

（4）关键字法。在沟通过程中，我们应当认真倾听对方的话语，并注意提取有价值的关键字，可以抓住这些关键字展开话题，这能让对方产生倾诉的欲望。

除了上述几点外，我们还可以从对方的职务、身份入手去寻找他们可能感兴趣的事情，比如业内最近出现的一些热点新闻、与对方所在公司或团体有关的正面消息等。

（二）使用镜像法，增加交流双方的"同感区域"

所谓镜像，就是像镜子一样，让对方感觉到你和他好像是一样的，就能让对方产生良好的沟通感受。我们的大脑有一种特殊的能力，这种能力称为识别同类。如果有一个人，我们做什么他就做什么，和沟通对象呈现出一种像照镜子一样的镜像关系，我们就会莫名其妙地觉得特别想和他多"联结"。那么，我们可以从哪些方面去和对方镜像呢？

（1）模仿对方的动作。在倾听对方时，我们可以留心观察对方的一举一动，尝试把握对方的肢体动作规律。比如对方在说完一句话时会做点头的动作，以加强自己的观点，我们也可以适时做出同样的动作，让对方意识到我们对他的观点是认可的。

（2）模仿对方的表情。在很多时候，模仿表情的效果会比模仿动作更理想，因为对方看不见自己的表情，而当我们做出相同的表情时，他们通常意识不到这是一种模仿，会更容易受到感染，认为我们与他有着同样的感受，从而能够建立起更加亲密的情感"联结"。

（3）模仿对方的姿势。我们还可以模仿对方的姿势，比如对方在谈话时采用了比较松弛的坐姿，我们也可以进行模仿，让自己放松肩膀，打开身体，展现出轻松的姿态，这会让对方觉得更加轻松惬意。要是对方采用了正襟危坐的姿势，说明他认为这次谈话是严肃、认真的，我们也应当进行模仿——可以挺直腰背、并拢双腿，表示自己也会认真对待这次谈话，对方就会对我们产生好感。

当然，自然的模仿需要我们具备敏锐的观察力及反应力，而这需要大量的练习才能做到。我们可以先在和亲朋好友的日常对话中进行这种练习，一开始可能会觉得很不自在，也会有模仿得不好的情况，对此我们不必过于心急，随着练习次数的增多，我们自然会掌握模仿的窍门，有时甚至无需刻意模仿，就能恰到好处地做出和对方相同的动作、表情和姿势，而这无疑会产生事半功倍的效果。

（三）把握对方的个性特征，个性化建立心理联结

美国哈佛大学心理学家威廉·莫尔顿·马斯顿博士提出人们的个性特质分为四种，即支配型（dominance）、影响型（influence）、稳定型（steadiness）、谨慎型（compliance）。这种 DISC 沟通方法诞生之后，马上就被很多沟通高手引入到实践中，并取得了良好的效果。下面就让我们来学习这种独特的建立共情的沟通方法。

（1）支配型人士常常表现出目标明确、行动迅速、注重结果的特性，他们一般说话比较直接，表情比较严肃，措辞比较强硬。与这类人沟通时要注重结果导向，说话要直指重点，不要拐弯抹角。如果发现对方在话语中出现了谬误，则应当婉转提醒，不要直接指出，以免让对方产生尊严受到侵犯的感觉。

（2）影响型人士在沟通时会表现得热情、主动，而且他们比较善于表达，并热衷于描述细节和营造氛围。与这类人沟通的时候，我们应当积极一些，要及时给予回应，并应注重强调我们的感受，使对方感同身受。另外，我们可以多用一些幽默风趣的话语来吸引他们的注意，这会让他们更喜欢和我们沟通。

（3）稳定型人士在沟通中会表现得友善、随和，但也比较被动，不太擅长表达自己；同时他们很愿意倾听，而且非常在乎他人的感受。与这类人士沟通的时候，我们应当表现出足够的关心和包容，使他们有一种被理解、被接纳的感觉，这样他们就会愿意敞开心扉与我们交流了。

（4）谨慎型人士在沟通中会表现得比较谨慎，他们善于察言观色，在措辞时则力图精确，不希望自己在言语之间出现疏漏；而且他们比较喜欢在沟通中提出问题，只要有不肯定的地方都会马上提出疑问。我们在与这类人沟通时，也应当尽量达到精确的要求。如果想要说服对方，最好给出具体的、准确的数字和真实的、客观的案例，尽量不要出现带有主观臆测性质的说法。另外，我们还应当在沟通前做好充分的准备，最好预先设计一些问题，并想好答案，以免回答不出对方的问题而给对方留下不好的印象。

在实际沟通的时候，我们也不能过于绝对地把某人归入以上四类中的一类。事实上，人的个性特征是非常复杂的，一个人可能同时存在支配型、影响型、稳定型、谨慎型的特质，只不过其中一种在某些特定的沟通情境中表现得特别明显，而在其他沟通情境中，这种特质就可能出现变化，所以我们在沟通中要随机应变。

（四）适时制造停顿，留出"共情"的空间

在书画创作中，有一种常见的手法叫"留白"，指的是在完整的作品中故意留下相应的空白，给人以想象的空间。而在与他人沟通的时候，我们也可以用停顿巧妙制造"留白"，给对方留下吸收信息、参与思考的时间。不仅如此，停顿能够给沟通对象提供心理舒缓的空间，为他留出你对他"共情"的空间。比如在对方感觉情绪紧张、压力较大的时候，我们适时的停顿能够给对方一个舒缓压力的机会。另外，当我们在沟通中传递了丰富的情绪后，也可以稍作停顿，给对方留下体验和消化的机会，有助于引起对方的情感共鸣。美国加州大学的心理学教授古德曼还提出了一个著名的观点："没有沉默就没有沟通。"这个观点也被称为"古德曼定理"，它提醒我们在沟通中要学会适时停顿并保持沉默，同时认真倾听对方的话语，这样既可以让对方有一种受到了尊重的感觉，又可以为我们赢得思考和理解对方的时间，有助于沟通更加顺畅地进行。

（五）说话时少用"我"，多用"我们"

在沟通中，你更习惯说"我如何如何"还是"我们如何如何"呢？这样的问题可能很少有人会去认真思考，但一字之差，却会让沟通对象产生迥然不同的感觉。总是把"我"挂在嘴边的人，会给人一种自我意识过于强烈的感觉，也会在无形中拉开自己与他人的距离，容易造成沟通障碍。相反，若是用"我们"来代替"我"，就能够在彼此之间制造"共同意识"，有助于减少情感隔膜。

1. 熟识三种共情类型，理解三者之间的协同关系。
2. 刻意练习共情三步骤：情绪共情＋认知共情＋需求共情。
3. 掌握共情沟通深入关系的方法。

沟通实践

自我共情的轮式句型练习

在与他人共情的同时，我们也不应当忽略"自我共情"的问题。学会自我共情，可以拓宽一个人的自我觉察范围，能够帮我们更好地了解自己，看清自己的价值和优势，了解自己的缺点和不足。同时，我们还可以更加准确地解读自己的看法和情绪，知道自己真正想要的是什么。以此为基础，我们才能更好地共情他人。

风靡全球的畅销书《非暴力沟通》的作者马歇尔·卢森堡博士发现了一种沟通方式，依照它来做自我共情的练习，能让我们通过与自己链接，自我觉察和关怀，从而增进与他人的非暴力沟通模式，这就是著名的轮式句型。这个句型能够帮助你掌握沟通的四个基本要素。轮式句型中就涉及对这些要素的练习。

非暴力沟通的四个要素和轮式句型是：

(1) 不带评价的观察："当我看到/听到……"

(2) 表达感受："我感到……"

(3) 与自身需要链接："因为我需要……"

(4) 提出请求："你是否愿意……"

没有做这种练习的人通常要花很长时间，才能让非暴力沟通真正改变自己的思维模式，或者他们可能完全做不到这一点。因为练习轮式句型能够有效地让你融会贯通。不要跳过对轮式句型的练习，你应把它当作达成最终目的的重要一环。若要让非暴力沟通的几个要素根深蒂固地融入自己的生活中，首先你就得改变思维模式，让新的行为符合自己新的价值观。简而言之，熟能生巧。

对方的话语和行为都可以用观察、感受、需求的方式作出回应。本课程结束后的一周内练习轮式句型："当我看到/听到……我感到……因为我需要……你是否愿意……"。每天至少练习一次，反思自己某一次与别人的互动。留心自己如何通过这样的练习来掌握非暴力沟通的四个基本要素。

范例

事件：最近我很为舍友的生活习惯而烦恼。我们两人一间，他在寝室玩游戏经常不戴耳机，白天也就算了。但是让人实在无法忍受的是，晚上 23：00 后，他依然我行我素，开着大声打游戏，兴奋起来了还爆粗口，弄得我无法入睡。

轮式句型练习：××同学，①我看到现在过 23：00 了，你开着音响玩游戏（观察：不带评价的诉说事实）；②我感到很焦虑（表达感受）；③现在我需要休息了，需要有个安静的睡眠环境（表达需要）；④你是否愿意戴上耳机，保持安静？麻烦你了。（表达请求）

练习 Day1：

事件：＿＿＿＿＿＿＿＿＿＿＿＿＿＿＿＿

＿＿＿＿＿＿＿＿＿＿＿＿＿＿＿＿＿＿＿＿

＿＿＿＿＿＿＿＿＿＿＿＿＿＿＿＿＿＿＿＿

轮式句型练习：

1. 观察："当我看到/听到……"

2. 感受："我感到……"

3. 需要："因为我需要……"

4. 请求："你是否愿意……"

练习 Day2：

事件：＿＿＿＿＿＿＿＿＿＿＿＿＿＿＿＿

＿＿＿＿＿＿＿＿＿＿＿＿＿＿＿＿＿＿＿＿

＿＿＿＿＿＿＿＿＿＿＿＿＿＿＿＿＿＿＿＿

轮式句型练习：

1. 观察："当我看到/听到……"

2. 感受："我感到……"

3. 需要："因为我需要……"

4. 请求："你是否愿意……"

练习 Day3：

事件：＿＿＿＿＿＿＿＿＿＿＿＿＿＿＿＿

＿＿＿＿＿＿＿＿＿＿＿＿＿＿＿＿＿＿＿＿

＿＿＿＿＿＿＿＿＿＿＿＿＿＿＿＿＿＿＿＿

轮式句型练习：

1. 观察："当我看到/听到……"

2. 感受："我感到……"

3. 需要："因为我需要……"

4. 请求："你是否愿意……"

练习 Day4：

事件：＿＿＿＿＿＿＿＿＿＿＿＿＿＿＿＿＿＿＿＿＿＿＿＿＿＿＿＿＿

＿＿＿＿＿＿＿＿＿＿＿＿＿＿＿＿＿＿＿＿＿＿＿＿＿＿＿＿＿＿＿＿＿＿

＿＿＿＿＿＿＿＿＿＿＿＿＿＿＿＿＿＿＿＿＿＿＿＿＿＿＿＿＿＿＿＿＿＿

轮式句型练习：

1. 观察：“当我看到/听到……”

2. 感受：“我感到……”

3. 需要：“因为我需要……”

4. 请求：“你是否愿意……”

练习 Day5：

事件：＿＿＿＿＿＿＿＿＿＿＿＿＿＿＿＿＿＿＿＿＿＿＿＿＿＿＿＿＿

＿＿＿＿＿＿＿＿＿＿＿＿＿＿＿＿＿＿＿＿＿＿＿＿＿＿＿＿＿＿＿＿＿＿

＿＿＿＿＿＿＿＿＿＿＿＿＿＿＿＿＿＿＿＿＿＿＿＿＿＿＿＿＿＿＿＿＿＿

轮式句型练习：

1. 观察：“当我看到/听到……”

2. 感受：“我感到……”

3. 需要：“因为我需要……”

4. 请求：“你是否愿意……”

第四节　坦率：如何建立信任关系

格言

> 品德，应该高尚些；处世，应该坦率些；举止，应该礼貌些。
>
> —— 孟德斯鸠

导言

　　培养信任关系并不像解方程那样简单，即“设置 x、y、z 后，就会彼此信任”，人类的关系无法预测。而可以确定的是，在职场人际关系中，如果对方信任你并认为你是发自内心地关心他和团队，结果很有可能是：

　　（1）对方更容易接受你的赞美，也能接受你的批评，并以此为借鉴。

　　（2）你可以获得有价值的反馈，对你工作的真实想法，特别是做得不到位的地方。

　　（3）周围的其他同事也开始越来越坦率，团队工作效能事半功倍。

　　（4）在团体中感受到安全、归属和自我效能感。

　　（5）团体都在专注于实现结果，减少内耗。

可惜，大多数人习惯于隐藏自己的真实想法，这在一定程度上是社会适应行为，有助于避免冲突和尴尬，尤其在面对老板和重要人物时。但对于组织来说，成员在协作中若都不表达真实想法，这种行为所产生的后果将是灾难性的。无论是对上、对下，还是平行沟通，在职场人际互动中，每个人都需要离开舒适区，习惯于挑战彼此，我们要强调清晰沟通的必要性，这是关键所在。只要沟通足够清晰，语气足够谦和，就能减少误解。

"坦率"指的是你需要把自己对问题的看法说出来，并且期望对方也能如此。坦率的惊人之处在于事情的结果往往与你担心的相反。你害怕老板生气或报复，事实上，他们会感谢有这样一个把事情说清楚的机会。即使他们真的生气、不满或产生消极情绪，也会在日后逐渐消退，因为他们会意识到你是真的在关心他和团队。如果同事之间越来越坦率，你花在拐弯抹角的沟通不畅上的时间就会越来越少。当你所在的团队鼓励和支持坦率时，人与人之间的交流增多，已经滋生出来的不满会被消灭在萌芽状态。大家不仅热爱工作，更会关心彼此，喜欢这种工作氛围，整个团队就会更有战斗力，这种成就感不是简单的"升职加薪成功感"所能描述的。

有多少次你尝试坦率表达自我，或者给予对方坦率的反馈时，却完全达不到预想的效果呢？你能够理解在职场上如果能建立坦率信任的关系会使得自己工作更愉快，也能使团队取得更大成果。甚至你认为表面虚情假意的职场关系令人厌倦，你渴望自己能处在一种开放坦率的企业文化中。员工关系越来越明朗，责任也随之增强，在这种相互作用下，个人会越来越成功，企业文化也会变得越来越好。但是如何实施这些原则呢？明天去工作的时候，你应该如何具体操作呢？本章节将会介绍具体的理论和操作的一些工具和技巧。

课前思考

1. 坦率就可以让我有什么就说什么？
2. 为什么我明明很真诚、很坦率，但是他人总是误解我呢？
3. 我如何能坦率又不伤人呢？

课程内容

一、坦率的两个维度

在这里，我们将坦率归纳为两个维度，二者的结合会指导你沿着正确的方向前进。

（一）个体关怀

在中国我们称之为"人情"。这个维度要求除了职业化外，职场上的人际不仅仅只是公事公办、对事不对人、只看结果不关心个人的其他情况的。个体关怀要求我们为了建立良好的关系，必须真诚投入并关心每一个在工作中与你有交互的人。这不仅跟工作有关，也涉及私人关系，而且是很真诚的私人关系。我们都是人，都有情感，即使在工作中也是如此。当我们的情感没有在工作中得到体现时，当我们必须抑制真情实感来工作时，我们彼此就会疏远，最终使我们厌恶工作。对大多数刚入职场的人来说，想必会有个误解，对于保持职业性过度热衷，认为职业精神就意味着按时上班、做好本职工作、不袒露任何无关感情，把自己当成机器人，还有部分人在职场上晋升之后，会自觉或不自觉地感到自己比下属更优秀或更聪明，更加刻意地隔离人际关怀和情感，没有什么比优越感更能损害人际关系了，这样做的结果就是没有人愿意在工作时做真正的自己，所有人都感到不自在。

个体关怀是治疗"僵化的职业化"和"职场等级傲慢作风"的一剂良药。个体关怀不是简单地要你记住同事的生日，也不是跟同事倾诉个人生活中的伤心往事，更不是强迫你在原本不愿参加的社交活动中假装热情。个体关怀是基于对人性共通的需求，在职场共同的工作之外，向他人输出的友善与支持。但是，个体关怀并不是要求你讨好同事，也提醒你在关心他人的同时，做好被人讨厌的准备，并实施对自我的关怀，接受他人和自我的局限。《冰上奇迹》（Miracle）这部电影完美地诠释了这一点。电影的主人公是率领美国男子冰球队在 1980 年冬奥会获得冠军的赫布·布鲁克斯（Herb Brooks）。他非常严厉地训练队员，使自己成为所有队员的"敌人"，但也正因为如此，他把整个团队凝聚在了一起。在看电影时，我可以真切地感受到他有多么关心每一位队员，而让人揪心的是，队友们过了很久才感受到这一点。做老板也是这样，有时就像行走在孤独的单行道上，特别是在初始阶段，这是正常的。如果你可以承受这些打击，那么团队中的成员也会不断成长，总有一天他们也会成为员工眼中的好老板。一旦员工知道拥有一个好老板是什么感觉，他们就会自然而然地效仿追随。也许他们没能报答你，但他们会将你的精神发扬光大。看到你关心以及帮助过的人获得成功，可能就是最好的回报。

（二）直接挑战

就事论事地提出坦率的赞美、批评设计个人观点和态度的做法。挑战别人通常会使对方感到不快，并且从表面来看，这并不是与同事建立良好关系或是展示个体关怀的好方法。但直接提出挑战往往是表达你和他人建立安全关系的必经之路，一个没有态度的人，凡事都避免冲突的人是无法真正获得他人信任的，特别是在职场上。无论是从知识还是道德的角度，人本身得以受人尊重的原因是其拥有纠错的能力。通过讨论和积累经验，人们能够纠正错误。挑战他人和鼓励他人挑战有助于建立良好的信任关系，因为这表明：①你足够关心他，能够指出他做得好和不好的事情；②你愿意承认错误并致力于改正自己和他人犯下的错误。但是，由于挑战往往意味着不同意或者说"不"，这个方法会产生分歧而不是避免分歧。所以，你要将个体关怀与直接挑战相结合，真正的坦率才会出现。坦率有时意味着激怒别人。你必须要接受的是，总有人会因此对你感到不满，而如果没有人对你感到愤怒，说明你的挑战还不够彻底。你要提升的不是让所有人对你满意的能力，而是你如何应对他们的愤怒的能力。当你用言语伤害了别人时，你就要承认他所遭受的痛苦，不要用冷漠来隔离焦虑，把你的关怀表达出来。将"公事公办、就事论事"这个词从你的词典里删掉，这是十分伤人自尊的。你要做的，应该是帮助他们解决问题，但不要只是为了让某人感觉更好而帮他们解决问题。在挑战他人的时候，给予个体关怀，会帮助你在职场中构建良好的人际关系。对建立互信关系来讲，发起挑战并不是最难的，最难的是鼓励他人直接挑战你，就像你挑战别人那样。你需要鼓励他们向你直接发起挑战，让你生气或是愤怒。当然，这需要不断地适应和调整，特别是对那些具有独裁气质的同事来说。但如果你坚持下去，就会更加了解自己，特别是了解别人眼中的自己。这有助于你的个人成长和团队不断得到更好的结果。坚持坦率，用坦率去消除人们在面临建立链接困境时展现出的恐惧。

二、坦率的四大准则

(一) 坦率应带有个人关怀，不吹毛求疵

坦率不是无端地苛求，也不是要你说"让我和你真心话大冒险吧"，然后开始得理不饶人，这样的做法非常愚蠢。如果你没有展现个体关怀，那就不是坦率，这样去挑战别人是件很消耗精力的事，不管对你还是对被挑战的人来说，都是如此，所以一定要在必要的时候才这样做。有一个很好的经验法则对处理任何关系都有效，那就是每天把三件不重要的事烂在肚子里，忍住不说。

(二) 坦率应体现尊重，不成为官僚层级的产物

为了能够做到坦率，你首先需要与他人保持良好的关系。即使你的老板和同事不适应你在关怀和友善的前提下坦率沟通的方法，你依然可以为你和你的团队积极去创造一个坦率的小环境，记住有人会喜欢你，有人也会讨厌你。你也可以与你的老板和同事继续小心相处，但如果他们不是暂时不适应，而是表现出恶意与难以平息的愤怒，你可以考虑换工作伙伴，甚至换工作。

(三) 坦率应做到清晰反馈，避免闲扯拉关系

坦率中的人际关怀不是让你无休止地表现出活泼外向的一面，这会让你和团队中性格内向的人感到精疲力竭，如果你也恰好是性格内向的人，假装活泼更会令你内耗过度。坦率也不需要总是跟同事一起喝酒、吃饭、玩狼人杀和没完没了的聚会。这些活动会占用太多时间，也不是了解别人的唯一途径，也无法展现你的关怀。坦率运用在人际沟通中，需要不带评价地陈述事实，并能清晰地给予反馈和表达需求。

(四) 坦率应深入人心，而非将其理解为文化差异的产物

很多人误解我们东方人含蓄，做事都要绕着来，只有西方文化适用于坦率。其实不是这样的，坦率适用于整个人类社会，坦率具有普适性。坦率不是属于某种人的性格类型，也不是与生俱来的能力，更不是文化评价标准，坦率应该属于每个人。只有当别人理解你的关怀和挑战都是发自内心时，坦率才会生效。我们需要不断认识到，坦率对某部分人或团队来说，确实会感觉不爽（或过于肉麻），我们要就坦率的方法做出相应的调整。

三、反馈框架

如图 3-1 所示，这个框架能够帮助人们明确自己在每次沟通时，涉及坦率这个

议题，属于哪种类型。在这个框架中，每个象限的名称针对的都是反馈的类型，而非个人品质。基本上，我们大多数人的沟通都曾出现在这四个象限中，因为没有人是天生完美的，我从来没有遇到能够一直绝对坦率的人，这不是"人品测验"。

现在我们来讨论这些象限。

（一）绝对坦率

我们在之前讨论过，坦率要给予关怀和挑战两个维度。但职场中，有时候我们没有机会拥有太多时间去了解一个人或是建立信任关系。事实上，了解别人和建立信任关系的另外一个好方法就是给予绝对坦率的赞美和批评。

关于如何给予他人坦率的赞美，我们在第一节中已有论述与练习。现在我们讨论如何给予坦率的批评。

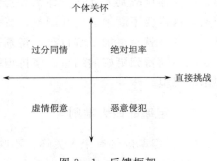

图 3-1　反馈框架

批评成功才能保持成功。安德烈·伊戈达拉（Andre Iguodala）是 NBA（美国男子职业篮球联赛）金州勇士队的锋卫摇摆人，他说，成功的秘诀是向卓越的球员指出他们能做得更好的地方，即使他们刚刚赢得了比赛，而且这个时候的建议往往更为重要。对领先的人来说，最大的问题是不得不永远保持领先。当然，安德烈的队友听到他绝对坦率的批评，并不总会感到开心，他们有时会认为这是恶意侵犯。

（二）恶意侵犯

如果你在批评别人的时候，并没有花哪怕几秒钟的时间来表达关心，你的指导就会让对方感到是恶意的。不得不遗憾地说，坦率的批评和恶意的侵犯几乎在某些时刻成为了一回事。没有人能够时刻做到绝对坦率，恶意侵犯有时候会成为你的次优选择。因为在某些环境下，至少这会让大家留意你的想法和到底发生了什么事，这样的团队才能创造成果。这也解释了为什么那些令人讨厌的家伙似乎在竞争中更有优势。与此同时，大家都不会喜欢和没有道德感的人一起工作，每个人都有义务发展出在职场上的健康人格表现，彼此真诚、友善和坦率。不然的话，面对那些屡次恶意攻击他人、侵犯他人边界的行为，我们只有采取强硬的态度捍卫自己的边界。这就好比，父母教育年幼的孩子，在孩子幼年时，他们不懂得什么能够保障他们的安全，这个时候父母要用到呵斥、禁令，这不是一种苛求，而是一种明确的指令。那么，在人格越是健全的群体中，我们越是有机会彼此做到坦率，而不是不得不退而求其次用到恶意侵犯。成为一个被人信服的职场人，特别是一个好的老板，有个悖论是，大多数人更喜欢富有挑战的"臭脾气"，而不会喜欢"友善的无能者"。在职场中，你会多次发现，即使清晰地表达批评会引起短暂的不安，但从长远来看，直接是更好的方式。由于害怕自己被贴上"坏人"的标签，很多人会趋向于过分同情或虚情假意。实际上，对于他们的同事来说，这两种行为比恶意侵犯更为糟糕。

但是，有部分恶意侵犯的状况是极度糟糕的，不可为之。例如：

（1）通过批评来羞辱他人，而不是帮助他们进步。

（2）在团队中彼此进行人身攻击。

（3）一个人十分了解另一个人的弱点，并针对这些弱点进攻。

（4）为了获得某种快感或是维护自己的地位而恶意批评他人。

（5）了解别人的喜恶并且利用这种了解进行伤害等。

（三）过分同情

在工作中，很多人都试图避免各种冲突和不适，如同不忍心管教孩子的父母以及溺爱宠物的主人，然而这通常是过分同情导致的结果。同样的道理，带有过分同情性质的赞美是无效的，因为它的首要目的是让大家感觉舒服，而不是告诉对方如何能把事做得更好。在工作中我们会发现有部分管理者从来没有指正过员工的错误，突然有天就直接解雇了他；如同在生活中，情侣没有吵架，直接分了手，朋友没有打开天窗说亮话，便逐渐疏远。过分同情的人在职场上会妨碍他们接收到来自他人的真实反馈。如果一个人希望他人真诚地批评自己，通常来讲，对方会感到尴尬，但最糟的情况是对方听到这句话时会感到害怕。具有过分同情性质的人往往给人的感觉是他没有能力容纳人际间的张力，以使他们周边的人也不会挑战他，急于粉饰太平，让事情简单地过去。如果人际间过于注重与所有人都和睦相处，同时害怕引起讨论，最终就会形成这样一种工作环境——为了"做个好人"，而牺牲了真正的工作绩效。

我们很多人常会犯的一个错误是，想当然地认为如果自己处于过分同情象限，就可以与他人建立起关系，然后移动到绝对坦率的象限。和这样的人一起工作的确很愉悦，但随着时光流逝，你会渐渐地发现自己接受的唯一反馈就是"你很好啊，你做得不错"以及其他模糊的正面评价。你自己知道自己有些事做得不好，但不确定哪里出了问题，没有机会学习和成长，也经常被搪塞。最糟糕的事情是，似乎周围人都没有说你不好，但有一天你被解雇了。这不是建立良好关系的有效方式，另外一种情况是如果你是管理者，过分同情的特质也会妨碍你获得下属的批评，你也无法知道哪里出现了问题，直到背后有人不断讨厌鄙视你，直到一个一个下属提出离职。不论从哪个角度来说，老好人的策略都无法建立信任。

（四）虚情假意

当你不够关心对方也不愿发起直接挑战时，虚情假意式的反馈就会发生。如果人们希望受人尊敬，或认为通过伪装可以获得某种人际上的优势，或对关心和争论感到疲倦，就会给予虚情假意的反馈。这种沟通很少能反映出说话者的真实意图，可以说，这是个人为谋取私利的一种等价交换，他们尝试让别人融入情感而自己却不愿付出。他们惯用的说法是，"如果我告诉对方，我喜欢他今天在会上的发言，我崇拜他的某些方面，他应该会很开心，这会比解释他今天开会时有哪些需要改善要容易得多。尽管从心里我觉得，他有 N 个有待成长之处。"遗憾的是，传统观点和大量的职场生存法则都试图说服职场新人减少挑战，而不是鼓励他们更关心团队的发展。一般来讲，这样虚情假意的职场沟通通常会使每个职场人感到曲意逢迎或是担心背后有是非，这将难以建立起真正的信任关系。

四、坦率沟通的技巧

坦率能促进信任关系，以帮助你在职场中更清晰地表达；反过来，他人越是更好地了解你的想法与态度，也越能给予你坦率的反馈。坦率沟通是团队工作的核心要义，但它让大多数人感到极为不舒服。接下来介绍一些特定的工具和技巧，它们能够让你更自如地处在坦率的职场沟通文化中，并实现个人与团队目标。

（一）寻求坦率反馈的技巧

营造即时反馈团队文化的关键在于这样的场景：在对小王的提议提出批评之前，小李以鼓励性的微笑激励小王带着热情去挑战他。小王从来不会说，"你不要情绪化"。小王的批评越激烈，小李的笑容就越灿烂。

怎样才能营造以此为常态的环境呢？我们需要做些什么才能从团队中获得批评呢？以下做法能够帮助你获得真诚坦率的反馈。

1. 善于提问，得到赞美和批评的反馈

向同事寻求赞美的反馈相对容易些，但如何直接问同事对你的意见会有点难，对方甚至可能比你还尴尬。为了避免这个问题，你要善于提问："有没有我需要做或不需要做的事，能让你们感到和我一起共事更加简单？"如果你无法轻易说出这句话，那么找到能够表达同样意思的话也可以。当然，你并非真要找到这样的答案，这句开场白只是为了推动对话展开而已。

2. 接受坦率的反馈带来的不适感

大多数人对你上面提问题的第一反应会是"挺好的，你做得挺好"，然后希望马上结束这段对话。他们不知道你接下来的问题，所以会非常警惕。当你意识到，你的提问让对方感到不适，这时候你为了让他们安心，会点头说道："那真是太好了"。千万不要这样做。要让自己提前预备好这种情况，然后将对话进行下去，直到你得到真诚的回应。一个小技巧是在提问之后你从 1 数到 10，并强迫自己忍受这种沉默。你的目的不是要逼迫对方，而是坚持坦率的讨论。这种方法会让人有这样的感觉：不说话比说出自己的想法更难以忍受。如果他们无法立刻说出想法，从 1 数到 10 也无法达到目的，你就可以再问一遍，"我自己觉得最近的工作中我有些疏忽的地方，但不知道是什么，看起来工作进展和个人成长不太顺利，你觉得我可以在哪些地方提升？"对方也许还是想不出什么。这时，他有可能变得紧张了。"你一向睿智，善于为别人提出好的建议，"你可以鼓励他，"我知道如果再思考一下的话，你一定能说出一些事情，我可以做得更好。"此时，对方有可能冒汗了。没关系，结果对你来说不重要，时刻征询他人反馈的态度、开放的姿态是最重要的。很多情况下，对方都会给予你真实反馈。

另外一种接纳不适的方法是对方口中说好的，但你观察到他的神情和肢体语言在排斥，例如你发现他抱着双臂，用一种非暴力不合作的语气挤出：那行吧。为了不表达恶意，你可以尝试这样说："你有点疑惑吗，来吧，告诉我你的真实想法！"

3. 征询反馈是为了更多的了解，而不是解释和反驳

如果你最终找到批评你的人，记住，必须控制态度。无论怎样，你都不要批评他，特别是批评他不够坦率！相反，你要试着复述他的话，确保自己已经理解，不要抗拒听到的建议。倾听并且理解批评意见，但不要争论。试着说"所以我听到你的意思是……"如果你不属于天生就对批评开放并且把批评视作一种提升机会的人，你当

然会有一种强烈的欲望去进行自我防护，或者至少为自己辩解。这是自然反应，但这几乎会毁掉再次得到这个人对你绝对坦率的机会。所以不要为你正常的反应感到难过。控制你的情绪，不要让你的情绪控制你。时刻提醒自己，无论这个批评多么不客观、不公正，你的首要职责是带着理解去倾听，而不是自我防御。

4. 真诚感谢对方的批评能得到更多坦率的反馈

简单的感谢他人对自己的批评和建议是不够的，这会让人感到虚情假意，也是一种消极应付。正确的做法是，首先找出这个批评中你认同的部分，显示出你乐意接受批评。然后，确认自己是否理解，向批评者重复他的意见，确保你已经理解，然后安排时间进行讨论。记住，向批评者复述批评内容这一点至关重要。接下来的关键在于，你要解释清楚你不同意批评的原因。如果无法做出改变，那么你详尽、礼貌的解释，是你能为对方的坦率给予的最好的礼物。有时他们会接受，有时则不会；有时他们会指出你的漏洞。但不管怎样，经由坦率的讨论，让对方明白你是在真诚地回应，这就是对他们坦率的最好回报。

5. 评估所得到的反馈

试着每一周去回顾你所得到的批评有多少次？同事多长时间会赞美你一次？如果你几乎没有收到任何反馈，或者收到的全都是表扬，全都是批评，那就要当心了！这说明不是你的工作出问题，就是你所在的团队人际沟通渠道不健全。

（二）给予坦率反馈的技巧

对于职场新人来说，坦率的第一步是要获得他人的反馈，包括赞美和批评。同时，你也需要练习如何给予他人赞美与批评。在面对批评时，我们会自然而然地防卫，表达赞美时，如果不够真诚，你就会显得高人一等或是肉麻作态。以下是一些很有用的小技巧，它们能够让我们在给予赞美和批评时使对方收到真诚和坦率的信息。

1. 保持客观非评价

如何做到非评价？在给予他人反馈时，记住三个要素：当时的情境；行为（比如，那个人的做法）；你所观察到的影响。这会帮助你避免对人们做出主观评价。举一个日常生活中的简单例子：当有人开会时经常拖延时间并且跑题，不要大喊"你的思路混乱，浪费大家时间"，试着这样说："我们预期开会的时间是 1 个小时，拟解决的是关于……的议题，四个小伙伴都需要时间来对称信息，现在你的发言已经持续了30 分钟，并且一直在谈论上个会议的议题，还没有切入这个会议主题，现在我们其他三个小伙伴还没有发言，非常焦虑。"如果这样说，你就给了这个人道歉的机会，"对不起，我没有意识到这件事，我马上切入正题。"当然，这个人也许会对你产生人身攻击，然后说"其他两人又不急，你着什么急！"这样接下来你就会有正当理由发怒，"我有重要的事情去办，我先离开了！"情境、行为和影响对于赞美同样适用。记得在前面"如何赞赏"的章节中介绍的赞美公式吗？赞美和批评一样，虚情假意的赞美也会让人感觉高人一等。

2. 平日乐于助人

帮助别人是展现个体关怀的良好方式，当他人喜欢你时更容易接受你的批评。但乐于助人并不意味着你一定要帮大家做很多事情，它只意味着你要让对方感知到你的友善，而你给予他的是份礼物而非责难。你也可以告诉对方"我要描述一个我发现的问题，也许我是错的，如果我搞错了，希望你能告诉我；如果我没说错，希望我说的能帮你解决这件事"。

3. 立即给予反馈

尽可能快速、不拘小节地进行反馈是绝对坦率的核心要义，但做到这一点并不容易。这其中有两点原因：一是我们的天性就会推迟/避免冲突，二是我们很忙碌。但如果你不能及时做出反应，就会造成深远的影响，有时候是这样的推迟会造成人际的隔阂，有时候是推迟会让你忘记了一些重要的信息，你到底想要批评什么？

当然，有时你应该等一等再去赞美或者批评别人。通常情况下，如果你或者要接受反馈的人正处于饥饿、生气、疲倦或是由于其他原因状态不佳时，那么你最好等一等。

4. 当面反馈更好

对于给予批评和赞美，你的反馈是否有效要由听众来判断，而非表达者。因此，你最好当面给予反馈。如果看不到对方的反应，你就无法真正了解对方是否理解你的话。如果你不知道自己表达的对对方来说是否清晰，那么你的话就和没说一样。同时，大部分交流是非语言的。当看到一个人的肢体语言和面部表情时，你就会调整表达信息的方式，以更好地吸引他们。通过注视别人的眼睛、观察他们是否手足无措或是环抱手臂等，你就能更简单地判断别人是否清晰地理解自己的意图。为了避免尴尬和害怕冲突，重要的反馈在微信和邮件中说是不可取的。

我们学习沟通的方法，不是为了取悦别人，或者掌控别人。人际沟通的练习是为了赢得尊重，影响他人，最终解决问题。所以，请放弃一种"安全"的期待——沟通并不总是和和气气的，经常会有冒险的坦率时刻。但这并不见得是坏事。根据组织行为学家的研究，在一个团队中，冲突水平和团队业绩呈现出倒 U 形关系。也就是说，只要控制在合理的范围之内，关怀＋挑战式的坦率反而会促进沟通，提高团队表现水平。相反，无法坦率的组织要么是尔虞我诈，要么就是言不由衷地虚情假意。这和我们的生活经验也是吻合的：关系好的家庭，夫妻间该吵架吵架，吵完能把话说开，修复关系解决问题。

因此，职场沟通中并不是通过某些技巧来维持一团和气，唯有保持一贯的坦率，发起建设性的冲突，才能让人们可以在更开放、更真实的环境中推进对彼此的了解，最终建立信任感。

课程回顾

1. 理解什么样的坦率不是建设性的人际沟通模式。

2. 识记坦率的两个维度：个体关怀＋直接挑战。

3. 通过理解反馈框架四个象限（绝对坦率、恶意侵犯、过分同情、虚情假意），掌握坦率沟通的方法。

沟通实践

"收集反馈"实践日

　　用本课程学习的坦率的技巧和工具，在一天中诚恳地寻求一位熟悉你的人的指导和反馈。比如领导、老师、身边的同学、家人等，在接受他们的反馈时，倾听、记录、并予以互动，确保你的理解无误。之后，在每月选择一天作为自己的"收集反馈实践日"，在这一天内，向我们所熟悉的人征询反馈。完成一个，记录下来。一段时间下来，我们看看会发生什么。

1. "收集反馈实践日"记录。

刻意练习"收集反馈"：征询＋倾听＋复述对方的反馈＋感谢。
Day1.

Day2.

Day3.

Day4.

Day5.

2. "收集反馈实践日"练习在我身上发生了什么。

第四章

提升沟通能力

第一节　求助：合情合理地获取资源和人脉

格言

那些曾经帮助过你的人会更愿意再帮助你一次。

——富兰克林

导言

如果你曾经在生活或工作中向他人寻求过帮助，请举起你的手。

如果你曾在寻求他人帮助时感到害羞、尴尬，惴惴不安，请举起你的手。

我确信我们当中大多数人此刻正使劲地挥舞着手臂。

心理学实验发现，哪怕是在地铁上请陌生人让座、向陌生人借用一下手机，类似这样的小事都会让人感到尴尬，甚至感到难以忍受的不舒服。然而令人费解的是，尽管人们讨厌向他人求助，但大多数人却天生乐于助人。高度复杂的现代职场，分工越来越细，有效的协作互助已然成为职场人必备的底层能力。在当代职场中，管理者经常为一种现象感到抓狂，很多职场新人在遇到难题时，宁可端坐在电脑前发呆，也不愿意发起求助。等到临近工作交差时间，问他们为什么自己解决不了问题却不开口求助时，通常只会收获他们的一脸无辜——"我是个好孩子，所以自己的事情自己做"。许多职场新人误认为每项工作都需要自己独立完成，不能寻求帮助，否则就会显得自己无能。在现实社会中，无论工作还是生活，都不是闭卷考试，没有必要通过"独立自主"来证明自己的实力。相反，求助是职场沟通的一项核心能力，很多沟通高手在本身能力很强的情况下，也会策略性地"示弱"，向他人寻求帮助，并且把求助作为一个重要的沟通方法来使用。无论是在生活中还是工作中，我们都需要知道何时求助，如何求助。然而，因为求助令人感到尴尬、紧张，大多数人不愿向他人求助，而笨拙的求助方式还可能冒犯到求助对象，如此不堪的后果让人越发不好意思求助。本节将讲解如何提高被人们严重低估的沟通能力——求得他人帮助的能力，告诉你如何运用实用的求助技巧合情合理地获取资源和人脉。

课前思考

1. 求助前，我们如何做心理建设？

2. 求助时，怎样表达，能增大别人答应我们的概率？

3. 即便做了很多努力，我们还是被拒绝了，接下来该怎么办？

课程内容

一、为什么我们总是回避求助

人们通常会尽力避免向他人寻求帮助，即使是真的很需要。为什么向他人求助让人难以启齿？这与我们人类的大脑运作有关。有的人在开口求助前，就会这样想："我在他眼里太无能了""我被拒绝了""他教育了一番，说了半天，什么忙也没帮上"，然后就感到胸口发闷或头疼胃难受。现代脑神经科学领域的专家提出这样一个观点：人类的大脑处理与他人互动中的压力感和紧张性的心理痛，和对躯体遭受到创伤的生理痛的处理方式是一样的。比起其他哺乳动物的后代，人类的婴幼儿生来就更加无助和独立。对于成年人来说，尽管拥有聪明才智，但体型却不如灵长类近亲那样高大威猛，人类必须团结协作才能在地球上成功存活下来。求助时遭受拒绝而引发的社会性心理疼痛可能是大脑让你知道你可能就要被踢出群体的一种体验。寻求帮助会激发我们的大脑产生这种威胁感。这种威胁感主要体现在以下方面：

（1）地位受到威胁。害怕求助的痛苦来自于当求助失败时，人们会觉得对方并不尊重自己。人们会下意识地认为，如果自己拥有某种优势，被求助者就愿意给予帮助，人们因此感觉到一种地位自信。也就是说，当你感到你的朋友或同事不尊重你，拒绝或忽视你的求助信号时，就会觉得自身地位受到威胁。

（2）确定性受到威胁。害怕求助的痛苦来自于我们想了解我们的行为最后会有什么结果，以便提前应对，或者做好逃跑的准备。在工作和生活中，我们遭受的最主要压力是我们不断处于这样或那样的人际关系的不确定性中。比如你不确定你和另一半的关系是否会持久，或者当你的公司处在经济不景气的市场大环境时，你不知道自己是否还能保住饭碗。当你发出一次求助信号时，你不知道接下去会发生什么。

（3）自主性受到威胁。害怕求助的痛苦来自于如果我们能预见结果，紧随其后便会产生想要控制事物的欲望。显然，仅仅只是知道未来要发生什么却不能一切尽在掌控中，是令人焦虑的。心理学家认为自主的需求（选择的自由以及做出选择后采取相应行动的能力）是人类典型的最基本的需求之一，当人们感觉失去控制权时，不仅会感受到短暂的痛苦，有时痛苦感还会延续很久，人们因此遭受折磨，导致神经衰弱和焦虑抑郁。

（4）关系受到威胁。害怕求助的痛苦来自于归属感以及与其他人的联系的敏感性，哪怕是一次微不足道、不带个人感情色彩的拒绝，也会对人产生深刻的影响。生活中我们不难发现，哪怕是来自网上陌生游戏玩家的拒绝，我们也会感到不愉快，尽管理智上我们知道被拒绝实际上也没什么大不了，但会感到关系受到威胁。人类最基本的心理需求之一，便是归属感和安全感，被拒绝直接刺激到了这种底层需求。

（5）公平受到威胁。公平受到威胁的痛苦来自于人们对于自己是否被公平对待尤为在意。心理学中有个实验——最后通牒博弈：人们被两两配对，并被要求分掉摆在他们面前的钱。研究者随意选中 A 并让他来分配金钱，A 可以随意分配给自己任何数量的钱，再把剩余的钱给 B。B 可以接受也可以拒绝 A 分配给他的钱；如果 B 拒绝，那么 A 和 B 将得不到一分钱。从理性的角度来看，就算 B 拿到的钱比 A 少，B 也应该接受这笔钱，有总比没有好。但是研究表明，当分配极为不公时，大部分实验组中，B 都会拒绝接受 A 分配的金钱。当这个结果（尽管是积极的）看似不公平时，由它所带来的威胁将会产生意想不到的效果。

了解了上述五种类型的社会威胁，你可能已经意识到为什么人们总是回避寻求帮助。当你开始向他人寻求帮助之时，就是我们可能将同时遭受这五类威胁时。向他人求助，很多人会感到拉低了自己的身份并且招来别人的嘲笑或者蔑视，尤其是这种帮助的请求暴露了自身知识或者能力匮乏时，因为不知道别人会如何作答，求助者的确定感降低，并且无论他人的回答是什么，求助者都只能被动地接受，这就意味着求助者又交出了部分自主权。如果对方的回答是"不"，求助者会感到自己被排斥，随之会产生关系威胁感。当然，这个"不"几乎也必然会让人觉得受到了不公对待。

二、我们严重低估自己得到帮助的可能性

求助者一贯低估得到他人帮助的概率，实际上拒绝别人也是有压力的，人们更趋向于提供帮忙。

当一个寻求帮助的人推测自己能否获得帮助时，通常只是单纯地关注自己的求助会给他人带来多少不便和负担。助人的负担越重，人们就越不可能提供帮助——这听起来很有道理，但是这种看法却忽略了一个重要的事实——对于被求助者而言，说"不"也是有压力的。回想一下你最近一次拒绝他人求助的情形，感觉怎么样？如果你并不讨厌求助者，对他（她）说"不"，你可能会感到非常难受，是不是？你可能会不安，还可能感到内疚。毕竟，我们大多数人都想做个好人。简而言之，很多来自自身心理的压力以及人际关系的压力会促使人们答应帮忙，这种顺从的压力在提供帮助者身上表现得尤为突出，寻求帮助的人则很少能感受到。人们通常更关注自身情感状态，沉浸在假想的忧虑中，以至于不能设身处地站在求助对象的立场思考问题。

只要对方说过一次"不"，下次更容易对你说"是"。

有一类人容易被我们低估，即过去拒绝过我们的人。第一次拒绝他人，人们总是能比较容易地找到一个合理的理由，"我很忙"或者"我也不懂这个"能很好地减轻心里的负罪感。这就是为什么求助的成功率不是百分百。但心理学研究表明，拒绝过他人求助的人，对再次求助，更有可能提供帮助。当你再一次向曾经拒绝你的人求助，你不仅很有可能获得帮助，同时你也给了对方一次"做好人"的机会。所以，有时第二次求助要比第一次求助的成功概率高。

曾帮助过你的人，对你的再次求助大概率不会拒绝。

过去提供了帮助，现在却要拒绝你，会造成前后的不一致或者矛盾，这会导致认知失调引起的让人不适的紧张感，所以在提供一次帮助后，人们会不遗余力并且不厌其烦地再次提供帮助。这种人际策略被称为"登门槛法"：先向他人提出对方容易接受、相对容易做到的请求，一旦对方同意了，你可以接着向他提出一个比之前要困难一点的请求。

接受别人的帮助，总是让我们内心感受复杂。通常我们会主观地认定寻求帮助会

让自己不那么讨人喜欢，也会让自己看起来很无能。其实心理学研究表明，人们会更加喜欢自己帮助过的人。

你有没有发现，在他人是否愿意帮助我们，他人帮助我们时如何看待我们的问题上，我们的直觉往往错得离谱。换位思考下，当他人寻求你的帮助时，你说"不"有多难，你也不会仅仅因为他（她）向你求助就不喜欢他（她）。所以，当我们需要帮助时，了解被求助时的心态和行为模式，那么向别人求助就会变得简单很多。

三、得到帮助的五个步骤

尽管大量的心理学研究表明，人们倾向于做个乐于助人的人。但是，大家的时间和精力是有限的，我们自己也经历过被迫为他人提供帮助时的烦闷，这种感觉不好受。那么要如何去向别人寻求帮助，才不会让对方感到自己是被迫的呢？什么时候人们会慷慨相助？什么时候人们又很少或者完全不愿帮忙？是什么促使人们做出不同的反应？我们怎样求助，更易获得帮助？

答案让人不可思议，你可能没有意识到的是，这更多是由你决定的。

第一步，求助时要确保他人有时间和精力。

例如，领导给小王布置了一个策划方案，第二天要向客户单位做 20 分钟的汇报。小王领到任务后马上就去找同事小李帮忙："兄弟，做方案你是高手，能不能帮我搞定？"即便小李有这能力，但也不愿意吧。"凭啥我要花上一整个晚上的时间来帮你完成你自己的工作，理所当然的样子？"

求助不是要求别人替你扛责任，特别是对方需要投入大量的时间和精力，被拒绝是分分钟的事情了。其实，小王可以这样发起求助："小李，我能不能耽误你 15 分钟时间，你是策划高手，刚领导给我布置了……的任务，你能不能给我指条路？"或者也可以在做策划方案时，就某个具体问题向小李发出有限范围内的求助，而不是把自己的工作任务全部推给小李。要记住，我们自己是工作的责任主体，向他人开口求助要尽可能减轻对方的负担，挑选最精准的求助内容。什么是最精准的？自己的能力空白区加上对方的能力优势区，要让对方觉得这件事是轻量级的，是体现最高价值的。如果我们求助的事项需要对方付出他承受范围以外的时间和精力，或者他觉得这件事本身就在你的能力范围内，同时也不是他所感兴趣的、擅长的，他自然会觉得没必要帮你，甚至会感到被冒犯。

第二步，求助事项要确保在他人的职责范围内可操作。

例如，公司人力资源部小珊到财务处向小布申请最近一次内部培训的费用预支，但此前财务处已经以人力资源部年度预算培训项目超支的理由拒绝了小珊的申请，小珊与小布是好朋友，小珊请小布帮忙，让小布跟财务处领导说一说，把这笔培训费预支给自己。请问，小珊应该怎么沟通，才能让小布觉得这个忙是帮得了的呢？

小珊是给小布提出了让人为难的请求，违反了求得到他人帮助的一条金律，即求助事项必须是在对方职责范围内可行的。小布是不是一个可以直接影响自己的领导修改财务制度的人呢？显然不是。小珊的正确做法应该是先向小布咨询，在遇到类似情况时，根据公司现有的财务制度，有哪些补救措施，或者请小布请示上司如何解决问题。在此基础上，小珊再向自己的上司求助，请上司与财务处相关领导协调。两位领导取得共识之后，把指令下达给小布，小布就能帮小珊的忙了。

求助是将求助对象拉入共同解决问题的支持系统中来，而不是把自己的问题扔给对方让对方负责解决，很多人以为求助就是"求爷爷，告奶奶，不停说好话"，对方就会"越界"帮助。求助能够成功的关键是，你的请求在对方职责范围内，他（她）能帮得上忙。

第三步，求助时要了解对方的意愿。

求助被拒，很多时候是因为我们自以为是。举一个例子，徐女士从事心理咨询工作，生活中常遇到这样的困境：突然收到一条微信信息，"徐老师，在吗，有空吗?"来信者接着问："我有个朋友，最近有些心理问题，能不能现在让他加你微信，跟你咨询下?"徐女士的困境是，这位微信朋友已经久未联系，双方关系疏远，对方贸然提出帮助其朋友做心理辅导的请求，徐女士感到为难，即便她有时间、有精力，在能力范围内能做到，但徐女士在工作之余也希望拥有闲暇时间，当下并没有提供帮助的意愿。这样的求助通常启动不了，因为双方关系的温度没到。求助者如果仅仅只是站在自己的角度认为"他（她）应该帮我呀"，那就会在不经意间忽略求助时要了解对方意愿的重要性。

课程回顾

1. 觉察是什么阻碍了我们向他人求助。
2. 思考人们对求助有哪些误解。
3. 掌握获得他人帮助的五个步骤。

沟通实践

清晰表达自己的需求

自我修改是指，当一个人想要求助于他人时，由于害怕被拒绝而焦虑，于是不停地揣度被求助者的想法，并将这种揣度修改成"这就是事实，他就是这么想的"。例如："我特别希望他能提前让我知道要我参与一个新的项目，这样我就能做好更充分的准备。但是他总是不跟我事先沟通，他的这个习惯不会改。即使他改了，我还是要放下手头的所有事情来完成他布置的新的任务。这样的话，我为什么还要对他说呢?"

换句话说，你可能断定了对方一定不会答应你，此时提出要求就会影响你们之间的关系，因此你选择不说。结果就是，你从来都没有清晰地表达自己的需求，对方也根本不知道你的想法和感受，你所揣度的对方的态度有可能不是事实。

当你自我修改的时候，你正把一些个人想法强加给对方或当下的情境，甚至你自己身上。例如，你可能会认为"他不关心我怎么想""他会把我的要求当成批评"或"他最终还是会按他的方式来做"。

当你意识到自己有可能存在自我修改的情况时，你可以审视自我修改背后的真实想法并找出你的真实需求，问自己是否需要通过正式向同事提出要求，来判断此前的想法是否正确。

本课程结束后，留意你是否在思考如何提出一个清晰的需求时进行了自我修改。试着找出自我修改背后的想法——剥离情绪困扰后你真正想要的是什么？

记录：当我向他人提出需求时，觉察"自我修改"在我身上发生了什么。

第二节　道歉：把错误转化为成长的机会

格言

在一个生气的人面前，永远不要用"不过""可是""但是"之类的词语。

——马歇尔·卢森堡

导言

在完美的世界里，人们不需要道歉。可现实世界并不完美，所以我们不能没有道歉。现实中，一方真心道歉，但另一方却不接受，甚至越发生气，最终道歉无果，甚至导致关系淡漠割裂，难以达成宽恕与和解，这是为什么呢？

道歉的必要性贯穿于所有的人类关系中。工作和生活中都需要道歉。没有道歉，愤怒就会积聚，并会促使我们寻求公正。当公正不能唾手可得时，我们可能会选择私下处理，对冒犯我们的人进行报复。愤怒因此升级并可能以相互伤害和人际关系破裂收场。

道歉就是要为我们的不当言行负责，对被冒犯者作出补偿。有效的道歉能够获得宽恕，达成和解，继续发展双方之间的关系；没有道歉，冒犯横在中间，破坏双方的关系。乐于道歉、宽恕与和解，常常是良好关系的标志。很多关系淡漠、疏远，就是因为当事人拒不道歉导致的。真正的道歉也会减轻内疚感。良知如同一个我们背上的背包，你每冒犯别人一次，就如同往良知的背包里加入一块石头，多次之后，背包就会被填满，你也会感觉越来越吃力。沉重的良知负担让人充满内疚和羞愧感。倒空这一负担的唯一有效方法，就是向你所冒犯的人道歉。只有这样，你才能够正视镜中的自我、正视他人的眼神。但这并不是因为你变得完美了，而是因为你愿意为自己的过错承担责任。

小的时候，我们可能学过如何道歉，也可能没学过。在健康的家庭里，父母会教导孩子如何道歉。然而，如果孩子的父母不够成熟，对孩子过度溺爱或粗暴打骂，同时家人间也从未有过真诚的道歉，那么孩子就无法学习到道歉的技能。

好消息是，无论人生处在哪个年龄，我们仍可以习得道歉的能力。本节将介绍道歉的五种语言，每一种语言都很重要，但就个人而言，其中的一两种道歉语言在沟通中也许会比其他的语言更有效，你要找到合适、恰当的道歉语言。维持良好关系的关键是，学习并愿意说对方能接受的道歉语言。使用对方受用的道歉语言，会让他（她）更容易真正地宽恕你。反之，宽恕起来就相对困难，因为对方不确定你是否在真正地道歉。本节我们将学习和发现适用于自己和他人的主要的道歉语言，学习如何道歉更有效果。

课前思考

1. 为什么我们经常不愿意道歉？
2. 有没有遇到越道歉，对方越生气的情况？这是为什么呢？
3. 我们该如何道歉？

课程内容

大多数人希望道歉是真诚的。但是，如何判断一个人的道歉是否真诚呢？问题就出在这儿，因为对"真诚"的理解是因人而异的。一个人认为是真诚的，另一个人可能不这么认为。盖瑞·查普曼和詹尼佛·托马斯在《道歉的五种语言》中提出五种不同的道歉语言：表达歉意、承认过错、弥补过失、真诚修正、请求原谅。大多数人使用其中的一两种语言就能更有效地表达诚意，而不必把五种语言全都用上。对方认为你的道歉是出自真心的，往往是你使用了他受用的道歉语言。

一、表达歉意

一句简单的"对不起"对修复友好关系起着极大的作用。如果不说"对不起"，一些人会非常不舒服。冒犯他人的人经常意识不到自己道歉时遗漏了一些"魔力语言"，一开口先解释，然后说"但是"，唯独不知道要先说"对不起"。无论你有多么的无辜，有多么充分的理由，道歉的本质不是证明你没有错，而是让对方首先感到你认同他是对的。无论你的口才有多好，无论你有多少信息需要向对方交代，但是被冒犯者正默默地期待着你的那句"对不起"。

表达歉意的话可以这么说：

• 我现在才知道伤害到你了，这让我感到无比内疚。我为自己的行为真心地道歉。

- 我真的很难过，让你失望了。我本来应该更细心一些，很抱歉让你这么痛苦。
- 我当时显然没有认真考虑你的感受。我从来没打算要伤害你，但现在我知道我的话太过火了。很抱歉我当时那么不礼貌。
- 我很抱歉辜负了你的信任。这给我们之间的关系蒙上了阴影，现在我想驱除它。我知道即使我道了歉，你可能也要花一段时间才能重新信任我。
- 我们向您承诺提供此项服务，但没能做到。我们公司这次显然把事情办砸了，对此我非常抱歉。

二、承认过错

为什么一句"我错了"让人那么难以启齿呢？通常，不愿意承认错误是和自尊心分不开的。承认错误会被视为软弱，因为只有失败者才会认错，聪明人则会努力证明自己的行为是正当的。这种自我开脱的种子通常是在童年时播种下的。如果孩子因为一个小错误受到过度的惩罚、谴责或者羞辱，他的自尊感就会降低，并在潜意识里把错误行为和丧失自尊联系起来。于是，承认错误就意味着"坏"。所以，在这种情感模式中成长起来的孩子，成年后很难承认自己的错误。

幸好，成年人能够理解这些负面的情感模式，同时又不会被其束缚。其实没有谁是十全十美的。成熟的成年人知道如何冲破受伤的童年情感模式，勇于承担自己的责任；而不成熟的成年人总是为自己的过错辩护："不是我的错。"自我辩解的方式通常是责备别人。我们可能会承认自己的言行不是最好的，但这是由他人的不负责任引起的，于是我们责备他人却很难承认"我错了"，这也是不成熟的表现。

成熟的成年人会学习为自己的行为承担责任，不成熟的人则在该承认错误时拼命解释和强调理由，把自己的错误推卸给别人。为自己的行为负责的核心是愿意承认"我错了"，坦然承认自己错了。一个真正强大的人不在于他永不犯错，而是有足够的智慧和勇气知错就改。学会说"我错了"，这是成为负责而又成功的成年人的重要一步。

对于很多人来说，道歉中最重要的部分是道歉的一方能正面承认自己的过错。很多人说了一堆道歉的话，但却从来不承认自己做错了事，把自己的错误扔到一边，绝口不提它，并希望对方不再旧事重提，企图蒙混过关。但谁都不是傻子，时间越久，冒犯或伤害他人的一方要为自己的错误付出的代价就越大。如果当下肯及时正面认错，大多数情况下都是会获得原谅的。我们越是表现得像没事人一样，他人就会越跟我们计较，甚至一辈子翻旧账。

承认过错的话可以这么说：

- 我知道我做错了，毫无借口。说到底，我的做法很自私，我错了。
- 我犯了一个大错误。当时，我对自己的做法没有多想。但回头一想，问题就出在这儿。我真希望当时能三思而后行。我错了。
- 我那样对你讲话是不对的。我的话既刻薄也不符合事实，而且说话的方式既不友好也没有爱心。我在怒气之中说了那些话，一心只想着为自己辩解。希望你能够原谅我。

• 我又犯了一个我们以前讨论过的错误，把事情搞砸了。我知道这是我的错。

三、弥补过失

真正的歉意体现在想要为自己给别人造成的痛苦作出补偿的意愿之中。人们内心有个声音在说："我应该做点什么事情，以弥补我的行为所造成的损失。"弗吉尼亚联邦大学心理学教授、道歉领域的科研带头人小埃弗雷特·沃辛顿把这种补偿行为称为"平衡"。平衡是补偿他人所遭受的损失。提供补偿是为了使正义的天平恢复平衡。任何伤害或冒犯都会给受害方造成损失，也许伤及他或她的自尊心，也许伤及其切身利益。因此，侵犯者提出补偿损失是一种善意的举动。

一些人认可的主要道歉语言是弥补过失，作出补偿。对于他们而言，"我那样对待你是不对的"之类的道歉后边必须加上"我能做些什么才能证明我依然在乎你呢？"才有效果。如果你不准备补偿，对方会质疑你道歉的诚意。即使你已经说了"对不起，我错了"，他们还是觉得你不重视他们。因为他们在等待你真正重视、在乎他们的明证。

心理调查表明，人们对冒犯或伤害自己的人的态度是："我期望看到对方有所悔悟，但也希望看到他诚心诚意地努力弥补造成的损害。""我期望他能努力弥补错误。""我期望她发自内心地感到抱歉并愿意进行弥补。""我期望他做出适当的补偿，事情可不是说一句'对不起'就能解决的。"所有这些人都把补偿看作最真诚的道歉。他们的主要道歉语言是补偿。那么，我们如何最有效地补偿呢？补偿最重要的是向对方表达你的诚意和爱心，所以最好使用对方最容易接受的爱的语言。例如，有些人认为说句"对不起"是表达补偿的最好方式，但对方却回应："他以为说句'对不起'就万事大吉了。"再如，有些人会送上一份礼物作为补偿，结果被退回，当事人非常反感地回应："别以为什么事都能用钱来解决！"

爱的语言有五种：肯定的言词、服务的行动、接受礼物、精心的时刻、身体的接触。每个人都有其习惯的一种或多种爱的语言。如果你说出他（她）的主要爱语，他（她）就会相信你的爱，你的补偿就会成功。相反，如果你不说对方的主要爱语，即使你付出最大努力去道歉，也不一定成功。所以，如果你想有效地弥补伤害，必须学习对方的主要爱语，并在道歉时加以使用。

爱的第一种语言是肯定的言词。即用语言来肯定对方，如"我真的很感激你为我做的事""你真是太体贴了""这一定花费了你很多时间和精力""非常感谢你的款待"……可以用肯定的言词称赞对方的性格、行为、衣着、成就或者外表等。

爱的第二种语言是服务的行动。这种语言基于一个公理，"实干胜于雄辩"。对于喜欢这种语言的人来说，爱是透过来点实际的服务行动来体现的。

爱的第三种语言是接受礼物。赠送和接受礼物是表达爱的一种普遍方式。人类学家调查了全球数百个不同民族的文化，发现所有这些民族都把赠送礼物视为一种爱的表达方式。一件礼物能够体现馈赠人对受赠人的关心。俗语说得好："礼轻情义重。"礼物不必贵重，人们常说"心意才是最重要的"。然而，那可不意味着你心里想想就算了，而是要把你心里的想法用礼物表现出来。所以，如果被你冒犯的人偏爱接受礼物这种爱的语言，你又希望能够弥补自己的错误的话，那么送礼就是一种有效的补偿方法。

爱的第四种语言是精心的时刻。你把注意力集中在对方身上，这就意味着："你对我来说很重要。"关上手机、放下所有工作，把注意力集中在对方身上，精心的时刻是一种强大的情感传达器，表露出你的诚意。对一些人而言，精心的时刻是他们的主要爱语，没有什么比精心的时刻更能传达爱意了。在这样的时光里，甚至不需要特别做些什么，只要专注听他们说说话就好。对他们来说，精心的时刻是进行补偿的极佳方式。

爱的第五种语言是身体的接触。身体接触产生的情感力量早已为我们熟知。这就是大人会将婴儿抱起来抚摸的原因。远在懂得"爱"这个字的含义之前，婴儿就能通过身体接触体会到爱。成年人也是一样。挽手、搂着对方的肩膀、轻拍对方的脊背这些都是表达情感的身体语言。如果你的道歉对象的主要爱语是身体接触，那么光凭嘴说是不够的，身体的触碰或许能让对方感受到亲近和友善。但，在职场人际间，若不是相当熟悉的人，这个语言要慎用。可以通过变通的方式，照顾好对方的"生理需求"，例如给买好吃的、好喝的。

补偿的方法不是一成不变的。很多人在职场沟通中道歉遭受挫折，无论怎么做似乎都无法弥补过错。其实，问题出在他们没有使用对方的主要爱语，道歉时未能将"弥补过失——表达自己的爱"的信息传递给对方。所以，如果你想有效地弥补伤害，必须了解对方的主要爱语，并在道歉时加以使用。

如果你不大确定被冒犯的人认为什么是合适的补偿，他的爱的语言是什么，你可以问对方下面这些问题：

· 我能做些什么来弥补我的所作所为呢？

· 我知道我深深地伤害了你，我愿意做点事情来补偿给你造成的伤害。你能给我一些建议吗？

· 我觉得光说"对不起"是不够的。我想为我的错误做法进行补偿。你觉得我怎么做比较合适呢？

· 我知道我给你造成了不便。我能做些什么来弥补此事呢？

· 我很后悔损害了你的声誉。我可以对此做一次（公开）更正吗？

· 我已经无数次地违背了诺言。这次你需要我把对你的承诺写下来吗？

四、真诚修正

心理学家做过这样的调查："你希望在道歉里看到什么？"结果显示：

"我不需要道歉，我要的是结果。"

"我想要他们有一个切实可行的改进计划。"

"我只希望以后不再犯错。"

"我希望他别过几分钟后又发脾气或者再做同样的事情。"

由此看来，很多人把真诚的修正错误看作真诚道歉的关键。真诚的修正错误分三步走。

第一步，表达改变的意愿。真诚修正运用在道歉中需要将这份意愿告诉对方。在现实中，很多人不把想要改变的意愿说出来，认为只要默默采取行动去改变就够了，这种做法的问题在于，被你冒犯的人不是你肚子里的蛔虫，不知道你心里已经做了改变的决定。也许过上数周或者数月他们才能观察到你的变化，但是即使如此，他们可能还是不知道促使你改变的原因。如果在道歉的时候，说出你想要改变，情况就会好多了。这时，对方不但知道你确实认识到自己的错误，而且知道你想要彻底改变这种行为。其实，你完全可以告诉道歉对象，你知道自己不会一下子就改好，但是你愿意去改变，希望他们能够对你有耐心。当他们知道你愿意作出改变，便会感受到你的道歉很真诚，因而愿意立刻原谅你，而不需要等到改变真正发生之后。

第二步，做出改变的计划。道歉之后关系没能恢复到以前的状态，常常是因为没有作出积极改变的具体计划。将你的改变计划告诉被你冒犯的人，同时可以邀请他对你的计划发表看法和见解，并参与到你的计划修订过程中来，这样就更能让对方感知到你的决心和诚意。

第三步，执行计划。得不到执行的计划如同没有播撒的种子。让计划得以实行需要付诸思考和行动。把计划写下来也可以使计划变得具体、详细，而非概括、笼统。

多数人在接受道歉后并不指望对方变得完美，但确实希望看到对方的努力。当道歉者没过几天又重蹈覆辙，回到原来的行为模式中的时候，他之前的道歉会被视为不真诚。道歉者在道歉时可能是真诚的，但是不能成功修正自己的错误，那么这样的道歉可能会变得毫无意义。这一点对于那些特别重视通过道歉来修正行为的人来说尤为重要。

五、请求原谅

当被问及"你希望在道歉中听到什么"的时候，大多数人的回答是"我希望他（她）请求我的原谅"。在他们看来，那才是表明道歉诚意的魔力语言。那么，为什么请求原谅对于一些人来说如此重要，而另一些人却很难说出口呢？

（一）为什么请求原谅这么重要

请求原谅表明你希望与受伤害者的关系完全恢复。冒犯一旦发生，就会立即在两人之间形成一道情感障碍。只有清除这个障碍，二人的关系才能得到进一步的发展。道歉的目的就是消除这个障碍。如果你发现对方的主要道歉语言是请求原谅，那么消除障碍的最好方法就非此莫属了。对于被冒犯者来说，这么做表明你真心希望彼此关系得以恢复。

请求原谅说明你意识到自己做错了事情，你有意或无意间冒犯了对方。你的言行在道德层面不一定有错，也许只是在开玩笑，但是伤害了对方，使他（她）对你有意见。既然冒犯造成了你们之间的不和，那么从这个意义上讲，这一行为是错误的，因此，请求原谅也就是情理之中的了。如果对方的道歉语言恰好是请求原谅，你就更需要那么做了。请求原谅是承认自己的内疚感，表明你知道自己应该受到谴责或者惩罚。

请求原谅表明你愿意把你们的关系如何发展交给那个被冒犯的人来决定。你承认了自己的错误，表达了歉意，也许还提出进行补偿。但是现在你是在问对方："你能原谅我吗？"这个问题你无法替对方来回答。原谅还是不原谅，这个决定必须由对方自己来做。而你们的关系将如何发展就取决于这个决定。于是你失去了对事情的控制权。

（二）为什么请求原谅这么难

第一，害怕失去控制。如果无法控制事态，一些人会感到很不舒服。请求他人的原谅意味着放弃自己的控制权，把关系如何发展交给对方来决定。于是潜意识里，你会觉得很难开口道歉。

第二，害怕被拒绝。当你请求原谅的时候，对方可能会拒绝你的请求。这会让你觉得整个人都被拒绝，而有些人最大的恐惧就是被拒绝。

第三，害怕失败。承认错误如同承认你做人失败或者没能坚守你的道德信仰。对那些害怕失败的人而言，承认错误就等于说"我是个失败者"。

（三）应当请求原谅，而不是要求原谅

要冒犯者请求原谅可能很困难，但有时他们同样难以意识到：被冒犯者可能不会马上就原谅。如果你要求对方原谅你，你就忘却了原谅的实质。如果你犯的是小错误且又说对了道歉语言，那么你也许会很快获得原谅。但是，如果你犯的是重大错误，而且一犯再犯的话，那么对方可能需要一些时间才能抚慰伤害和接受道歉；若他们的道歉语言是补偿和悔改，就更需要花一段时间才能确定你是不是真的做出补偿或真心悔改，并弃绝破坏性的行为。被冒犯者必须先确定你是否有诚意，这本身也需要时间。

要获得原谅，道歉者必须有耐心。下面这些说法能够帮助你学习使用请求原谅这种道歉语言。

请求原谅的话可以这么说：

· 我为自己对你说话的方式感到抱歉。我的声音很大、话很难听，这样做很不对。你不该受到那样的对待。请你原谅我。

· 我知道我深深地伤害了你。你有理由不理我，但是我真的为自己的所作所为感到抱歉。希望你能够原谅我。

· 虽然我并不想伤害你，但是很显然我已经伤害到你了。现在我意识到这一点了。虽然我只是想玩得开心点儿，但是为了开心而伤害他人确实是不对的。我错了，今后再也不那么做了。我是否可以请你原谅我？

课程回顾

1. 熟识道歉的五种语言。
2. 了解爱的五种语言。
3. 觉察阻碍获得他人谅解的成因。

沟通实践

发现自己和他人的道歉语言

本节向大家介绍了道歉的五种语言——五种表达歉意的方式。你可能喜欢听到所有五种道歉语言，但是如果听不到自己的主要道歉语言，就会怀疑道歉者的诚意。相反，你会发现，如果歉意是用自己的主要道歉语言来表达的，自己更容易原谅冒犯者。因此，发现你自己和亲朋好友的主要道歉语言是极其重要的。这能够使你更好地向别人表达歉意，也能够更好地接受别人的道歉。

1. 发现自己的主要道歉语言

请看下面的三个问题，这些问题会帮助你发现自己的主要道歉语言。

鉴别自己道歉语言的三个问题：

问题1：我期望对方说什么或者做什么，才有可能真心地原谅他们呢？（你可能会发现，你的答案包含了好几种道歉语言。）

问题2：这件事最伤我的是什么？（这个问题在冒犯者还没道歉，或者道了歉你却感到不满意时尤其有帮助。）

问题3：当我向人道歉的时候，哪种语言是最重要的？（这个问题有一个假设前提，即你对别人使用的道歉语言正好是你自己最希望听到的那一种。）

我的道歉的语言是哪几种（依次排列），为什么？

2. 发现对方的主要道歉语言

请看下面的三个问题以及一个附加问题，这些问题会帮助你发现对方的主要道歉语言。

发现别人道歉语言的三个问题：

问题1：描述别人做过的一次你认为不充分的道歉。道歉中缺少了什么？

问题2：当意识到自己冒犯了别人的时候，这样问对方："伤害了你让我很痛心。请你告诉我，我的所作所为中什么使你伤害最深，好吗？"

问题3：如果你的行为伤害了别人，在你向他们表达歉意的时候，你觉得道歉中最重要的部分是什么？

如果问完了上边的问题你还是不确定，那么请带着敬意问下面这个问题："我珍视我们的关系。我需要怎么说或者怎么做你才能考虑原谅我呢？"

××人的道歉的语言是哪几种（依次排列），为什么？

课程结束后，请选择一位伙伴，邀请他一起谈论你猜想的对方的主要道歉语言。在这个基础上，回顾你们过去向对方做的成功的道歉和好像没起作用的道歉。探讨一下今后应该如何向对方道歉。当你们这样做的时候，就已经奠定了基础，使你们能够彼此更有效地道歉。

过程记录：

第三节　说服：提升非职权影响力

格言

伟大的劝说者能够进入你的大脑，并对你的大脑进行按摩。
哇！还有什么比这更厉害的呢？

——吉姆·兰德尔

导言

说服实际上是一种对影响力的调动。当我们没有控制权时，我们便需要去使用说服。

如果你没有什么优势，并且没有独占某些资源或拥有某项独一无二的能力；如果你也不是最终决策者，甚至你也并非能言会道；如果在职场沟通中并没有什么可以为你背书，也没有程序或规则给你赋权，你也没有那种振臂一呼、应者云集的独特魅力，那你就没有办法支配或控制他人，你在沟通中便只能进行说服。

说服也被称为"非职权影响力"。非职权影响力就是沟通双方没有上下级的关系，沟通者要用个人的"影响力"展开职场沟通的对话策略。说服并不是一件容易的事，需要我们投入专门的时间学习，并保持"对任何人都永不绝望"的信念。

那如何进行说服呢？换言之，说服的策略是什么？

课前思考

1. 你印象中最成功的一次说服，是在怎样的场景中发生的？

2. 你认为自己非常有道理，对方没有理由不接受，但对方就是不同意，这是怎么回事？

3. 我觉得没有必要强迫对方，说服就是强人所难吗？

课程内容

为什么有些人看起来总是比其他人更有说服力？为什么有些交流具有说服力，而有些没有？让你的交流具有正确的要素可以提高你的说服力，那么正确的要素有哪些？说服他人时，又如何使用这些要素？

· 你与他人的联系越多，你说服他们的成功率就越高。
· 在说服他人时，信任和可信度至关重要。
· 提出问题是成功说服的关键。
· 如果别人觉得我在意和理解他们的需要，那我说服他们的可能性就会极大地提高。
· 只依靠逻辑原因来说服别人是失败的开始。

一、说服的三要素

说服的三要素是：
· 气质——个人的可信度。
· 同情——同理心。
· 理性——逻辑论证。

这三个要素有先后顺序，在说服他人的过程中应按照建立个人的可信度—同理心—逻辑论证的顺序依次推进。首先应建立个人的可信度，这是至关重要的，如果没有可信度，别人对你说的话就会漠不关心或是不相信。建立个人可信度之后，就要试着去了解你想说服的人，并且要从他的角度来看问题。如果这对他有吸引力，他就有可能听取你的观点。最后，还需要进行逻辑论证，向他（她）说明理由。到达这个阶段的唯一方法就是，你必须了解，这些对于对方是非常重要的，而且要将你的"提议"或"观点"摆到一个对他（她）来说有意义的位置。当然，他（她）会更愿意听取你的建议，因为他（她）觉得你可信（气质），能理解他（她）的观点和遇到的挑战（同情），所以倾向于了解你所提建议（你的想法）中的价值（理性）。

（一）气质

我们会倾向于相信我们尊敬的人。我们在想办法说服别人的时候，目标其实就是让这个人对我们有个好印象，觉得我们可信。那么，什么能帮助我们变得可信呢？你的个人资质、业绩、知识技能、名声、职位、人际网等，都能让你建立个人可信度。

可信度是一种非常脆弱和微妙的东西，想要保持可信度，就必须研究你的说服对象。因为每个人对可信度的定义不一样。一个人判定你可信的标准可能与另一个人有很大区别。另外，你还必须特别小心，因为一个人判定你可信的方式可能也会影响与这个人有关的其他人对你的看法。

你提问的质量会直接影响到你想达到的可信度。问题的质量越高、细节越周到，获得可信度的可靠性就越高。如果你能从另外的角度看事情，并且从不同的方向提出一个大家都在考虑的问题，那你的行动就能为你的可信度加不少分。

你可能已经有了所有必要的资质、知识甚至是最高的职位，但是，如果没有应用经验做支撑，这些根本靠不住。在某种情况下，你需要先人一步，一次行动有时好过100次的计划，并且通过寻求反馈、接纳反馈和按照反馈行事来提高你的可信度。

（二）同理心

一旦证明你对他人具有同理心，就能吸引他们与你增进感情，并与你建立强大的联系。而一段强有力的关系就是增加说服成功概率的黄金通道。那么，如何来证明你对他人具有同理心呢？

（1）提问题。如果你提出了正确的问题，除了证明了你正在追求理解之外，是否能够提高你的同理心并影响其他的事情呢？这是否会影响到你的可信度？当然会！你提出的问题以及依需要获得的信息的质量和深度能够展示出你的很多内容，包括你的思路和你的真实意图。

（2）倾听。如果你没做好倾听的准备，那么提问没有任何好处。要做一名主动倾听者，做记录能够促进倾听效果，让你能够总结和说明你的理解，而且还能向对方证明你在认真听，适时反馈和确认能向对方证明你在接收和理解他们的信息，要留意自己的非言语信息，包括用眼神交流、微笑、点头、手部动作甚至是坐直身体或是身体向对方倾斜。

（3）表达意见。听完后表达你的想法和意见无疑会吸引你想说服的人的注意力，如果你在表达时，还能将接近他们内心的问题与他们关心的事情联系起来，那就更棒了。因为这就证明了你能明白、能理解且能同理他们说的事情。一个人越能感觉到自己被重视，他的观点越重要且他的需要越能得到理解和考虑，他就越容易接受对方的意见。

（三）理性

亚里士多德被称为逻辑领域之父，他是第一个建立正式推理体系的人。亚里士多德发现，任何论证的有效性都是通过其结果确定的，而不是其内容。作为希望说服他人的人，我们希望能够通过连接逻辑和推理感觉的方式来吸引对方，这种方法对于对方最有益。提升自己的逻辑力的方法详见第四章第四节。

以上是说服的三个要素，当你在想说服某人时一定要考虑综合运用这些要素，也要考虑你跟对方能够建立起的关系的程度。

可信度：我对这个人有多少可信度？我怎么知道？他们怎么定义可信度？我怎么能与他们建立起更高的可信度？代价是什么？

同理心：我需要做什么才能理解他们的处境？我想让他们觉得我现在的同理心达到了什么样的程度？我怎么证明？他们怎么知道？我能不能通过他们的理解方式证明？

逻辑论证：怎么才能让我的想法在别人那里更顺耳？哪些好处对他们最有吸引力？为什么？他们要是不同意我的想法，会给出什么理由？我怎么才能提出"合理的"有好处的建议来进行反驳？

二、说服的核心逻辑：PERSUADE 模型

说服是一个动态的过程，因为每个人及每种状况都是不一样的。尽管善于说服他人的人有敏感的直觉和较高的灵活性，但是如果给出一个说服的核心框架，那么往往能比毫无计划的方法带来更好的结果。PERSUADE 模型可以让你的计划更有针对性，说服的核心逻辑 PERSUADE 模型即：

　　P——规划和准备（Planning & preparation）。

　　E——扩展理解（Expand your understanding）。

　　R——合理说明（Rationalise）。

　　S——总结（Summarise）。

　　U——了解对方（Understand the person）。

　　A——解决/回答问题（Address/answer the issues）。

　　D——提供好处（Deliver benefits）。

　　E——评估结果（Evaluate outcome）。

（一）规划和准备

　　如何考虑和计划最佳的方法，从而说服他人按你的想法行事。我们要保证说服对象能产生正确的看法和感情，并能激励其采用正确的行为方式。当然，无论我们说什么或做什么，或者我们什么都不做，他人都会产生某种看法。实际上，我们对交流的看法并不重要，重要的是别人怎么看我们的交流。就是这种看法，决定了我们的说服能否成功。在我们尝试说服他人时，如果能够对我们的交流方式进行慎重思考和规划，将会产生意想不到的效果。

　　（1）使用下列模板（表 4-1）了解你自己的想法，进行沟通前的思考和规划。

表 4-1　　　　　　　　　　　　沟通前的自我分析模板

需考虑的事项	你 的 想 法
对方对我想要说服他（她）的内容都知道什么？	
我的沟通目标是什么？	
我如何知道目标已达成？	
我可能会遇到什么困难？	
我是否能找其他人商量下？	
我需要对方提供什么支持？给建议？理解？	
对方是一个什么样的人？他的决策风格是怎样的？	
怎么描述我跟这个人的关系？	

　　（2）思考在这个模板中，你的核心策略是什么？例如，你的目的是什么？对方对此了解到什么程度？他们的心情怎么样？他们担心什么？

　　（3）思考在这个模板中，你对自己做的心理建设是什么？例如，你是否清楚自己想要的东西或目标？你的最终目的是让别人做事还是要改变想法？你的思路对不对？你是否准备好了要用一种"我们都是平等的"这样的积极心态来说服对方？这里的平等不一定是职位上的平等，而是你觉得你能给这个人带来好处，你们是共赢的合作关系。如果你在开始与对方交流的时候，觉得他比你好，或你比他好（无论什么原因），那么你使用的方法、方式和措辞就会倾向于这种想法，这对在说服沟通中强调建立的平等关系没有益处。

（二）扩展理解

如何了解你想说服的人，从而采用更好的说服方法，并让你的想法变得更有吸引力。

1. 建立信任

你越了解某个人，就越容易说服这个人。你越了解说服对象看待事物的方式，就越清楚你的想法对他们而言有多大的意义，意义越大，他们就越有可能认可你。你和你想说服的人之间达成的默契和信任越高，你对他们的理解就越深入。你就能知道，哪些事对他们来说是重要的，以及他们的关键激励因素是什么。那么，是什么决定了信任度？

（1）诚信。人们看到的是你的行动，而你知晓自己的意图。你应当是一个诚实、有原则、相信公平、能分得清对与错，且能按照这些标准行事的人，不然你口口声声称自己有诚信，是没有说服力的。你能否正面回答下列问题：我的行为能否体现我的信仰？我能否真诚面对得到的反馈信息？别人会不会把我看成两面派？与我有交集的人是否认为我是个诚信的人？

（2）能力。能力体现在他人认为你能处理好你们共同关心的事情，你在工作中体现出专业性，并能获得良好的工作业绩。能力也指别人认为你能够与他们有更多的社交互动，具有加深彼此了解的沟通能力。提高能力可以通过下列方式实现：

· 倾听。
· 提供反馈。
· 说到做到。
· 主动关心和对对方真正感兴趣。
· 相信自己被关心和被感兴趣（自信）。
· 用心做事。
· 遵守承诺。
· 可靠且保守秘密。

2. 用提问来增进你对他人的了解

提出问题将有助于你了解他人对某一事物的看法，确定他们的观点，发现他们看重的事，发现能激励他们的因素，了解他们的需求。关于如何提问题，本书已经在第二章的第四节中有论述。

在提问中需要展示同理心，了解对方所重视的问题和核心需求，在沟通中营造安全稳定的氛围，来实现你的说服目的。

（三）合理说明

我们在规划和准备、扩展理解阶段获得了很多信息，但并不是所有信息都有用。接下来，我们需要确定哪些信息是至关重要的，然后对这些信息进行客观、合理的说明。

在说服准备中，根据收集的信息、你的想法和感觉，确定哪些是你想说服的人觉得关键的问题。重要的是要说明这些问题，这样才能将其用作客观标准，来形成说服的依据。你能说明促使他人行动的重要动力、关键好处，这是至关重要的，这些对你想说服的人具有吸引力。在进行合理说明的时候，你需要进行简化和澄清。

你需要了解问题，然后客观地说明他人的需求和激励因素等。

（四）总结

合理说明和总结的区别在于，对于合理说明，你会倾向于亲自对信息进行说明；对于总结，你会将信息放到一起，装进脑子里，然后找个适当的时间跟说服对象进行讨论。

在对话过程中，我们需要时不时地与对方进行总结，确认信息传达准确，确认对方理解到位。总结需要聚焦在以下内容：

- 实现互相理解。
- 总结时，不仅要找到关键问题，而且还要进行说明。
- 说了什么，没说什么，以及可能会推测出什么。
- 双方对某话题的感觉。
- 双方的激励因素。
- 双方的目标和希望。
- 双方的顾虑。

（五）了解对方

了解对方是指在沟通过程中了解到沟通对象的性格、他们的行为差异，在了解的前提下选择说服他们的方式。我们假设个人风格有两个维度：人为导向和任务导向。以人为导向的风格关键词包括倾听、赞扬、支持、提供反馈、鼓励和建立默契等，以任务为导向的风格关键词包括目标、目的、任务清单、对时间的关注和成绩等。然后，我们再用"快"和"慢"来描述人的反应速度：快则说明他（她）反应速度快，常根据感觉来回答问题且主要使用口头语言和肢体语言来表达；慢则说明他（她）会更慎重，大概率不会立即作出回应。个人风格和反应速度组合，可形成四种组合（快速/人、快速/任务、慢速/人、慢速/任务），每种组合代表一种性格特点。为了便于进一步理解和识别，我们分别给这些组合起一个名字：快速/任务——掌舵型、快速/人——表现型、慢速/任务——分析型、慢速/人——亲切型（表4-2）。

1. 分析型

如果你想说服的人是分析型的，那么就要：

- 给他们做决定的时间，不要催他们。
- 给他们提供事实、原因和证据，来帮助他们做决定。
- 平静地用经过深思熟虑的方法劝他们。
- 给他们一定的助力，说明你的想法的背景。
- 说明按你说的做和不按你说的做会产生的风险或问题。
- 准备好所有相关信息，包括书面信息和口头信息。

表 4 - 2 说服风格类型及其特点

说服风格类型	特　点	说服风格类型	特　点
掌舵型	注重目标； 行动迅速、目的明确； 坦率、大胆、有魄力； 行为和措辞明确； 反应迅速； 视规定为障碍	分析型	反应缓慢； 仔细谨慎； 按事实、证据慢慢做决定； 精确度是关键激励因素； 通常被视为精确、保守和沉默
表现型	外向且喜欢社交； 待人友善； 容易跑题； 易怒且热情； 喜欢开玩笑和参与	亲切型	善于倾听； 友好体贴； 以稳为准； 重视信任和诚实； 痛恨被催促； 不愿做决定——会选择"随大流"； 仔细、谨慎且体贴

2. 亲切型

如果你想说服的人是亲切型的，那么就要：

· 给他们做决定的时间，不要催他们。

· 说明这样做会给团队带来好处的原因。

· 证明这个决定是相对安全的，且不会太激进。

· 利用你跟对方的关系来传递信息。使用已经建立起来的信任，表达你觉得这是个好主意，并说明如果你觉得不好，则不会向他们建议。

· 温柔地提出主题/建议，但是不要太不自然。

3. 掌舵型

如果你想说服的人是掌舵型的，那么就要：

· 掌握所有事实，做好准备。

· 说明怎样做决定会对结果产生积极影响。

· 快点做出决定，因为他们会迫不及待想要知道结果、原因、代价和回报。

· 避免闲聊，并通过保持客观性来降低"主观性"。

4. 表现型

如果你想说服的人是表现型的，那么就要：

· 保持热情，满足表现型人的独特性的需求。

· 多给他们看图片，或用能够看到的东西进行描述。

· 给他们一张蓝图，说明在未来会是什么样。

· 保持步调迅速，行动敏捷。

· 多给出直觉，而不要提供太多的细节。

现在，是时候考虑一下，你想说服的人是哪种类型的了。回想一下他们跟你进行交流时最常用的方法。如果你觉得他们迅速且直接，那么他们可能是"掌舵型"的；如果你觉得他们能够深思熟虑，那么他们可能是"分析型"或"亲切型"的，具体取决于其他的行为或特性。

所以，你首先要了解对方的特质；其次是根据对方的特质，采用合适的说服策略。

（六）解决/回答问题

什么是问题？问题是已经发现的，需要在说服过程中解决的重要事项。问题可能是对方担心的事，也可能是你在说服过程中想解决的事。说服的重点是找到并确认问题，且你提出了直接解决这个问题的建议。

首先要考虑的是，对于你想说服的人来说，问题是什么？了解说明对象看重的、关心的问题，其方法在前文已述及。

其次要考虑如何解决对方想要解决的问题，以及什么时候去解决，并说明事实和原因，要有合理性和逻辑性，保证你说的大部分内容都能正中其要害问题，想办法证明你能解决对方认为重要的关键问题。

牢记之前从说服他人的基础理论中学到的知识、方法，尤其是关于气质、同情、理性等说明三要素的方法，确保你说的内容能与重要问题联系起来并对其产生影响。不要把问题留给对方解决，因为他们不会这么做。

所以，你首先要做到的是，在回答对方提出的问题时，你的提议能"直击要害"；其次是提供解决问题的方案。

（七）提供好处

想让我们的话语打动他人，我们的语言和措辞中要包含"如果你按照我的提议办，你也有很多好处"之类的信息。好处是让他人按我们的意思行事的关键。如果能提供符合别人愿望、需求或要求的好处，我们就能够提供合理的理由，从而展示有意义的观点，进而说服他们。我们可以有意使用好处来吸引他人按照我们的愿望行事。我们需要做的就是给他们做这些事的积极理由，而不是为我们做这些事的理由。那么我们怎么使用好处？

1. 不要说这是什么，要说这能做到什么

在使用事实和按逻辑展示你的理由时，要将好处展示给你想说服的人，让好处对对方产生吸引力。说明模式通常有其固定句式，如"这对你的意义就是……""这将意味着……""因此……"等。例如：

"我建议提前 30 分钟开会。"

（逻辑和推理）"这意味着在会议结束的时候，能有更多的时间讨论问题，而且我知道，这是你们非常想做的事情。"

（好处）你提供的好处越多，你对"购买愿望"的影响就越大，因为你提出的东西与对方关心的东西有直接的关联。

2. 提供好处时，要说这三条法则：

· 这些东西要与对方有关，且有逻辑性。

· 这些东西要有"转化机制"。

· 这些东西在好处方面的用词要好，从而对对方产生最大的吸引力。

举例如下：

下面的这段话中，三个说法都没有相关的好处，我们如何将下列说法转化成好处？

"打印机每分钟打印 35 页；我们提供退款担保；我们提供上门服务。"

打印机每分钟打印 35 页——意味着（转化）你能更快地完成工作，从而节省你的时间，并帮助你提高工作效率（好处）。

我们提供退款担保——意味着（转化）无论任何原因使您对产品不满意，您都可以把产品退回来。因此，您在购物的时候可完全放心（好处）。

我们提供上门服务——意味着（转化）您不用费事来店里，所以您可以放松（好处），多出休息的时间。

在上述案例中，你首先要说明打印机带给人们的好处，勾起人们的购买欲，促进"买进"行为；其次要展示你的同理心。

在提供好处的说服中，如果你对对方不了解，不知道对方有哪些顾虑，也不知道对方的真正需求，你就不可能准确地提出带有好处的建议。快速行动，想一想，你希望说服的人能给你的最好结果是什么。再想一想，如果他们不同意该怎么办？从你的立场来看，第二好的结果是什么？他们还可能会同意哪些事情从而让你更接近你的目标，虽然无法达到你最初希望的目标。

（八）评估结果

对于说服的结果进行预先评估是非常重要的，评估事项包括：目标人选是否按照你希望的方式采取了行动？他们是否了解了你要传达的信息和你的需求？你是否与对方达成了相互理解？预先评估说服成效可以帮助我们调整说服策略，以实现说服目标。

当今世界，营销与说服无处不在，商业广告试图说服我们购买产品或服务，说服的战略、战术也越来越精妙。所以，人们对他人的劝说容易产生抵御心理。如果我们想要获得好的说服效果，就应"回到基础"，即了解他人，在开展说服沟通前更有效地进行规划和准备，深入了解目标人选的性格类型和特点，然后再向对方强调你的提议带给他（她）的好处。PERSUADE 模型还帮助你评估你的说服目的是否达成，以及在没有达成目标的情况下，你下一步该采取的行动。

课程回顾

1. 掌握说服三要素——气质、同情、理性相关知识。
2. 掌握 PERSUADE 模型以及说服步骤。

沟通实践

说 服 三 要 素

结合本书提到的说服三要素，请列出可以让你学以致用的人和事。

给自己制定几个说服目标，使用从本章学到的知识，在未来三天、三周和三个月进行实践。

想一想如何使用你学到的知识，以及在说明实践中会遇到什么障碍。从实际出发，你将如何应对这些障碍？

你会与哪些人分享你的想法，以获得他们的支持或指导？你将怎么说服他们支持你学以致用？他们觉得已经参与其中的原因可能有哪些？他们怎样从中获益？

第四节

逻辑：让你思考更清楚，表达更明确

格言

逻辑思考是管理者去伪存真的武器，是打开真相之门的钥匙。

导言

我们提出的任何主张或观点，都有可能遭到他人的质疑或反对。面对质疑和反对，提高嗓门与人争辩，或是连珠炮一样地倾泻自己的想法，通常都是在做无用功。让人信服不需要多费口舌、长篇大论，而是要把话说得有逻辑，根据对方的接受能力深入浅出地展现自己的重点和目标，有理、有据、有逻辑，没有废话，开口就直抵人心。

1. 为什么好心办坏事呢？为什么苦口婆心却令他人反感？

2. 为什么我一张口就是杂乱无章的表达，事后又后悔没有表达出自己的真实想法呢？

课程内容

一、为什么你说的话总是没人听？

小英心地善良，关心身边的家人和朋友，只是她传递出的那些善意，对方往往接收不到。临近春节，小英看到孩子正在放鞭炮，担心鞭炮会炸伤孩子，就立刻上前阻止孩子玩。可是，孩子不领情，觉得小英小题大做，干涉自己的休闲娱乐，与小英发生了争执。前段时间，小英看朋友沾染上了吸烟的习惯，趁着闲聊之际，抱着好心帮朋友指正，说抽烟对身体不好，也影响家人身体健康，何况家里还有孩子。朋友听后，非但不领情，还认为小英是在指责她，不屑一顾地说："抽烟怎么了？好多人抽烟不都活得好好的吗？"类似这样的情景在小英的生活中出现过多次，她也不免会心生疑惑和郁闷：作为母亲，明明是为了孩子的安全着想，他为什么不领情呢？作为朋友，我是出于关心和担忧才劝他不要吸烟，他为什么一脸嫌恶呢？难道是我做错了吗？小英的初衷是好的，只可惜，她吃了不懂逻辑表达的亏。

逻辑表达能力强的人，可以清晰地把自己的所思所想传递给别人，让人顺着自己的思路走；反之，逻辑表达能力差的人，无法清晰地表述自己的想法和感受，说话没有重点，思路混乱，有时还会不恰当地转移话题；最常见也是最令人难忍的，则是自顾自地说，完全不考虑听者的感受，把双向的沟通交流变成了一场"独角戏"。

以发生在小英身上的两件事情为例：她在向孩子和朋友传递信息时，就是在一味地表达自己的观点，完全没有考虑到对方的立场和感受。这就使得，小英想要表达的初衷是 A，而对方接收到的信息却是 B，所以他们之间的沟通是无效的（表 4 - 3）。

表 4 - 3 　　　　　　　　　　无 效 沟 通 模 式

小英的行为	小英的初衷	对方的感受
阻止孩子放鞭炮	我担心你受伤害	孩子觉得你总想控制我
劝朋友戒烟	我担心你健康出问题	你知道我抽烟是为了排遣内心的痛苦吗，你知道我的痛苦吗

芭芭拉·明托说过："你期望用言语说服别人为你做什么，那么你首先要确定这样做对对方也有好处，否则对方一定不愿意这样去做。当你试图将某个观念灌输给他人的时候，你也要先确定这个观念能够被对方所接受，否则你所做的一切都只是无用功而已。"这段话提醒我们，沟通要建立在对等的基础上。这种对等，不是强调身份、阶层、性格、教育背景等，而是指双方在心态和解读上应该是对等的。

有效的沟通，一定是双方相互交流、相互妥协的，如果有一方认为自己完全不需要与对方交流，也不必向对方作出任何妥协，那么沟通就没有存在的必要了，直接下达命令就好了。即便我们做到了与对方平等交流，也并不意味着已经完全把信息传递给了对方。

二、逻辑表达四要素

沟通漏斗理论告诉我们，一个人心中的想法在传递过程中会不断被耗损，真正能被对方理解的内容还不足一半。有时候，你详尽地阐述了自己的观点，也认为自己说得很清楚了，但实际上你所传递出的有效信息并没有预想中那么多。人与人沟通时，一个人通常只能说出预想的80%，对方听到的最多只能是60%，听懂的则只有40%，到执行时就只有20%了。换言之，在沟通过程中，如果没有每个环节中的干预，最后你想讲给别人的，到了别人那里，往往只剩下很少的部分。

为了减少沟通无效的情况发生，降低沟通过程中的信息耗损，我们有必要掌握和提升逻辑表达能力！有逻辑地说话，意味着可以流利地表达出自己的想法和意图，把复杂的道理讲得简单明了，把浅显的道理说得清楚动听，做到言之有物、言之有序、言之有理、言之有情，既减轻听者的负担，又易被他人理解和接受。

要做到富有逻辑地表达，以下四个要素必不可少。

（一）明确表达的主旨

明确表达的主旨，就是明确你想要说什么，这是让话语符合逻辑、彰显魅力的必备要素。

"我觉得，张晓做事很认真，处处为同事着想，也有大局观，值得奖励。记得有一次，她为了帮我修改PPT，都没有去参加同学聚会，为了这件事我还挺过意不去的呢！"

看到这番话，是不是觉得说的内容很多，但不清楚到底想要表达什么？接下来，我们换一种富有逻辑的表达方式重新描述，看看有什么不同？

"我觉得，张晓是一个有责任心的员工，不仅为公司和同事着想，在自己的岗位上也尽心尽力。所以，我支持她获得这次的表彰。"

对比可见，第二种表达方式，开口直接阐述观点，条理清晰，有理有据。

（二）把握说话的逻辑顺序

生活和工作中遇到的问题往往不是单一的，而是叠加在一起的，要是一股脑地全倒出来，会让人觉得杂乱无章，理不清头绪。此时，言之有序就显得格外重要。

（1）按照事情的发展顺序来叙述。根据时间、地点、人物、起因、经过、结果的顺序阐述问题，这样对方很容易理解。

（2）按照事情的主次顺序来阐述。假设你的工作没有完成，在向老板解释原因时，可以这样说："我昨天加班到很晚，也没有完成这项工作。不瞒您说，这项任务的确有些棘手，很多地方我还没有想明白，也想着这两天向您请教，能梳理出一个更好的思路。"

（三）每句话表达的信息要完整

要保证沟通顺畅、表达清晰，说完整的句子是关键。如果句子不完整，很容易让对方产生误会，比如："那天我交代你的事情，你完成了吗?"这句话就是不完整的，"那天"是指哪一天?"交代你的事情"具体是指哪一件事?

（四）让对方充分理解你的意思

逻辑表达的目的就是让对方充分理解你的意思，从而实现有效的沟通。倘若用词不当，表达不明确，对方就会通过他自己的心理模式对你的话进行过滤式解读，导致两个人的信息不一致，继而产生误解。

所以，在具体地表达出自己的观点、感受和需求之后，为了搞清楚对方是否完全明白了你的意思，还需要进一步地确认，比如："不知道我是不是说清楚了"，听一听对方的反馈，再有针对性地进行解释和补充。在与他人进行沟通时，一定要事先明确沟通的目的、与沟通对象共同的观点或愿景，同时与对方站在同一层面上。只有这样，才能确保沟通的有效性。

三、三点式结构，告别杂乱无章的表达

麦肯锡高级项目经理詹森·克莱因在担任《田园和小溪》以及《户外生活》的发行人期间，创立了"30秒电梯法则"：所有员工凡事都要在30秒内把结果表达清楚。后来，这一方法也成为麦肯锡认可的极度高效表达法则。

斯坦福大学沟通力与领导力讲座教授彼得·迈尔斯也对高效表达深有研究，并提出了相应的策略："我们要求你严格将中间部分的讲话归纳为3个要点，即使你确定至少有17个要点需要阐述也是如此。为什么是3个呢?因为"3"应用太广泛了。坦率地说，人们想要处理的事情是3类，容易学习和记住的事情也是3类。"

人的记忆力是有限的，在面对一堆杂乱无章的信息时，很容易感到困惑；如果对它们进行归类分组，就可以轻松地记住这些信息。迁移到语言表达方面，我们叙述任何事情也要力求用简洁高效的语言，将问题的核心、解决方案以及落地办法等关键性信息传递给对方，最好归纳在3条以内，如："我要说的有三点：第一点是……第二点是……第三点是……"

这就是"三点式结构"，言简意赅，又令人印象深刻。

日本经济学家森永卓郎曾经提出过一个颇受关注的命题："B级人生"。他将人生分成A、B、C三级，分别对应"有钱没闲""有钱有闲""有闲没钱/没闲没钱"。森永卓郎利用这三级，层层分析比较了人生的价值。

乔布斯在演讲时，总是在进入主题后立刻给出陈述的框架结构："下面我将从三个方面对这个问题进行阐述……"2005年，他在宣布iPod突破性的进展时说："第一点是它超级轻便……第二点是我们开发应用了火线接口……第三点是它具有超常的电池续航时间。"

总而言之，开口表达之前要对想说的内容在心里进行一个全盘的规划，明确自己说话的目的，想要表达的观点，以及希望达到什么样的效果。在整体把握后，组织语言，归纳总结出三个要点，这样就可以让表达变得更加清晰而富有逻辑，吸引听者的注意力。

越是危急、混乱的时刻，越要努力保持镇静，厘清思路，组织好语言，用有逻

辑、有条理的表达方式去阐述自己的想法和意见，千万不要失了主张和方寸。一旦被消极的想法控制，就会产生消极的情绪，促使别人也产生同样强烈的情绪。

四、学会用数字说话，精准地传达信息

你不妨回顾一下：在工作和生活中，你有没有用数字为自己说过话？你是否想到了今后在某些情况下，可以用数字为自己说话？

在沟通表达时，如果你一直都是用文字来陈述，那么从现在开始，不妨考虑一下把数字融入其中。由于数字是真实的、具体的，可以让对方在脑海里形成清晰的图像，往往比修辞更为重要。在对话过程中，若能巧妙地运用数字，往往只需要几句话，就可以精准地传达信息，实现沟通目的。

假设现在要你帮客户设计一个帮助贫困儿童的公益广告，你会怎样表达？

要用语言来呼吁大家关注贫困儿童吗？不，稍作思考，你就会排除这种方式，它太平淡无奇了。无论是观众还是听众，对于你所讲述的事情根本没有概念，自然也不会产生多少的共鸣。这时，如果你在陈述中融入数字，效果立刻就呈现出来了！例如：

"零下14℃的天气，有5个孩子只穿着秋衣秋裤，有两个孩子连鞋子都没钱买只能光脚。因为没有交通工具，每天他们要徒步10050米，花费3～4个小时前往学校。他们的午餐是1个馒头、1包咸菜、1杯白开水……像这样的孩子，我们全国还有很多……"

相比抽象的文字，形象具体的数字更适合运用在沟通之中。将数字形象化，通过数字的列举，可以带给对方直观、形象的感受，让对方在最短的时间内真正地理解你要表达的内容，从而实现快速有效的沟通。这就是数字的力量，这就是铁的事实，比任何苦口婆心的解说都更有说服力。需要指出的是，在运用数字的时候，也要注意以下几个问题。

（一）确保数据的真实性和准确性

运用数据阐述观点是一种有效的沟通方式，前提是要保证数据的真实性和准确性。如果所用的数据不够真实或准确，数据就丧失了意义。最为严重的是，一旦被对方发现数据存在虚假或错误，就会认定你在欺骗和愚弄他。失去了信任感，将导致沟通无法继续。

（二）使用数据要适可而止

数据可以在恰当的时候很好地说明一些问题，但也要适可而止，不能滥用各种数据。过于频繁地使用数据，会让对方感到麻木甚至厌恶，反而难以达到预期的沟通目的。

（三）数据储备要适时地更新

数据是不断变化的，在列举数据的过程中，不能把数据看作一成不变的，要根据实际情况的变化，不断更新数据储备。数字是真实的、具体的，可以让对方在脑海里形成清晰的图像，往往比修辞和逻辑都更重要。

在沟通过程中，若能巧妙地运用数字，可以有效地实现精准表达，提升沟通效果。

五、观点表达力较弱时，尝试加入假设

有句话你可能听过："世上没有如果，只有结果。"

这句话是在提醒我们，要学会接受现实。可即便如此，我们还是忍不住在某些时刻对自己说："如果……"。庆幸的是，这也并非绝对的坏事。在逻辑学上，如果自身的观点说服力较弱，完全可以加入假设来作为支撑。

为什么在表达时加入假设，可以增强表现力呢？

假设的作用1：丰富话语

当你说了一个已经存在的事实之后，可以利用假设来讲一些虚拟的事实和想象的状况，以此来增强感染力。比如，话说到一半"卡壳"时，不妨说"如果……就……""要是……就……""只有……才能……"；或者"让我们来想象一下……"这都属于假设。

假设的作用2：活跃思维

创造力与想象力密不可分，当思想失去了想象力，就会变得刻板而没有活力。在思考问题和表达观点时，如果总是"一根筋"，听起来就显得很呆板、死气沉沉。倘若展开想象与假设，就能够跳出狭隘的格局，让思路活跃起来。例如，我们可以使用图4-1来展开一次活跃思维的练习。

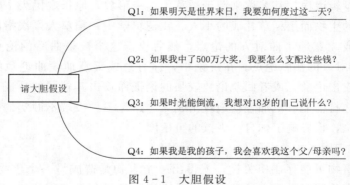

图4-1 大胆假设

上述的这些假设，看似都是不切实际的想象，可当你真的用心去思考它们的时候，你是在跟自己进行深度的连接，并可以借此探寻到心中最真实的想法、最在意的东西、最迫切的希望、最渴望满足的需求等。当然，还可以展现出你的见识与格局。可能有些人会觉得：自由奔放的想象与严谨周密的逻辑思维不是相对立的吗？其实，这是一种错误的认知。逻辑思维是指遵循客观规律和主观思考的思维方式，想象作为一种思维活动，必然也有其内在的思维规律性。更何况，想象不是漫无边际的胡思乱想，而是需要满足逻辑自洽性的合理假设。你在看科幻小说时会发现，虽然作者凭空假想出了一个虚拟的世界，但那个世界依然有其内在的逻辑，小说里的任何一个情节都经得起自圆其说的考验。如若破绽百出、前后矛盾、不合逻辑，谁会浪费时间去读它呢？

假设的作用3：增强说服力

没有人能够轻易地被另一个人说服，除非他愿意，而愿意的原因是——趋乐避苦。

人都会追求自己喜欢的东西，同时也有逃避痛苦的倾向，两者相比，逃避痛苦的驱动力更强。假设之所以能够增强说服力，就是因为它能够展现诱惑或威胁（图4-2）。

图4-2 假设的说服力

一个真实的假设，往往能够让某些情形灵动地呈现在眼前，让真理浮出水面。当你学会以假设作为前提和基础，那么无论面对什么样的状况，你都能够有条不紊地分析、解决问题，而不至于陷入困境。同样，在表达观点时融入假设，也更容易说服他人。

许多人把假设与结论混为一谈，究其根源在于，他们将很多由数据和信息建立起来的假设，当成了事件的结论。通过凭空的假设是无法解决问题的，要在对假设进行验证的过程中，不断对其进行推导，得出相应的结论，才能解决问题。

六、表达过程中24个常见的逻辑谬误

（一）稻草人谬误

作为一种逻辑谬误，其名称来源于稻草人这一形象，原指农民为了吓跑田鼠、麻雀等破坏庄稼的生物而用稻草扎成的小人。在逻辑学中，稻草人谬误指的是在辩论或讨论中，有意或无意地歪曲对方的论点，然后攻击这个被歪曲后的论点（即"稻草人"），而不是对方的实际论点。在辩论中，你有意或无意地歪曲论敌的立场，以便能够更容易地攻击论敌，或者回避论敌较强的论证而攻击其较弱的论证。你歪曲了别人的观点，使你自己能够更加轻松地攻击别人。这是一种极端不诚实的行为，不但影响了理性的讨论，也影响了你自己观点的可信度。

（二）错误归因

仅从两个事物可能存在相关性，就得出一个事物是造成另一个事物出现的原因。你看到了两个事物同时存在，就觉得其中一个事物是另一个事物的起因。你的错误在于，同时存在的两个事物未必有因果关系，可能这两个事物有共同的起因，或者它们直接的共存只是巧合。一件事情比另一件事情先发生同样不能说明两件事情肯定存在因果性。

比如，A指出，过去几个世纪，全球海盗数量减少，全球温度在升高，从而得出海盗数量的减少造成了气候变化。A得出这样的结论就犯了错误归因的谬误。

（三）诉诸情感

诉诸情感是指通过操纵人们的情感，而非有效的逻辑，来赢得争论的论证方式。你操作的情感可能包括恐惧、嫉妒、怜悯和骄傲等。一个逻辑严谨的论述可能激起别人的情感波动，但是如果只用情感操作而不用逻辑论述，那你就犯了诉诸情感的错误。每个心智健康的人都会受情感影响，所以这种手段很有效，但这也是为什么这种手段是低级和不诚实的。比如，A在饭店看到B吃狗肉，于是上前训斥B："你怎么

可以吃狗肉？小狗多么可爱，就像小朋友一样，你忍心伤害小朋友吗？"A就犯了诉诸感情的谬误。

（四）论述有谬误结论就谬误

你看到别人的论述水平很低，或者别人的论述里面有谬误，就认为别人的观点一定是错误的。很多时候，辩论的赢家之所以获胜并不是因为观点正确，而是因为辩论技巧更好。作为一个理性的人，你不能因为别人的论述中存在谬误或者错误，就认为别人的观点一定是错误的。

例如，一个提倡健康饮食的人在短视频平台上用不当的饮食理论推广健康饮食理念，小红看后觉得健康饮食就是骗人的，于是开始暴饮暴食。小红就犯了逻辑谬误。

（五）滑坡谬误

滑坡谬误是使用连串的因果推论，却夸大了每个环节的因果强度，而得到不合理的结论。你不讨论现下的事物A，而是把讨论重心转移到了幻想出来的极端事物Z上。因为你没能给出任何证据来证明A的出现一定会造成极端事物Z的出现，所以这是一种诉诸恐惧的谬误，也影响了人们讨论A时的客观性。

（六）人身攻击

你针对对方的人格、动机、态度、地位、阶级或处境等进行攻击或评论，并以此为依据去驳斥对方的论证或支持自己的论点。人身攻击有时不一定是直接进行攻击，也可能是通过背后捅刀子、暗示听众等方式来造成人们对对方人格的质疑。你试图用对他人人格的攻击来取代一个有力的论述。它常常有下面几种形式。

（1）侮辱性人身攻击。"××有如此不良的品性，因此，他的断言（信念、观点、理论和建议）是不对的，是要将其驳倒的。"如："你平时一本书都看不完，一点学习能力都没有，你发表的观点怎么可能对？"

（2）自相矛盾型人身攻击。"×××之前说是那样的，现在他又说可以这样，他的观点不可信。"如："小红之前每天熬夜，现在她提出要保证睡眠，早起学习效率高，我才不信呢！"

（3）背景式的人身攻击。背景式的人身攻击又称为"因人废言式人身攻击"。比如："×××是个×××，所以他说的这些何其可笑！"

（七）诉诸虚伪

你不正面回应别人对你的批评，而是用批评别人作为你的回复——"你不也曾经……"你想要用批评回应批评的方式，免去你为自己辩护的责任。你通过这种方法来暗示对方是个虚伪的人，但是不管别人虚伪与否，你都只是在回避别人对你的批评。

比如，A在和B争论的时候指出B犯了一个逻辑谬误，B不正面捍卫自己的观点，反而回应："你之前也犯了逻辑谬误。"B在这里就犯了诉诸虚伪的谬误。

（八）个人怀疑

你因为自己不明白或者知识水平不够，就断定一个事物可能是假的。一些复杂的概念，如生物进化等，理解起来需要一些基本的知识。有些人因为不理解这些复杂的概念，而觉得这些东西是错误的。比如，A指着块石头说："你说进化论是真的，那你让这块石头进化成人给我看看。"A犯了个人怀疑的谬误。

（九）片面谬误

当你的观点被证明是错误的时候，你用特例来给自己开脱。人们都不喜欢被证明是错的，所以当人们被证明是错的时候总会想办法给自己开脱。人总是觉得自己以前觉得正确的东西必须是正确的，所以总能找到理由让自己"阿Q"一下。只有诚实和勇敢的人才能坦然面对自己的错误，并且承认自己犯错了。

例如，小红说自己有特异功能，能用塔罗牌算出未出生小孩的性别，但是孩子生下来后小红发现自己猜错了，于是她就说是算命的人缺乏信仰。小红犯了片面谬误。

（十）诱导性问题

你在提出问题的时候加入了诱导的成分，使得对方只能按照你的意思来回答。你试图用诱导性的问题来逼对方回答你提出的低级问题，从而破坏理性的讨论。

（十一）举证责任

当有人提出一个观点结果被人质疑后，你认为举证的责任不在提出观点的人，而在质疑者。不能证伪一个事物，或者举出反例，并不能证明这个事物的合理性。当然，如果只因为没有足够的证据说明一个事物是合理的，并不能证明它是不合理的。

比如，A说他相信宇宙是一个全知全能的神创造的，因为没有人能证明神不存在，所以神是存在的。A就犯了举证责任的谬误。

（十二）语义模糊

你用双关语或者存有歧义的语言来歪曲事实，当你被别人批评的时候，又利用这些有歧义的语言作为自己的挡箭牌。

（十三）赌徒谬误

你认为随机事件的发生和之前发生的事情是有相关性的。有人在看到独立的随机事件（比如抛硬币）时，总觉得会和前面的事情有相关性。比如，A在抛硬币时，前面接连抛出五次正面，他认为自己下一次肯定是反面了。

（十四）乐队花车效应（从众效应）

乐队花车效应是指当个体受到群体的影响（引导或施加的压力）时，会怀疑并改变自己的观点、判断和行为，朝着与群体大多数人一致的方向变化。你试图说明因为很多人都在做同一件事情，或相信同一个事物，所以这件事情就是对的。一个事物或观点的流行程度和它本身是否合理没有关系。地球是球形的，在人们相信地球是平的时代地球也是球形的。

（十五）诉诸权威

你利用一个权威人物或机构的观点来取代一个有力的论述。要证明一个观点，只是摘录别人的观点是不够的，至少要知道所提到的权威为什么有那样的观点。因为权威人物或机构也是会犯错误的，所以不能无条件地假设合理性。当然，权威人物或机构的观点有可能是对的，所以不能只因为对方使用了诉诸权威的谬误就认定这个观点是错的。比如，A不知道怎么反驳进化论，于是就说："我老公××是个科学家，他觉得进化论是错的。"A犯了诉诸权威的谬误。

（十六）合成谬误

你认为一个总体的组成部分所具有的特性，对于这个总体的其他部分也是普适的。很多时候，对于一个组成部分存在合理性的事物，对于其他组成部分并不具有合理性。我们常能观察到事物之间的一致性，所以当一致性不存在的时候也会带有偏见地认为有一致性。比如：A买了辆自行车，当她看到自行车的车座是人造革的时候，她就觉得自行车的其他部位也是人造革的。

（十七）诉诸纯洁

你提出了一个观点，并受到了别人的批评，你试图通过马后炮和修改标准的方式来维护自己那个有缺陷的观点。比如，A："所有河南人都喜欢喝胡辣汤。"B："××就是河南人，他就不喜欢喝胡辣汤。"A："好吧，所有'真正的'河南人都喜欢喝胡辣汤。"

（十八）基因谬误

你通过一个事物的出身来判断它的好坏。你试图逃避正面的讨论，转而讨论事物的出处。这种做法和人身攻击的谬误类似，都是试图通过已有的负面印象来从侧面攻击对方，却不能正面地回应对方的论述。比如，A："××不喜欢喝胡辣汤。"B："××是河南人，怎么会不喜欢喝胡辣汤？"B就犯了基因谬误。

（十九）非黑即白

你把黑和白作为仅有的可能，却忽略了其他可能性的存在。你使用了简单粗暴的假二分法，来掩盖其他可能性的存在。你想通过非黑即白的选择来误导讨论，破坏辩论的客观性。

（二十）窃取论点

你采用循环论证的方法来证明一个被包含在前提里面的观点。这是一种逻辑智商破产的谬误，因为你把你的前提假设默认是真的，然后利用循环论证的方式来证明它。

（二十一）诉诸自然

你认为一个事物是自然的，所以它是合理的、必然的并且更好的。一个事物是自然的，并不一定代表它就更好。互相杀戮是大自然中普遍存在的现象，但是大多数人都认为我们不应该互相屠杀。

（二十二）轶事证据

你试图用个人经验或者单独的事例来取代逻辑论述或者有力的证据。相比复杂而确凿的证据，轶事证据更容易获得，但是要粗浅很多。在绝大多数情况下，量化衡量的科学数据、确凿证据比个人经验、轶事要更加可信。比如：A的爷爷是个烟龄为30年的老烟枪，现在80多岁身体还很健康，A因此得出吸烟对身体无害的结论。A就犯了轶事证据的谬误。

（二十三）得克萨斯神枪手

你在大量的数据或证据中小心地挑选出对自己的观点有利的证据，而不使用那些对自己不利的数据或证据。你先开了一枪，然后在子弹击中的地方画上靶心，假装自己真是个神枪手。你先确定了自己的立场，然后才开始找证据，并且你只找对自己有利的，而那些对自己不利的证据就选择性忽略。

（二十四）中间立场

你觉得两个极端观点的妥协，或者说中间立场，肯定是对的。虽然大多数时候，真理确实存在于两种极端观点的中间地带，但是你不能轻易地认为只要是处于中间立场的观点就一定是正确的。谎言和实话的中间地带依然是谎言。比如：A认为疫苗会造成儿童自闭症，B从科学研究中得出结论，认为疫苗不会造成儿童自闭症，B认为两者观点的妥协——疫苗会造成儿童自闭症，但不是全部的儿童都会患自闭症——才是正确的。B犯了中间立场的谬误。

七、表达要有理有据，反驳也要有理有据

当一个人强词夺理的时候，我们应该认清一个事实：对方和你辩论的目的，并不是要把你们论辩的话题辩明白，因为他根本不在乎事实是什么！而且，他知道自己说得不符合常理，完全就是在胡搅蛮缠、厚颜抵赖。面对这样的人，再怎么提高嗓门去争论都是无用的，我们要做的是尖锐地指出对方观点或论证中的纰漏，且有理有据地证明对方的观点和论证是错的。

（一）反驳是什么

反驳，就是用一个或一些已知为真的命题并借助推理的过程，来确定另一个命题是假命题或者另外一个论证不成立的思维过程。借用通俗的话来说，反驳就是削弱对方的某个观点或某种思想，找出对方论证过程中的疏漏或错误。

——甲发表观点："鲸鱼是一种鱼。"

——乙反驳道："不，鲸鱼不是鱼！因为所有的鱼都没有肺，而鲸鱼是用肺呼吸的。"这就是一个反驳的典型案例，乙在反驳的过程中使用了一个简单的三段论的推理，如图4-3所示。

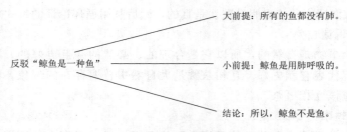

图4-3 反驳路径

在逻辑学中，反驳的结构和论证是一样的，通常由三个部分组成——被反驳的论点、反驳的论据、反驳方式，这是构成一个完整的反驳不可或缺的三要素，如图4-4所示。

从本质上来说，反驳和论证都离不开推理，反驳相当于一种特殊的论证。当我们反驳的对象是一个命题时，其实就是在论证与之相矛盾的另一个命题。在多数情况下，反驳和论证都是围绕某一个话题同时展开的，既要论证自己的观点，又要反驳对方的观点或论证。

我们都可以用哪些方法来进行反驳呢？

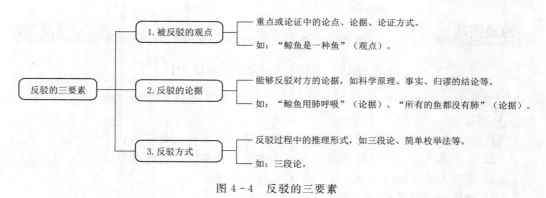

图 4-4 反驳的三要素

　　反驳方法 1：直接法。用已知的事实或科学原理进行反驳，可运用归纳推理、演绎推理法。——"所有的哺乳动物都是胎生！"——"不，鸭嘴兽是哺乳动物，但它是卵生的。"

　　反驳方法 2：间接法。间接法利用了逻辑规律中的排中律，相互矛盾的两个命题，不能同时都是正确的。论证与对方的论点矛盾或相反的命题是正确的，也就得出了这个论点是错误的。——"这个数是正数。"——"不，这个数小于 0，它是负数。所以，这个数不是正数。"

　　反驳方法 3：归谬法。先假设对方的论点是正确的，再按照对方的逻辑进行分析和推理，最后得到一个自相矛盾的或荒谬的结论，以此来证明这个假设是不成立的。归谬法类似于反证法，利用了逻辑规律中的矛盾律。——"施肥越多，庄稼长得越好！"——"不，如果施肥过多的话，会导致土壤溶液的浓度过高，如此就会烧伤根系，让庄稼枯萎，怎么会是越长越好呢？"

　　电影《教父》里说："花半秒钟就看透事物本质的人，和花一辈子都看不清事物本质的人，命运注定是截然不同的。"只有那些能够快速抓住事物本质的人，才能脱颖而出。怎样才能更好地抓住事物的本质呢？答案就是，提升逻辑思考力，让你的思考更清楚，表达更明确！

课程回顾

　　1. 无效沟通的特质：一味地表达自己的观点，不考虑对方的立场和感受。这就使得表达的初衷是 A，而对方接收到的信息却是 B。

　　2. 逻辑表达四要素：明确表达的主旨、把握说话的逻辑顺序、每句话表达的信息要完整、让对方充分理解你的意思。

　　3. 三点式结构，告别杂乱无章的表达。

　　4. 学会用数字说话，精准地传达信息。

　　5. 观点表达力较弱时，尝试加入假设。

　　6. 表达过程中二十四个常见的逻辑谬误。

　　7. 表达要有理有据，反驳也要有理有据。

沟通实践

自我评估：你的语言表达能力如何？

下面是语言表达能力的小测试，每题均有两个答案："是"或"否"。答"是"得1分，答"否"不得分。

1. 你在表达自己的情感时，很难选择准确和恰到好处的词语。
2. 别人总是难以准确地理解你口语或非口语所要表达的意思。
3. 你不太善于和与你想法不一样的人交流感情。
4. 你认为连续不断地交谈很困难。
5. 你无法自如地表达你的感情。
6. 你时常避免表达自己的感受。
7. 在给一位不太熟悉的人打电话时，你会感到非常紧张。
8. 向他人打听事情对你来说很困难。
9. 你不习惯和他人聊天。
10. 你觉得同陌生人说话有些困难和不自然。
11. 同老师或上司谈话时，你会感到异常紧张。
12. 你在演说时思维会变得混乱或不连贯。
13. 你无法很好地识别他人的情感。
14. 你不喜欢在公众场合讲话。
15. 你的文字表达能力比你的口头表达能力要强很多。
16. 你无法在一位内向的朋友面前轻松自如地谈论自己的事情。
17. 你不善于说服他人，尽管有时候你觉得自己很有道理。
18. 你不能自如地用身体语言，如眼神、手势、表情等来表达自己的情感。
19. 你不善于赞美他人，总感到很难把话说得体贴、自然。
20. 在与你心仪的一位异性交谈时，你会感到非常紧张。

结果分析：

得 分	分 析
15分及以上	你的语言表达能力较弱，语言沟通能力还很欠缺。如果你的性格太过内向，将阻碍你语言表达能力的提高。你应该尽量改变自己的性格，跳出自己生活的小圈子，多与外界接触，在接触的过程中寻找一些与他人交流的机会，慢慢提高自己说话的能力。只有这样，你的人际关系网才会越来越大
9~14分	你的语言表达能力一般，如果再加把劲儿，你会觉得自己能轻松自如地与人沟通。提高你的语言表达能力，关键是在与人交流的过程中做到主动。这样可以使你在交流中赢得主动权，你的语言表达能力会迈上一个新的台阶
5~8分	你的语言表达能力较好。好好利用你的优势，使自己获得更广阔的人际关系网，同时你也乐意帮助他人提高语言表达能力和沟通能力，但你仍然需要继续努力，以使你在各种环境下都能够无障碍沟通
4分及以下	你的语言表达能力非常好，你很清楚怎样表达自己的情感和思想，能够很好地理解他人和支持他人。不论是同事还是朋友，无论是领导还是下属，甚至是竞争对手，你都能和他们保持良好的人际关系

第五节　汇报：如何从被管理者变身为向上管理者

格言

在所有伤感的语言或文字中，最伤感的是："原本可能做到！"

——约翰·惠蒂尔

导言

为什么你和同事工作的表现同样出色，但是上司青睐的人却不是你？

为什么你勤勤恳恳地努力工作，承担了组织内部的许多责任，但却享受不到组织分配的利益？

为什么你的上司对你的态度总是不温不火，即使你觉得自己已经足够忠诚，上司仍然不信任你？

在工作中，不是所有的努力都会被看到。有的人认为：我每天做好自己的工作就可以了，为什么我老是要汇报工作？汇报工作只是一个形式，为什么我们要那么看重一个形式？之所以会有这种想法，是因为他们对自己的工作内容搞不清楚。事实上，汇报工作不是一种形式，汇报本身就是工作，汇报工作本身就是你职责的一部分。要学会正确地汇报工作，只有掌握工作汇报技巧的人，才能成为上司信任和依赖的对象。

汇报工作是"二八法则"的真实体现：汇报工作只占了一个员工全部工作的20%，但是这20%的汇报却决定了你80%的工作效率和工作成果。通过汇报工作来实现向上管理，是打开职场成功之门的钥匙。

大多数员工之所以没有形成有效的向上管理，主要是因为他们从来没有想过要去做这件事。实际上，向上管理真正实行起来并不困难，它同样是"二八法则"的真实体现：20%的向上管理，决定了80%的工作；20%的事情，决定了你向上管理80%的效果。这20%的事情，总结成一句话就是：通过汇报工作，让上司的工作卓有成效；当你能够让上司的工作卓有成效时，他将会对你有所回报。学会汇报工作，能够全面提升你的"职场可见度"。学会正确汇报工作，能助你完成从"透明人"到"不可替代者"的过渡，成为上司信任和依赖的对象。

课前思考

1. 汇报那么有必要吗？
2. 为什么很多下属汇报工作时，老板会觉得没重点？
3. 汇报到底是员工的需要还是老板的需要？

课程内容

一、建立有效的工作汇报机制

沟通场景导入：张经理把一项工作下发到下属小王手中，约定的完成日期是一个月。小王接受任务并展开工作，一周之后，张经理发现小王几乎从不主动找自己汇报工作。于是张经理只能不厌其烦地频繁找小王询问工作的进展，并且不断对小王过慢的工作进度进行催促。小王一方面因为张经理不断询问自己而产生抵触情绪，另一方面工作中确实出了问题，但是他没有主动把问题汇报给张经理，反而做了掩饰。张经理以为小王的工作已经进入正轨，于是放松了问询和催促，也没有给出更多的指导。结果工作没能按期完成，最后一天小王才把这个情况汇报给张经理，张经理也没有时间补救，最后给公司造成了损失。

是什么导致了这一后果？小王在汇报工作的问题上究竟犯了哪些错？

首先，小王缺乏主动汇报意识。由于他没有主动汇报工作，上司不得不频繁被动问询。其次，小王没有及时汇报问题。在工作出问题的时候，他没有及时汇报，导致上司做出了错误的判断。最后，小王没有提前汇报延期。在发现工作没有办法如期完成时，小王没有提前汇报，直到最后期限，上司才被动知道。

综合而言，小王的错误在于没有建立有效的工作汇报机制。

初入职场时，你可能会疑惑：汇报就汇报，干吗还要建立汇报机制？汇报机制有什么必要性和作用？如果你还没有学会汇报工作和建立完善的工作汇报机制，说明你还未达到职业化标准。完善的工作汇报机制包括以下几方面的内容。

（一）需要主动汇报的五项工作事项

建立完善的工作汇报机制，首先要记得在工作中主动汇报五项工作事项：进度、需求、业绩、意外和困难、建议和规划，如图4－5所示。

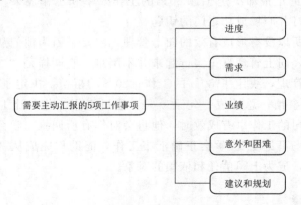

图4－5 需要主动汇报的5项工作事项

（1）进度。上司把一项工作交给你，那么你就有义务在工作过程中向他汇报进度。如果工作有新的进展，应及时汇报。如果工作进展顺利，可按照既定的工作节奏向上司汇报；如果工作进展不顺，则要及时汇报；如果需要申请延期，更应提前汇报申请，并说明延期的原因和延迟时间。

（2）需求。多数工作不是凭一己之力就能完成的，如果需要申请人力或者物力来支持你的工作，那么你要及时向自己的上司汇报，说明你的需求。但要注意，汇报需求是你的义务，是否同意你的需求却是上司的权力。如果上司不同意你的请求，你应当寻找别的办法解决问题。

（3）业绩。汇报工作业绩分两种情况：一种情况是业绩完成了，那么直接向上司汇报即可；另一种情况是业绩没有完成，那么应当向上司汇报说明业绩目标、实际完成情况、目标与实现差距、没有完成的原因、问题能否解决、完成业绩目标的时间期限等。

（4）意外和困难。工作中遇到意外情况和困难时，应当及时汇报，任何时候都不要隐瞒问题，不要期望你能自己默默解决；即便你可以自己解决，你的上司也有知情权。

（5）建议和规划。你可以向上司汇报你对工作如何开展的新的建议和规划，也可以汇报改善现有工作状况的意见，但注意在汇报时，要把背景和原因描述清楚，并说明你的建议内容及其能够带来的好处，而不是盲目汇报。工作汇报要做到简单化、科学化和常规化。

（二）掌握简单汇报方式

向上司汇报，应避免长篇大论和复杂描述，要尽量简单明确。下面我列出了汇报机制的 5 个内容，每个内容对应一个模板，是你要掌握的简单汇报方式，见表 4-4。

表 4-4 日 常 汇 报 模 板

汇报事项	汇报内容	汇 报 模 板
进度	进度顺利	关于××工作，目前我们的工作进度是 ， 已经完成 ，还未完成 ，
	进度不顺利（需要延期）	计划在 （日期）之前完成，您看可以吗？
需求	需要物力	关于××工作，目前我需要 ，您看能不能帮我协调？
	需要人力	
业绩	达标	这个月的业绩目标是 ，完成了 ，离目标还有 ，没有完成是因为 ，这个问题以后将
	不达标	这样解决。您看行不行？
意外和困难	困难、问题	关于××工作，目前出现了一些意外情况。这个情况是 ，
	意外情况	我能想到的解决方法有 。您看怎么解决？
建议和规划	汇报新建议	我对 方面，有了一些想法，产生这个想法的原因是 ，我的想法是 ，能够起到
	汇报改善建议	的作用是 。您看怎么办？

二、九步理清汇报思路

汇报的内容不明确，是因为你思路的不清晰。如果有清晰的汇报思路，当然就不怕汇报工作了。九个简单的步骤能够帮助你理清自己的汇报思路，如图4-6所示。

第一步，确定人物。你准备汇报给谁听？是一个人还是几个人？如果你要向一群人汇报，比如当着全公司的面做工作汇报，那么他们中谁才是你真正的听众？是你的领导，还是客户？只有确定了汇报对象，才能开展下一步的工作。

第二步，确定内容。汇报的内容是什么？你知道自己要说什么吗？有的人汇报工作时前后混乱，自己都不知道自己要表达什么。这就是没考虑清楚就张口的结果。

汇报工作中有三个简单的汇报模型，见表4-5。

图4-6 九步理清汇报思路

理清汇报思路

1. 确定人物
2. 确定内容
3. 确定重点
4. 确定逻辑
5. 确定方式
6. 确定场合
7. 确定时间
8. 确定状态
9. 确定被接受的可能性

表4-5　　　　　　　　　　三 种 汇 报 模 型

汇报模型	汇报内容	详细描述	适用情况
Why—What—How（起因、内容、方法）	Why（起因）	事件的起因是什么？	汇报现状和解决方案；汇报相对简单的问题
	What（内容）	我们需要什么？	
	How（方法）	如何达成目的？	
5W1H（内容、起因、时间、地点、人物、解决的方式或过程）	What（内容）	发生了什么？	需要全面分析一个问题；需要对问题的本质进行研究；事例较具体
	Why（起因）	事件的起因是什么？	
	When（时间）	什么时候？	
	Where（地点）	什么地点？	
	Who（人物）	事件人物？	
	How（解决的方式或过程）	解决的具体过程是什么？	
STAR（背景、任务、行动、效果）	Situation（背景）	交代背景	总结已经完成的事情经过（描述完整的前因后果）；汇报工作进度和阐述行动建议
	Task（任务）	阐述需要完成的任务	
	Action（行动）	采取的行动是什么？	
	Result（效果）	行动能够产生/已经产生的效果是什么？	

模型1：Why—What—How。即分别描述事件/工作/项目的起因、内容和方法。

模型2：5W1H。即分别描述事件的内容、起因、时间、地点、人物以及解决的方式或过程。

模型3：STAR模型。这是汇报工作进度最常用的模型，即交代背景、交代需要完成的任务、交代任务的完成情况和效果。

这3个模型可以应用于大多数工作汇报，能帮助你梳理过程，有条理地呈现汇报的内容，使你的汇报更有效。

第三步，确定重点。你汇报中最关键的部分是什么？一次汇报的重点应该只有一个，而这个重点应该是能用一两句话来表达清楚的。

第四步，确定逻辑。工作汇报的逻辑是什么？基本的逻辑有时间逻辑、事件逻辑、空间逻辑等。比如，汇报工作的进展情况，你就可以使用时间逻辑，从过去到现在，选取几个时间点来汇报。逻辑的使用可以使你的汇报内容更清晰，展示得更直观。

第五步，确定方式。应该用什么方式汇报？简单、急切的内容，可以使用口头汇报的形式。如果口头汇报不方便，使用即时通信工具也可以。如果汇报的内容比较复杂，就需要用电邮来汇报，附件可以是参考的文件资料。更复杂的内容，可能就需要你做PPT，然后通过当众解说来汇报。内容的不同性质决定了你应该使用什么样的汇报形式。

第六步，确定场合。在什么场合汇报？是单独去领导的办公室汇报，还是在会议上公开汇报？

第七步，确定时间。在什么时间汇报？汇报大概要花多少时间？汇报的那个时间是不是合适？这些点都要考虑到。

第八步，确定状态。上司是否处在"听汇报"的状态？如果上司不在状态，那么你有几个选择：如果是非常小的事情，可以拖一下，等他回到状态了再汇报；要么用几句话总结一下你要汇报的内容，然后申请隔日再汇报。但是注意：如果汇报的内容十分紧急，即使领导不在状态，你也要把他"拉回状态"。

第九步，确定被接受的可能性。上司能否接受你的工作汇报？如果上司不会接受，那么他不接受的原因是什么？如何解决上司不能接受的问题？

三、简明扼要总结你要说的内容

很多人抱怨自己的上司总是没有耐心听自己说话，事实上，通常领导者的级别越高，对下属汇报工作的水平要求就越高。换位思考，从领导的角度来想一想：有多少人找他汇报？如果每个人都耽误他20分钟，一周他就被耽误多少个小时。每个下属浪费一点时间，累积到领导者那里，就是大大地浪费时间。当你向上汇报工作时，一定要把效率放在第一位。

上学时我们都学过"总分总"——先总结，再分别描述，最后再总结。汇报的结果最重要，追求汇报过程可能会使你说起来没完。要学会把你汇报的内容归纳出个一、二、三来。可以这样对领导说："领导，我向你汇报三个工作：第一项是……，第二项是……，第三项是……"然后观察领导的神情，领导在听哪件事时表现得比较专注，你就着重汇报哪个内容。有的人说：我不会总结啊。那也没关系，有几种简单的方法可以帮助你总结你的汇报。

（1）运用三点逻辑分层次汇报。三点逻辑的精髓在于总结和归类，三种方法、三个时间、三个方面、三种方位、三个工作……把内容分成三块来阐述，就是三点逻辑。

（2）运用收益逻辑。汇报的时候，重点强调这个工作带来的好处、收益、价值，不要汇报无关紧要的细节。

（3）汇报结果，不要刻意汇报过程。有的人在给上司汇报工作的时候，特别喜欢汇报一些无关紧要的过程，认为这个过程特别能体现他的工作和努力，但是领导对这些其实是不感兴趣的。如果领导不问你，建议不要刻意汇报过多的细节。在给领导汇报时，尽量言简意赅，避免说废话，并尽量控制在1分钟内完成。

（4）按时间逻辑迅速整理思路。在工作中，时间逻辑是我们最常用也是最好用的逻辑。过去、现在、未来是时间逻辑的精髓所在。

四、主动汇报：不要等领导问了才说

有的人认为：我每天做好自己的工作就可以了，为什么还需要频繁地汇报工作？他们错误地将汇报工作视为形式主义，这实际是对自己的工作内容理解不清的表现。要知道，汇报工作本身就是工作的一种形式，是工作的重要组成部分。

企业中的成员通常分为三个层次：高层、中层和基层。高层的特性在于"想"和"说"，需要思考大局，并把自己的想法传达给下属。中层的特性是"说"和"做"，这个"说"就是把工作汇报给上级，然后带领下属去"做"。基层的特性在于"做"与"说"，"做"就是做事，即执行领导的命令；而"说"就是汇报。因此，不管你是企业的基层还是中层工作人员，汇报都是你工作中非常重要的一部分，都是你无法推卸的重要职责。

做事在前，你得先做，然后再汇报。对于基层员工来说，尽管"做"在"说"前，但是"说"和"做"却同样重要。每个合格的员工都应是善于汇报的。因为在汇报工作的过程中，你不仅履行了自己的义务，还能够得到领导的赏识和指导，这一切都有助于你更快地在职场中成长。

很多员工在向上汇报和沟通的时候常常表现出自卑和胆怯。领导者常常是很忙的，有时会忽视和下属的沟通，这导致很多下属误以为沟通的主动权是掌握在领导手中的。他们认为，只要领导不找自己，自己就可以心安理得地不去主动沟通和汇报。还有的人因为性格内向，害怕和领导者沟通，信奉"多一事不如少一事"。长此以往，不仅会给上司留下一个沉闷、无能的印象，还会影响自己的工作进展。要改变这种行为，首先要转换心态。你的工作不仅仅是为了领导，更是为自己、为企业、为工作本身负责。主动沟通汇报是你工作的职责所在。当你的心态改变时，主动汇报就不是什么问题了。

那么，你应该在什么时候主动汇报？具体来说，如图4-7所示。

当然，不同性格的领导者有着不同的工作方式和行为模式，这些行为模式中也包括了他们听取汇报的习惯。因此，你要站在公司和上司的角度去思考和汇报。你汇报的内容和方案，都应该是站在上司的角度上详细考虑过的。比如，汇报问题的解决方案时，大多数员工都只从自己的角度出发，考虑"我需要干什么"；而成熟的员工则

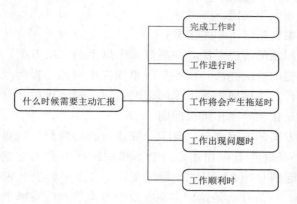

图 4-7 什么时候需要主动汇报

会从上司的角度来思考和汇报，从上司和公司立场考虑如何解决问题。

比如，遇到问题时，员工的着眼点常常是"解决眼前的问题"，所以汇报的方案通常围绕"如何解决这个问题"。但是对于企业的领导者来说，一个问题的解决并不是结束，如何在以后避免类似问题重复出现才更重要。只有站在公司和领导者角度思考问题，你提出的方案才是有效的解决方案。一次这样做，你会受到夸奖；多次这样做，你会受到赏识；每次都这样做，你会成为公司和上司最可依赖、信任的人才。

主动汇报有助于你获取最新的情报。在实际工作当中，我们经常会碰到一项计划在执行过程中出现问题、不得不进行调整的情况。碰到这种情况时，领导通常会把调整方案告知员工，但偶尔也会有疏漏或判断失误的时候。如果你能够主动向领导汇报工作情况，你就会很快得到变动的消息；反之，这段时间你的工作就都是无用功，公司也会遭到更大的损失。

主动汇报工作也是获取领导支持和帮助的方法。当你主动向领导汇报工作时，领导会对你的工作进行指导，告诉你哪些地方出现了问题、哪些地方可以改进，以提高你的工作效率。我们在工作当中都会有出现失误的时候，这时你会发现很多问题都是因为之前没有和领导进行沟通才出现的，如果经常和领导沟通，就能有效避免这些问题。

在工作当中，员工对领导的意图理解错误也会导致工作出现错误，造成付出了许多却没有收获的情况。如果因为你的失误让公司遭受了重大损失，公司必然会追责。此时，由于你事先没有和你的领导沟通，你的领导并不清楚你具体的工作情况，你就需要承担大部分的责任。相反，如果你及时和领导进行了沟通，即使最后出现了问题，由于你的领导对你的工作有较为全面的了解，他们通常承担更多责任。

五、带着方案来而不是带着问题来

这是一个职场经验缺乏者常常犯的错误：自己不动脑，凡事都指望领导；汇报的时候，不断地问领导问题，而不是提出解决方案。

刚刚进入职场的年轻人，常常会被教导"不要擅做主张，凡事多请教领导"。但是你要搞清楚：这个"请教"，是你有了答案之后来请教上司对你答案的意见，而不是事无巨细地让领导来做决定。

完整的汇报方案包括以下 4 个步骤：

第一步，找到问题的解决办法，并制订 1 个以上的解决方案。汇报工作最重要的是从根源上找到问题的解决办法，而不是简单地提出问题。提问题谁都会，但是解决问题却不是人人都行。当你向领导汇报问题时，应该是寻求领导对你解决方案的指导和改进意见，而不是让领导为你解决问题。

第二步，突出方案的关键部分。要学会简述问题的背景、难点所在，突出方案的核心部分。Why—What—How 模式是一个不错的汇报方案的方法。Why——为什么要这么做？事情的起因是什么？什么问题需要这个方案来解决？What——方案的主要内容是什么？How——为什么是这个方案？这个方案的利弊在哪里？

第三步，准备回答扩展问题。一个选择题往往伴随着很多扩展问题。扩展问题是指当你上交方案给领导时，领导可能还会问的那些问题。为了做出最佳选择，领导往往需要了解你的方案的各方面问题。提前考虑这个方案的优点、缺点、可能带来的好处和弊端，有助于领导更快地做出选择。

第四步，以诚恳的态度请领导决定。你可以有自己的倾向和主张，可以把你的主张汇报给领导听，但是最终能否批准，选择权还是在领导手中。

六、汇报是向上管理的艺术

大多数员工之所以没有形成有效的向上管理，主要是因为他们从来没有想过要去做这件事。实际上，向上管理真正实行起来并不困难，它是"二八法则"的真实体现：20% 的努力能带来 80% 的向上管理效果，而有效的向上管理的效果能带来 80% 的工作成效，总结成一句话就是"协助让你的领导取得卓越的成效"。当你能够让你的领导取得卓越的成效时，他也会回报给你成效。

如果你想实现向上管理，希望获得领导的赏识，并助力领导取得卓越的成效，就要先从考虑领导的目标开始，不要再把眼光局限在自己的一亩三分地，不要再把目光局限于自己被分配的具体工作上。要站到更高的位置，站在你领导的角度去看他的目标，并且寻找领导和你目标之间的重合点。一旦你站在领导的角度看任务，就会很轻易地分辨出哪些任务才是你应该马上完成的重点任务，哪些任务千万不能拖延（须知你拖延的是领导的任务），哪些任务即使你拖延一两天你的领导也不会介意。

当你的方案面临取舍、改变时，你应该根据领导的目标来决定如何取舍、如何改变。一个卓越的下属应该养成这样的习惯：在面对一个问题时，除了考虑自己的目标外，还要考虑领导的目标，考虑领导担忧什么、最在意什么，思考你的目标的完成情况对领导的影响。如果你的目标和领导的目标有很大的相关性，那么你就应该迅速和领导统一战线，并且让他看到你积极的举措，这样你的领导会更乐意协助你。

你真正的角色定位是什么？答案是"解决问题的人"。这个答案可能会使很多人大吃一惊，因为他们心里从来没有把自己和"解决问题的人"画过等号。相反，他们常常会有意无意地把这个角色和别人——比如自己的领导画等号。这样一来，出了任何问题都觉得没关系，因为自己不是解决问题的人，领导才应该是那个解决问题的人。抱着这种想法的人虽然也日复一日地在上班、工作，但是始终没有办法成为一个卓越的员工。

从现在开始付诸行动吧，为了真正成为"解决问题的人"这一角色而努力。只要付出行动，你就会变成这样的人。那时，职场的成功之门，才会真正向你开启。

课程回顾

1. 掌握主动汇报的 5 个内容。
2. 掌握理清汇报思路的 9 个步骤。
3. 掌握完整的汇报方案的 4 个步骤。
4. 理解汇报是向上管理的艺术。

沟通实践

自 信 地 表 达

职场中如何汇报工作有很多技术路径，只要我们刻意练习就能熟能生巧。但是，大多数人不是不会汇报工作，而是心理紧张，缺乏自信。本课程的沟通实践，让我们先从生活中的"自信表达"开始练习：

自信的表达，要回归到能够表达自己的感受和需要。

大多数人往往会间接地表达自己的感受和需求。你还小的时候，大人是不是就告诉你，过多地谈论自己或者过度使用代词"我"，就是以自我为中心？你也许会担心，如果你更直接的话，别人会有什么反应。当你间接地分享你的想法时，通常会借助别人的观点："他们都这么说了，你看新闻里说，我们班的同学……"当你间接地表达你的需求和感受时，似乎这样更安全些，也不会因为被拒绝或否定而感到难过。

一个自信的陈述包含三个部分：我的想法、我的感受、我的需求。

以下是一些以"我"字开头的陈述句。

• 我认为：你要客观地描述自己对形势的看法，不对他人做出负面的评判。

• 我感觉：你要对任何的情绪（无论是正面情绪还是负面情绪）负责。在这种情况下，你可以表达你的情绪，但不能有责备之意，也不能做出严苛的评判。要使用以"我"开头的句子，比如"我感到为难"或者"我对我的新工作感到很紧张"。

请避免使用以"你"开头的句子。例如，"我觉得你太以自我为中心了"表面上是一个以"我"开头的句子，实际上是一个以"你"开头的句子。

• 我想要：你要尽可能清楚和直接地表达自己的需求（越具体越好）。你越是回避，对方就越容易忽视或误解你的信息。

以下是一些包含上述三个部分的自信的陈述示例。

• "我一想到演讲，就会紧张。自从昨天我告诉你，我要在下次董事会上讲话以后，我就一直忐忑不安。我意识到，我不想在会上讲话了。还是让别人来吧！"

• "我想我们有许多共同点。今晚我和你在一起很开心。我想更好地了解你，希望下周五晚上能再和你一同出来。"

• "我们花了很长时间谈论你的工作情况。当你回到家只讨论职场斗争时，我感到恼火，还有点无聊。我很想告诉你我的一天是怎样度过的，也想谈谈我们在一起的感觉。"

在本周的 5 天时间里，根据你在生活中的人际沟通情境，分别写出 3 个以"我"开头的句子来表达你的感受、想法和需求。

Day1.

1. "我认为————————————————————。"

2. "我感觉————————————————————。"

3. "我想要————————————————————。"

Day2.

4. "我认为————————————————————。"

5. "我感觉————————————————————。"

6. "我想要————————————————————。"

Day3.

7. "我认为————————————————————。"

8. "我感觉————————————————————。"

9. "我想要————————————————————。"

Day4.

10. "我认为————————————————————。"

11. "我感觉————————————————————。"

12. "我想要————————————————————。"

Day5.

13. "我认为————————————————————。"

14. "我感觉————————————————————。"

15. "我想要————————————————————。"

每个人都是自己问题的解决专家——我们要相信当事人有能力解决自己的问题。所以在没有被求助的情况下，在不真正了解情况的时候，盲目给他人提建议并不一定能帮到对方，可能是在满足我们自己渴望受重视的心理需求。

第六节　提意见：如何成为有建设性的职场人

📖 格言

只有少数明智的人才愿听逆耳的忠言，而不愿听那些言不由衷的赞扬。

——拉罗什富科

✏️ 导言

如果一段关系面临危机，或一个组织出现重大失误，大家仍然矜持地保持边界，或是出于害怕起冲突而停留在表面的和谐之中，那么这段关系怎么进展？组织如何进步？

意见是提还是不提，该如何提呢？

课前思考

1. 为什么明明让我提意见，我提了意见又生气了呢？
2. 怎样的意见该提，怎样的意见不该提？
3. 一个好意见的检验标准有哪些？

课程内容

一、提意见背后的潜台词与陷阱

我们不妨分析一下我们"提意见"时听者的心态，无非以下几种可能：

其一，对方真想听你的"意见"。

其二，对方只是虚晃一枪，本意则是希望听到你的夸奖。

其三，对方只是客气一下，并不想从你这儿听到任何"意见"。

显然，后两种情况与"潜台词"关系最深，即便是第一种情况，也与"潜台词"有莫大的关系。我们要认识到，当你兴奋地"提意见"，一出口就可能触发了对方的防御心理。不管是谁，只要听到对方说"好啊，那我现在想给你提意见，你不要生气啊"，就会立刻潜意识地产生防御对抗心理。因为这句话背后的含义是"你做得不对，你在某些方面不好"。

有些人可能不大同意以上说法，会觉得想这么多，活得太累，而且沟通效率太低。他们也许会这样说："我想贯彻自己的人生观和价值观，让自己活得舒服一点、自然一点。道不同不相为谋，我只想同彼此相处都觉得很舒服的人共事，如果不是这样，那还是敬而远之，不做同事为好。"殊不知，在绝大多数职场中，你都没有"挑选同事"的资格。和谁共事，并非由个人意愿决定，而是由老板，甚至受到更复杂的背景和各种能力因素所左右。因此，不是我们在选择让自己过得舒服，而是这种心态可能反而让自己陷入一个不那么舒服的职场人际环境中。

这就是"胳膊拧不过大腿"的道理，也是"人不能改变环境，只能适应环境"的逻辑。其实，将心比心，换了是你，当别人对你不太婉转地提出批评意见时，即使理性上再能接受，情感上仍难免会感到挫败。

可见，"双标"在职场中颇为常见。"严于律人，宽以待己"的陷阱在职场中更是屡见不鲜。在职场沟通中，"心情"往往比"事情"本身更重要。这就意味着，你越是想做好事情，便越是要处理好心情。因为很难想象在心情不佳的情况下，一个人可以高效率地做好事情。这就是那些自称"直性子"，工作起来雷厉风行、不讲情面的人，其实效率往往并不高，会在做事过程中遇到无数障碍、无数磕绊的原因。所谓"越想抄近道，便越会绕远道"，就是这个道理。

在职场沟通中，要留意是否存在沟通张力过大的现象。张力可以理解为"隐形暴力"，是只为达到自己的目标而不顾他人的感受、需求的一种粗暴的人际沟通方式。在大多数情况下，沟通的张力越大，则沟通的效率越低，效果越差。当然，也有例外。比如说在千钧一发之际，强化沟通的张力乃至采取较为直接的方式，有时确实可以达到"雷厉风行""快刀斩乱麻"的效果。但这样的效果不大可能成为一种常态。如果强行使之成为常态，反而会产生"沟通疲劳"的副作用，令沟通的效率直线下降。物极必反，必然得不偿失。

所以，当你一开口提意见，可能会使对话氛围变得紧张，结果就有可能适得其反。建议你调整自己的语言习惯，用"提建议"这三个字来代替"提意见"，这不仅是措辞的调整，更是目标的调整——把解决眼前某个问题的目标，调整为发展双方"共同体关系"，做到"先发展关系，再解决问题"。站在盟友的立场上，提出有益于对方，也有益于我们自己的建议，对方更有可能接受，我们的沟通也更有价值。

二、提意见的一个原则和三条铁律

一个完全不能提意见的职场，显然是畸形的，没有前途的。有意见当然可以提，甚至必须提。只不过，需要遵守提意见的一个原则和三条铁律。

（一）一个原则

两个关键词："技术"和"艺术"。提意见既是一种技术，更是一门艺术。绝不能不过大脑张嘴就来，一定要深思熟虑，水到渠成，否则一定会适得其反。

（二）三条铁律

1. 不做"意见大王"

"意见"要追求质量，而不能追求数量。不夸张地说，在大多数情况下，提一个意见，是人品的体现；提一百个意见，则是人品有问题。前者具有建设性，是真正聚焦于问题的解决，会受到欢迎；后者则没有建设性，往往会流于"挑刺儿""找碴儿"，从而招致反感。

为什么这么说呢？

一来，问题有轻重缓急之分，有表象和本质的区别。许多问题尽管看似紧急，且表现各异，其本质却往往聚焦于一两个根源性的、本质性的问题。所谓"治标治本"，不解决本质性的问题，你提再多表面上的意见也没用。

二来，即便你发现了无数本质性、根源性的问题，也提出了无数本质性、根源性的意见，这些意见往往也很难具备真正的建设性。理由很简单，因为你提意见的对象不是超人，他们的时间和精力是有限的，不可能在同一时间内完全消化掉你的意见，更别提将这些意见落到实处了。

所以，真正有建设性的做法是：尽量少提意见。哪怕你的意见全都是金玉良言，也要一个一个地说，一个一个地做，才能真正将这些意见落到实处。切莫妄想一口气解决所有问题。只有帮他人切实解决了问题，你才会成为一个受欢迎的提意见者，而不是让人一听你开口，就本能地警惕和反感。

2. 彻底成为"局内人"

不客气地说，提意见最保险的做法，就是你从一开始便不想成为一个"局内人"。在这种情况下，你可以把注意力完全放在意见本身，而不必过多顾及对方的感受。反正无论对方爱不爱听，你们之间也不会有更多的交集。提完意见大家各自散去，互不干扰。一个很有趣的心理学现象是：如果双方互为局外人，原本没有什么交集，被提意见的一方也会感到比较舒适，反而更容易接受意见，哪怕是比较尖锐的意见。这就解释了为什么许多单位或部门往往倾向于从外部征集意见，因为"意见"本身常常会张力十足，而"局外人"则提供了一个天然屏障，可以有效地保护"局内人"不受伤害，从而比较容易化解张力可能引发的冲突。

困难在于，局内人再怎么温和地提出意见，善意地给出建设性的方案，都有可能让接受意见方感到被指责、被批评、不被认可，从而产生负面的感受。这也是局内人提意见会如此吃力的原因。可是职场中的多数意见，毕竟还是需要局内人来提，这又应该如何是好呢？答案显而易见，增加你"局内人"身份的强度、深度和广度。通俗点说，就是要与你的同事建立更加深厚、亲密的关系，彼此信任。"意见"这个东西，最怕的就是"半生不熟"。说你是局外人，你又和大家身处同一个职场；可说你是自己人，你又和大家不冷不热、不远不近。这种情况下的"意见"，往往会导致不好的结果。

之所以说职场新人在"提意见"方面要格外小心，概为此理。意见可以提，也必须提，但意见最好提给那些让你有亲密感，并与你彼此信任的人。这样的意见才会有建设性，否则还不如不提，因为你的意见很有可能非但解决不了问题，还会引发更多的问题。

特别需要强调的是，对"旁观者清"的理解，万万不可偏颇。诚然，职场新人确实有可能"旁观者清"，可这不意味着有朝一日成为职场"老手"，便必然会"当局者迷"。职场的生命很长，职场人士的职场生涯也很长。你和职场之间不是打一天两天的交道，所以对职场中的问题一定要长期保持敏锐的感知能力。反过来说，新人的问题意识往往比较肤浅和表面，这不仅仅和一个人的阅历及思考力有关，也与职场参与度的深浅有关。鉴于此，在新人阶段谨言慎行并不是一个简单的"做人"问题，也是客观现实的需要。

当然，这并不意味着职场新人的问题意识绝对没有价值，只是说这些问题意识还需要沉淀和加工，等其彻底成熟之后再和盘托出，这才是比较稳妥的做法。总之，如果你是一个新人，除非你发现了一个极其重要或紧迫的问题，一般情况下，少说、多做、多学才应该成为你的座右铭。

还有一点很重要，所谓"扬弃"，就是要先继承，再改善。很难想象一个没有经过完整继承过程的人，能够进行高效地改善。不妨想象一下，如果你本身对职场完全不熟悉，如何确保你的意见能够直击要害、切中核心呢？不客气地说，你的意见最多也就是轻轻碰触对方的表面，最多也是让对方感到不适，甚至产生反感。这样的情况下，你又怎能期待对方会给予你好的回应呢？那你想对方能给你好脸色看吗？就是这个道理。

所以说，这首先是一个职业素养的问题，万万轻视不得。之所以相当多的大企业对那些动辄就给董事长写信、长篇大论地提改善意见的职场新人奉行"零容忍"政策，概为此理。并非说这些人的意见无一可取，而是这种行为体现出的职业素养的欠缺，与那些大企业成熟的文化氛围格格不入。

3. 先扬后抑，以扬代抑

职场中存在的问题分为两个类别：特殊类和一般类。

特殊类问题，比如说问题具有全局性、根源性和极端严重性，就需要你实事求是、仗义执言。当然，前提是职场中真发生了"当局者迷"的现象。许多局内人对如此严重的问题或毫不知情，或视而不见，只有你慧眼独具，认识到问题的存在及其根源性、严重性、危害性，并意识到自己有义务做那个"吹哨人"。不过一般情况下，这种现象不太常见。许多问题，哪怕是极其严重的问题，在职场中其实是尽人皆知的，属于典型的"老、大、难"问题。面对这样的情境，即使成为"吹哨人"，甚至敲锣打鼓、唢呐齐鸣，问题也依然很难解决。这个时候就需要你冷静，谨言慎行。你要仔细观察，认真思考，好好分析一下这种现象的背景和成因，而不是急于提出你的"意见"。换言之，你需要大量的准备时间熟悉事物、思考对策、策划行动。如此这般才能有的放矢，让你的想法与意见具有真正的建设性。

一般类问题，针对这种问题提意见，要记住"九一/一九"原则。具体来说，哪怕你觉得某个人或某件事的缺点要打九分，亮点只能打一分，你也要反其道而行之，在提意见的时候要给那个缺点打一分，亮点打九分。而且要亮点在前，缺点在后，顺序不可颠倒。

这么做的原因在于，你打的分数只是你本人的感觉，未必代表客观现实。特别是对于那些"亮点"，也许你会觉得理所当然甚至不值一提，对方可能为此付出了巨大的努力，并且非常珍视这些成就。

鼓励永远比批评更有建设性。你也许会认为"九一/一九"原则有掩盖问题严重性的嫌疑，有可能会让当事人产生错觉，放松警惕，降低动机。其实不然。从人性的角度来看，"好了还想再好"是符合人完美主义倾向的本能。良好的自我感觉只会进一步强化这种动机，而不是相反。具体地说，通过亮点的强化让对方有个好心情，从而增加其改正缺点的动机。这就意味着，好心情是一个人面对困难时的一种精神资源。这种资源越多，面对困难的勇气越大，解决困难的动机就越强。如果你采取相反的操作，让对方觉得自己一无是处，不可救药，反而会打击他们的积极性，磨灭他们的动机，甚至让他们产生自暴自弃的念头。这就与你"提意见"的初衷背道而驰了。

当然，前提是你在运用"九一/一九"原则的时候，不能刻意对问题的存在轻描淡写。强调亮点，不代表着淡化缺点。这是两码事，不能混为一谈。

总之，那种认为只有直言不讳才是同事之间的相处之道，才能高效工作的想法，其实是大错特错的。在沟通这件事上，"心情"往往比"事情"本身更加重要。心情只要被破坏，事情就很难搞定，而且会节外生枝，频出乱子，极大地妨碍你的效率和效果。所以，"重事情，轻心情"也是职场沟通中的一大陷阱，务必高度警惕。特别考虑到"重事情"往往给人一种大义凛然的错觉，会让人觉得很"正确"，乃至很"正义"、很"高尚"，这个陷阱的隐秘程度和严重程度，也便可想而知。

三、提意见前做好"事实、情绪、目标"三方面的准备

好多人喜欢以"过来人"的身份向晚辈传授经验，问题是：你觉得自己是"过来人"，但是对方让你去指导了吗？即便对方同意你"介入"，你也得做好准备再"行动"。在提意见前，我们应分三步做好准备工作。

第一步，了解更多客观事实。要了解具体情况到底是怎样的。你觉得对方某件事做得不到位，但这可能是因为你没有掌握所有情况。那么，事前打草稿（哪怕是腹稿）的习惯会倒逼你先调查一番，了解事情的来龙去脉以后再发言。

第二步，划定自己的情绪刻度。要明确你在提建议过程中希望表达怎样的感情，表达到什么程度。是要情绪做个"降级"，让自己的意见显得更加客观、理性？还是故意表现出愤怒和受伤，让对方感受到压力？这些都是可以提前准备的。

第三步，明晰提意见的目标。要想清楚为什么提这个意见，希望达成怎样的效果。比如，我们向领导提意见，是为了反映同事存在的问题，指出领导本人的不足之处，还是为自己争取更大的做事空间？对方的反馈不一定如你所愿，我们在提问前要抓住核心目标和主要矛盾，在此基础上考虑和对方做哪些妥协和让步。提意见一定要"抓大放小"，一次解决一个主要问题。要是什么都想要，对方就会觉得你不是提意见，而是在挑毛病。

四、提意见后要提供建设性方案

小王是名海归留学生，拥有高学历和高智商，入职一家公司不到三天就发现了这家公司存在的一些经营战略问题。上班第四天，他花了整整一天的工夫写了一封"万言书"交给公司老板，他正洋洋得意时，不料却收到公司"请另谋高就"的辞退信。站在新员工的立场上，公司给小王的反馈太不合情理了："我明明是为了公司好，有意见为什么不能提？"但是，我们对照"提意见一个原则和三条铁律"来看，就会发

现问题所在：首先，这个员工才来上班三天，就成了"意见大王"，有什么依据判断，他在公司战略的问题上会想得比老板更明白？其次，这个员工将自己放在检查者的位置居高临下地指出公司存在的不足，并表达对很多同事的意见，没有认识到自己是公司的一员，没有从"我们是一体的"的立场来提意见，除了批评与指责，没有任何建设性的意见。

之所以强调"提意见时要附上建设性的方案"，是因为只有具体的方案才是可以执行的。你提出的问题也许有道理，但这个问题大多数情况下都是大家知道的难题，往往容易招致普遍的批评。然而，关键是如何解决。比如，一个新员工针对某个具体的开会方式、某项具体的管理举措向公司提建议，只要足够具体，哪怕这件事很小，也能赢得他人的重视和尊重。但反过来，没有带上具体方案就提意见，对方最直接的感受就是你在传染负面情绪，或是刷存在感。

我们可以换位思考一下，当你没有带着解决方案，仅是提出一堆意见的时候，从对方的角度看，这个具体意见意味着什么。第一，这个意见的潜台词是其他人都不行，有待提高，只有你最高明，相当于把自己放在了所有人的对立面。第二，即使提出的建议是对的，但是人都是有盲区的，不可能掌握事情的全貌，提出的问题可能并不是核心要点。验证自己的意见是不是问题的核心，你可以附上自己的解决方案，看看这个方案是否真的能解决你发现的问题。

当我们向他人或团队提意见时，要问自己一个问题：我是出于关心这个组织提出建设性的意见呢？还是仅仅出于发泄我自己的情绪或想自我表现？在职场中，我们在提出具体建议、展现自己的才华之前，首先要让团队和同事们感受到我们也是这个组织的一分子，而不是高高在上的"批评者"。如果你都没有爱上这个组织，没有展现对这个团队的关怀，那么你提出批评意见，往往会适得其反，将引起他人的反感和反击。

五、接收意见的正确姿势

（一）表达感谢

感谢的可以不是意见内容本身，而是感谢对方在给你提意见前调动了很多心力资源，同理他的情绪，去理解他的需求是什么。

（二）一定要反馈

反馈不代表着对方的意见你照单全收了，而是让对方知道，你是否理解了他的意见的内容，是否感知到了他的情绪与需求。当你特别认真地反馈对方时，对方也能感受到"我们是一体的"。

（三）再次反馈落实情况

你可能还会遇到一种情况，就是别人提的意见特别不靠谱，你完全不认同。除非这个人对我们来说是个重要人物，否则绝大部分提意见的人其实并不关心我们最后落实的结果，所以，一般人随口提个意见的话，我们只要展现出好态度就够了。

除此之外，我们需要虚心接受，屡次改之，并且要反馈对方自己的落实情况。如果批评建议无法落实的，那我们就要坦诚地告诉对方，我为什么没有那样做。在和他们沟通时，千万不要用证明对方意见错误的方式来为自己辩驳，这样就伤害了对方提意见的感情。我们应该论证的，不是对方提错了，而是时机还不成熟，我们实际是可以把事情做好的，那么对方提意见的目的就达到了。

课程回顾

1. 提意见要小心陷阱：先发展关系，再解决问题。
2. 提意见要遵循一条原则和三条铁律。
3. 接受意见的三个动作。

沟通实践

案例分析——提意见

请根据以下的案例场景思考哪些是可以提意见的场景，哪些则是应该保持沉默的场景，为什么呢？

[场景一] 同事聚餐，去一家餐厅吃饭，发现服务质量特别差，这个时候，你要不要把餐厅老板叫过来提意见？

[场景二] 你听说同事 A 特别受不了同事 B 的某个习惯，但你和两个人的关系都很好，你想委婉地提醒下 B 同事，要不要提？

[场景三] 开放办公环境下，同事每次打电话都开免提，影响了周围人办公，这个时候，要不要提醒他？

[场景四] 你有一个关系特别好的朋友，但他的工作经常干得乱七八糟，你要不要跟他说说怎么改进？

案例解析参考答案

　　在无法证明双方是共同体关系的情况下，我们要谨慎地向对方提意见。原因很简单，对方和我们都没有什么关系，凭什么要听我们的呢？我们可以在以上沟通实践练习中深入思考提意见的场合、时机、方法等。

　　第一个场景，不要提。你能做的最正确的决定就是赶紧结账，及时止损，记住下次不来了。但肯定有人会觉得自己利益受到侵害了，非要把经理叫过来，一开始就事论事，再往后就会演变成争吵，甚至冲突。平心而论，我们为什么要冒着被伤害的风险，去提这个与自己长期利益无关的意见呢？完全没必要。

　　第二个场景，听到同事对同事的吐槽，为了让他俩更好，要不要给其中一位同事提醒呢？坚决不要，这会好心办坏事。如果我们真的觉得被吐槽的那位同事值得变得更好，就应该把这个意见作为自己的建议与他（她）沟通。

　　第三个场景，同事在办公环境开免提，影响大家办公。这个意见可以提，但要讲究方式，因为你的意见对对方并没有显而易见的好处。所以，要把它处理成对双方都有好处的建议。你可以建议他打电话戴耳机，这样其他人发出的响动就不会影响他的通话环境，大家在办公室里互不干扰。

　　第四个场景，不要这么做。这道题的表述最有混淆性。很多人认为，我们是好朋友，又不是外人，为什么不提？事实上，你俩只是生活上的好朋友，而你提的意见关乎他的工作。在工作这件事上，你们并不是共同体，你就没有资格指手画脚。所以，一定要忍住。如果对方主动问你，你可以用帮助的方式，而不要用提意见的姿态来指导他。

　　总的来说，我们在提意见时，自我认知必须是一名利益攸关者——我跟这件事有关系，所以我提的意见才值得被认真倾听。

第七节　谈判力：用双赢思维获得合作

📖 **格言**

　　助人实现所想，自会得偿所愿。

——金克拉

✎ 导言

我们为什么要"谈判"？因为人生本就处处是谈判。

只要我们为了争取某一权益而交换观点，只要我们为了达成一致而协商或辩论，我们就是在谈判。谈判立足于人的本能需求——"我要……"。

比如，"我要升职加薪""我要成为这家公司的管理者""我要用最划算的价格买下那套房子""我要你接受合作方案""我要你上进，好好学习天天向上"等。

可以说，我们人生价值的体现，生活、事业、名誉、财富、爱情、婚姻、育儿等，都离不开谈判。从某种程度上说，你会不会谈判，将决定你能不能良好生活。谈判，是精英人士必备的高级语言模式。在生活的征程中，人人都是策略家，我们相互交涉，彼此竞争，谁都想成为生活的赢家。当然，你可以与世无争，但你不能被不公正对待。

我们需要通过"谈判"来守护自己的利益；需要通过"谈判"来保证自己的尊严；需要通过"谈判"来解决自己或团队遇到的难题；需要通过"谈判"说服别人赢得支持……

即使是那些专门研究过谈判的人，往往也都是学习追求胜负的传统谈判，而非实现双赢的方法。如果是后会无期的一次性谈判，那么这种老式的对抗性方法可能还算有用。但这样的"一锤子买卖"现已越来越少，我们大多都是在与同一群人反复打交道——家人、朋友和同事、供应商和客户。所以在谈判中，我们既要获得满意的结果，也要经营与谈判对象健康、良好的关系，两者同样重要。在全球互联互通的今天，双赢正在迅速成为谈判双方都愿意接受的唯一结果。而每个人都可以培养双赢的谈判思维，学习达成双赢协议的技巧。

课前思考

1. 为什么人人都要学习谈判？
2. 我不喜欢冲突和竞争的氛围，所以我不喜欢谈判？
3. 双赢的谈判是什么样子的？

课程内容

一、双赢思维

任何谈判最终都可归结为以下几种结果：

（1）胜负分明：一方胜利，一方失败。这种情况可能在双方实力悬殊或一方准备不足时出现，也可能是暗箱操作的结果。这种结果总会让输家怨恨赢家，双方关系也会因此而受到影响。就算会破坏双方关系，我们也还是觉得赢总比输好，希望自己是获胜的一方。不难看出，这种结果是如何产生的。

（2）两败俱伤：两方皆输。大家可能在想，"这怎么可能？不难想象一方会输，但双方怎么可能甘愿接受失败呢？没道理啊!"确实，这并不合理。然而，谈判总是能轻易让人变得情绪化，可能会让人不惜以失败为代价，只为将对方也拉下水。此外，这也在很大程度上取决于我们对"失败"的定义。自杀式爆炸袭击对我们来说就是"两败俱伤"。

（3）各有输赢。这是迄今为止最常见的谈判结果。双方都解决了部分需求，但都未充分实现自身利益。这种结果似乎还不错，毕竟双方都得到了比原来更好的结果。而且，我们也知道自己无法奢求所有愿望都能得以实现。

（4）双赢。双方都得到了想要的一切，这是所有可能的情况中最好的一种，是最理想的结果。但是，尽管人们经常谈论双赢、追求双赢、渴望双赢，却很少真正实现这种结果。

与追求各有输赢或两败俱伤的谈判者相比，双赢谈判者也没什么不同。他们并非经验超群，风度过人。双赢谈判者与其他谈判者最大的区别就在于思维。双赢谈判者了解谈判的五种风格，并能根据对方特点及现场情况灵活运用，做出适当调整。他们会有意做出某些积极举动，避免消极行为。他们乐观开放、善于合作，希望共同解决各方问题。

二、谈判的五种风格

谈判风格主要取决于两个维度：自信和以人为本。自信指清楚、直接地进行利益沟通的能力，即在不触怒他人的情况下主张自身利益。自信的谈判者不仅会努力争取自身利益，敢于说明自己当下的感受，并在必要时说"不"；同时也会接受公平的标准，承认他人权益，真正做到问心无愧而又毫无保留地追求自身利益。以人为本指对他人需求及感受的敏感性，包括同理心、情感意识和在社交场合的自在程度。以人为本的谈判者通常善于交际，且惹人喜爱。他们并非以任务为导向，而是更注重人。他们会努力兼顾彼此的利益。

谈判风格由自信和以人为本的程度而决定，如图4-8所示。

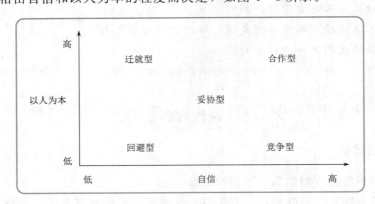

图4-8 谈判的五种风格

（一）回避型

回避型风格的谈判者会尽可能回避问题、对方和谈判情况，往往有下列表现：

• 避免对抗、争论和冲突。

- 避免讨论问题，特别是敏感性问题。
- 很难坚持对自身需求的主张，不愿对对方说"不"。
- 尽可能推迟谈判。

（二）迁就型

迁就型谈判者主要是想维护好自己与对方的关系，就算是以自己的实质性利益为代价也在所不惜。迁就型谈判者往往有下列表现：

- 不愿说"不"，比起自己更关心对方。
- 牺牲自身利益来帮助对方。
- 试图通过取悦对方来赢得认可。
- 跟随对方的脚步。
- 强调共识，淡化或忽视分歧。

（三）竞争型

竞争型谈判者的特点是强调自身利益，并以牺牲对方利益为代价赢得胜利。竞争型谈判者往往有下列表现：

- 利用权力来获得更有利的结果。
- 利用对方弱点。
- 非赢即输。
- 强硬的态度。

（四）妥协型

妥协型谈判者重视公平和平衡，各方都要有所牺牲，以实现各自的部分需求。妥协型谈判者认为自己无法得到想要的一切，往往有下列表现：

- 快速化解差异。
- 假设必须要有所取舍或让步。
- 寻找折中的解决方案，而不会努力寻求双赢的结果。

（五）合作型

合作型风格的谈判者通过关注共同利益和努力满足对方需求来寻求最佳结果。合作型谈判者往往有下列表现：

- 开诚布公地进行交易，清晰而有效地进行沟通。
- 建立信任。
- 倾听对方的意见。
- 分享想法和信息。
- 寻求理解和创造性解决方案。
- 考虑多种方案。
- 努力创造价值。
- 将谈判视为共同解决问题的一种练习。

回避型和迁就型谈判者通常在谈判中表现不佳，特别是当对方强势有力时更是如此。他们总是有些软弱且不够坚定，需要更有主见、更加自信。充分的准备可能有助于弥补他们在谈判桌上信心与动力方面的不足。这就意味着他们要了解谈判话题、双方彼此的利益及筹码、需求和限制，预测谈判中可能发生的情况，并清楚地知道妥善处理各种突发情况的应对措施。如有自信的同伴在场，也会对谈判的过程有所帮助。人进步的压力与动力往往来自他人，而非自己。但我还是强烈建议这类谈判者能参加自信培训课程，培养自信。

竞争型谈判者追求胜负——胜利就是一切。对他们来说，明智的做法是帮助对方至少能取得一定程度的胜利。他们既想成为赢家，又想通过让对方获得高于预期的结果而博取好感。然而，竞争型谈判者往往想要看到对方失败：对他们来说，这再次证明了他们的胜利。即使是自信的谈判者，面对竞争型谈判者也可能会碰一鼻子灰。但我们偶尔也需要与这样的人谈判。这时，我们要尽可能理解对方，并为自己打气，努力寻求双赢之道。如果他也赢了，他可能并不会因为我们的胜利而感到不快。归根结底，他关心的只是自己的利益罢了。

妥协型谈判者，乍一看似乎比较好说话。他们愿意放弃一些利益来换取其他东西，前提是对方也愿意这样。这种方式只是看起来还算公平。有些人甚至将谈判称为妥协的艺术，这绝对有辱谈判的艺术。在商业领域，人们很快就会看到，这并不是一条好的出路。而学习双赢的谈判方法，远比满足于快速而简单地达成双方和谐的局面要好得多。

合作型谈判者，不出所料，其实就是双赢谈判者。他们通过建立信任、开放沟通、明确利益、运用筹码并设计方案与对方合作解决共同的问题，从而为所有相关方创造最大的价值。

大多数人都有一个主导或偏好的风格，但它可能会随着情况和相关人员的变化而变化。虽然比起回避和迁就，合作往往能带来最好的结果，但每种风格在不同情况下各有所长。

回避：有些微不足道的问题，可能不值得我们花时间。在我们情绪高涨时，明智的做法是推迟谈判，直到情绪平息下来。然而，回避只是权宜之计，并非长久之策。如果发现自己经常找理由刻意回避，那么我们一定要主动培养自信心，直面现实。

迁就：如果谈判中某些问题对我们不重要，而对对方很重要，我们可以选择在这些问题上做出让步。这个简单的让步可以让我们在之后换取其他东西。我们可能会当场提出一些要求作为让步条件，但也可能会一味地沉浸在让对方得偿所愿的优越感中，在婚姻等亲密关系中尤其如此。

竞争：如果是在一场与对方的一次性谈判中，我们可能就不会在乎他们的赢输，一心想着拿下谈判。又或者是单纯就价格进行谈判，一方的收益意味着另一方的损失，这时最可能的结果就是双方都取得部分胜利，但我们总会想方设法地尽量实现自身利益最大化。如果是处于危急情况中需要快速、果断采取行动的谈判，我们也可采用竞争的谈判方法。

妥协：我们可能会身处这样几种情况中：①迫于时间压力，无法探索双赢之道，而需迅速给出解决方案；②双方实力相当，都不愿意做出过多让步；③双方都将妥协作为解决复杂问题的权宜之计，并打算之后再寻求更为长久的解决方案——例如，达成停火协议之后再签订全面条约。当任何一方都不能提出双赢解决方案，且双方都倾向于即使仅能获得部分胜利也要达成交易时，就可以做出妥协。不过，在这种情况下，最好能付出更多的努力来想出更具创新性的方案。

合作：如果双方都想实现双赢，并且有时间也有意追求双赢，合作就很有可能实现。另外，如果问题非常重要，无法妥协，也不容失败，人们往往会选择合作。如果双赢势在必行，其实总归有办法来实现。

虽说合作是最为理想的一种方法，但即使是双赢谈判者，有时也会用到其他几种谈判方法。

三、双赢策略

（一）立场与利益

立场是我们说出来的需求，而利益是我们真正的需求。也许很难相信，许多人其实只是以为自己知道想要什么，但可能并不清楚自己真正的利益是什么。用经典的冰山理论来解释利益和立场的关系，可能会对大家的理解有所帮助。如果说立场是冰山浮在水面上的一角，那利益就是隐藏在水面之下的重要根基。由于它不在人们的视线范围内，所以鲜为人知。我们要做的就是探寻表面之下真正重要的东西。

假如你跟老板提了加薪，老板告诉你，他也很想批准，但确实没这个预算。这时，你要么辞职另寻"钱途"，希望找到跟之前一样热爱的工作；要么郁郁寡欢，满腹怨言地继续工作。没有人是赢家。你真的需要加薪吗？还是这只是你的立场，只是你觉得想要？你为什么想要加薪？你的真正利益是什么？它可能不是钱本身，而是维持或改善生活的手段。虽然加薪是一种方式，但也有其他方式同样能让你获得利益。公司配车、健康福利或住房补贴可能也能达到这个目的。即使无法加薪，老板可能也会选择其中一种方式来让你获得利益。

立场可能是获得利益的一种手段，但不一定是唯一或最好的。专注于立场是没有成效的，还往往会导致利益被忽视。如果坚持各自的立场，你坚持想加薪，老板则坚决表示不能加薪，那就没有人会考虑到可能维护彼此利益的其他选项。人们会囿于自己的立场，放弃或改变立场会让人觉得自己优柔寡断，失了面子。由于总是想努力表现得坚强、始终如一，人们甚至都没有注意到，捍卫立场可能有违自身利益，不仅会影响自己，还可能会破坏双方的关系。不要在立场上纠缠不休，而要专注自身利益，认清什么对自己来说最为重要。同样重要的是给予对方利益，至少是部分利益，否则谈判可能会无法继续下去。

（二）明确利益

对于自己或对方提出的任何立场，都要问"为什么？有何目的？"借此来发现每个立场背后的潜在利益。然后根据经验，确定是否有至少一个方法能满足需求。例如，你可能希望加薪，以此来体现公司对你多年来贡献及价值的认可；但通过晋升、改善福利和扩大责任职权等其他方式也可以满足你的渴望，让你获得认可。因此，一开始你的立场可能是"我想加薪"，但你的真正利益需求可能是"我应该得到更多的认可"。

举两姐妹抢夺一个橙子的案例。若两姐妹都想要这个完整的橙子，你将如何处理这场纷争呢？大多数人的办法是让两姐妹相互妥协，比如建议她们把橙子切成两半，这样每个人都能实现部分需求。但这样做，两姐妹都无法得到她们真正想要的完整的橙子。如果你允许她们更多地表达自己的需求，或许你会得到更多的信息，比如一个想喝橙汁，另一个则是想拿橙皮来做制作陈皮的实验。姐妹俩表面的立场看似无法协调、不可兼得：如果一个人得到橙子，另一个人就得不到，一定要分出个胜负。快速要求双方妥协的谈判方式，会导致两姐妹谁也没得到满足，更遗憾的是，双方拿着本不需要的果肉或果皮，根本无法物尽其用。理想情况下，我们希望在谈判中优化分配，不漏掉任何一个可用筹码。只有通过明确利益、分享利益，她们才会找到完全满足彼此需求的办法。这样一来，即使立场不一，双方也都能充分满足自己的需求。通过这个案例，我们可以学习到：只有在明确了彼此真正的需求后，双方才能最终达成协议。

（三）确定利益的优先次序

我们要把可能从谈判中得到的所有东西列成一个愿望清单，然后对照每项，问自己"为什么需要"以确定真正的利益，随后对所有愿望进行优先排序，想清楚哪些对自己来说是最重要的。对于简单的谈判，把需求分为"高""中""低"三个优先级可能就足够了，或者分成"必须拥有""真正想要""拥有了更好"这三类。

"所有需求对我来说都很重要！所有这些，我都想要！"这种想法确实很诱人，但其实并不是所有东西都同样重要。为了使优先事项更加现实和节制，首先要列出所有利益，然后确定各项利益的权重，并使各项利益的权重之和为100。这将有助于我们关注对自己最重要的事情，避免为了一些琐事（博人眼球的粉饰）而忘记主要目标，不至于枉费大好价值而只换得次要目标。

尝试预测对方的利益及优先事项。我们可能无法对其进行准确排序，但也许可以判断出对他人来说非常重要、比较重要或不重要的事情。

（四）分享利益信息

我们往往很难想象双方在谈判中的保密意识到底有多强。谈判者彼此交谈和倾听，但往往不会分享很多信息。对于谈判来说，信息即权力，这点毋庸置疑。我们当然希望比对方拥有更大的权力，所以才会表现得好像所说的任何话都可能会对自己不利一样。但是，掌握所有信息，将点滴数据都当成最高机密，反而可能会适得其反。

谈判者对信息披露的警惕程度大多都远超需要。我们在前面说过，谈判可以被视为共同解决问题的过程。如果不与谈判对象分享信息，那他怎么能帮你解决问题呢？如果谈判对象了解你的利益，就可能会想到一个你自己都可能忽略的解决方案。常言道，人多智广。还记得那对拌嘴的姐妹吗？由于激烈的冲突，她们将对方视为竞争对手，所以才不愿坦诚相待，更不要说分享关键信息了。但如果有一人先开口说"我想要橙子，因为想把橙皮磨碎做蛋糕"，情况又会如何？那另一个人可能会回答"只是这样？我就是想喝杯橙汁"。这样一来，问题不就解决了？

分享利益信息会提升信任，进而会增加实现双赢的可能。我们很难信任一个行事隐秘的人。如果我们主动分享信息，那对方很可能也会做出回应。双方都会受益，皆大欢喜。但如果对方没有回应，我们又该何去何从？这将致我们于不利吗？答案是否定的。即使对方没有回应，分享利益信息也是取得双赢结果的关键。公开自身利益可以使对方更有可能为我们提供帮助。我们无需同意任何不能满足自身利益的事情。对方如果了解我们的利益，也许就可以找到满足我们需求的方法。如果我们分享了自己的利益信息，而对方却不回应，这只会增加我们帮助他们的难度。

一般性的规则是，我们应该分享自己的利益信息，而慎重考虑是否要分享其他类型的信息。我们可能不想透露自己的底线、B计划、最后期限、商业秘密等其他敏感信息，至少不想很快就分享出去。但不要预设永远都不会披露敏感信息，而应随着谈判的进展重新评估分享敏感信息的价值。例如，我们可能不会在早期主动提供预算或时限信息。销售人员要是知道了我们的预算，肯定会想方设法地套牢兜底。而就算我们愿意花掉全部预算，销售人员还是会要求更多。透露预算是非常现实的一种考验。对方一旦意识到无法实现需求，就可能会变得更加宽容，以完成交易。

同样，假如我们面临非常紧迫的截止日期，不巧的是，还让对方知道了这一信息，那对方可能就会利用这点向我们施压，达成对我们不太有利的交易。但是，如果我们对自己的提议很满意，而对方企图使用拖延战术攫取更多利益，那我们就可以透露我方最后期限，并向对方施压，以使其迅速接受我们的条件。随着谈判不断展开，即使过早透露了可能会对自己不利的信息，之后也仍有可能扭转颓势，对自己有利。对于某项信息最好是分享还是保密，我们还是要不断评估，再做定夺。

（五）筹码

无论有形还是无形，只要能在谈判中进行交换，任何有价值的东西都可以被当作筹码。人们最熟悉的筹码当然还是金钱及其可换得的产品或服务。但还有许多其他筹码，包括支付方式、交付进度、风险分配、时间安排、补充条款及条件、品牌声誉、情感需求、认知观念等。这不仅仅是价格问题。如果只是就价格进行谈判，那我们其实已然看到了胜负的结果。假如正在就瓶装水的价格进行谈判，我口袋里每多出1元，就意味着你少收了1元。但如果买1000箱，那我能否得到折扣？如果当天支付现金，而不是30天后收款呢？如果我想在标签上印上公司名称呢？又或者放弃普通的设计而采用别致的仿水晶瓶呢？现在我们不仅有价格这一筹码，还有很多筹码可以用来交易。我们能引入的筹码越多，选择就越多，而通过其中一种选择实现双赢的机会也就越大。如何在谈判中，使用更多的筹码？

1. 认识到并利用需求差异

我们常常认为，别人看待问题的方式和我们一样。我们理性而成功，拥有今天的成就肯定也不无道理。我们当然知道什么是正确、有利和重要的。如果我们想要，那其他人也一定想要。如果我们重视，那其他人也一定会重视。当然，人们对事物的看法也都是见仁见智。看到同样一个橙子，姐妹俩一人想喝果汁，一人则想做陈皮。想喝果汁的人觉得果皮没用，而需要橙皮的人则对果肉漠不关心。所以，我们要认识到并利用这些差异，为实现双赢结果创造机会。

在一个人眼中被视为无用的垃圾，却可能是另一个人眼中的财富。很多时候，我们对某些东西的重视程度远远超过对方，反之亦然。这是一个创造价值的理想机会。如果我们只少量付出，甚至无需任何付出，就能为对方提供对其相当重要的事物，那其中的好处自不必多讲。对方也一样。双方都通过少量牺牲获得更多利益，这其实就是（或几乎就是）从无到有、凭空创造价值的一个过程，也是达成双赢协议的一个关键。例如，一位餐厅经理正在思考如何处理用过的食用油。她可以直接把油倒在巷子里，但可能导致恶臭漫天，还可能面临受到卫生检查部门传唤的风险；也可以花钱让垃圾处理公司打包带走；又或者将其卖给一家能将废油转化为燃料的公司。

2. 提供更多选项

选项是谈判的可能解决方案，也是一系列筹码的组合。选项越多，我们就越有可能从中找到双赢的解决方案。回想一下两姐妹分橙子的情景，她们有哪些选择？如何解决这个问题？可以把橙子让给对方，或者把橙子切成两半，误入妥协的歧途，也可以抛硬币或抽签来决定橙子的归属。她们还可能会因此发生争执，或是引入一些其他筹码，比如出价竞标（香蕉、草莓、电视节目的选择权），并就所有水果的分配（遥控器的控制权）达成协议。最终，她们在众多选择中找到了一个能实现双赢的选项：一人榨橙汁，一人收集橙皮。

这对姐妹有很多选择，肯定还有我们没想到的其他办法。其中大多数都是胜负分明或各有输赢的解决方案，只有一个是双赢解决方案。大多数选择，尽管不尽如人意，但最起码都很容易构思。而提出双赢方案则会更具挑战。很多时候，为图便利，谈判者会接受一个自己看来足够好的结果。而优秀的谈判者往往懂得如何识别筹码，并将其组合形成各种选择，设计出能使双方利益最大化的最优选项。

3. 超越三种选项

大多数谈判者在谈判开始时心里都会有三个选项：

（1）可以达成的最佳交易（通常是难以实现的理想）。

（2）可以接受的最差交易（只比底线好一点点）。

（3）最可能达成的协议（通常涉及低效的妥协）。

如果只有范围有限的选项，可能会带来几个问题。

首先，我们其实并没有真正了解自己能达成的最佳交易。基于对彼此筹码和需求的假设，我们可能还会基于自己有限的视野对结果抱有一定期待。由于受到原有立场的局限，我们甚至可能根本都没注意到对自己更为有利的一些东西。

同样，我们也无法确定自己可以接受的最差交易。虽然可能在心里有个底价，但其他筹码的或新信息的引入还是可能会改变我们的想法。假设我们在一次零部件交易中已经打定主意，决定可以接受的最低价格是每单位 900 元。但如果买方可以支付现金，直接在工厂交货，订购量比平时更大，又或者除部件外还想购买一些印字包装等，我们可能就会接受更低的价格。

此外，一心想着有限的几种选择，可能会让我们盲目自信，误以为自己已经准备好了。可事实上，准备好应对谈判中可能出现的各种不确定情况是非常必要的。但这并不是办法，谈判的范围完全是根据立场而非利益确定的。

在生成选项时，首先应列出自身利益并确定其优先次序，然后列出自己所具备的全部筹码，并尽可能完整地列出对方的利益和筹码。切记，选项是谈判中可能存在的解决方案，而筹码则是选项的基础。

（六）从筹码中创造选项

要为谈判做好准备，首先必须了解自己真正的需求是什么。大家可能会惊讶地发现，很多人甚至不确定他们到底想要什么。之后就是要尝试预测谈判对象的需求。我们可能永远都无法确定对方想要什么，但只要有一定的预想和研究，我们就可以对其建立起相当的认识。一定要在后续讨论——打好基础和讨价还价阶段——检验这些假设。

最后，整合这些筹码，形成一系列的组合，或者说选项。谈判桌上的利益和选项越多，达成双赢协议的机会就越大。通过关注那些注重利益而非立场的选项，我们可以为各方创造更多价值。各方都可以提供某些筹码来吸引对方。前面也说过，选项是一系列可能筹码组合中的一种，比如：

- 选项一 甲方提供筹码 A、B、C，乙方提供筹码 X、Y、Z。
- 选项二 甲方提供筹码 A、D、F，乙方提供筹码 V、Y、Z。
- 选项三 甲方提供筹码 A、D、E，乙方提供筹码 W、X、Y、Z。

以此类推。任何选项（一组筹码）都是一个潜在的解决方案。显然，只要对方可以接受，我们肯定希望提供的筹码越小越好，越便宜越好，越简单越好。请记住，有些东西虽然对我们来说无足轻重、唾手可得，但对对方来说却可能价值连城、至关重要。

（七）同时提供多个等价条件（MESOs）

单纯通过反复试验判断对方最看重的条件当然也是个办法。也就是通过不断报价和还价，屡战屡败，屡败屡战，努力弄清楚对方究竟想要什么或不想要什么。这种方法既耗时又低效，而且可能无法深入了解对方真正的需求。一个更好的方法是使用"同时提供多个等价条件"策略。我们可以问对方："你喜欢选项一还是选项二?"再次强调，选项是一系列筹码的组合，我们可以把不同的筹码放入不同的组合来形成很多选项。如果对方对两者都不满意，那就继续追问对这两个选项满意或不满意的地方，并据此向其提供选项三和选项四。然后以此类推，直至达成协议。

关于"同时提供多个等价条件"策略的使用，这里有一个形象的比喻。在配眼镜时，验光师并不会随意拿出一副眼镜让人试戴，一直试到最合适的度数，这是毫无意义的。相反，他们会采取一种系统性的方法，即更换试戴架上的镜片，同时不断询问："这个好……（换镜片）……还是这个好？是这个……（换镜片）……还是这个?"这样很快就能调整到最合适的度数，然后眼镜就配好了。同时提供多个等价条件的概念也大抵如此。

视力表的最上面通常都是一个大号的字母"E"。而在 MESOs 策略中，字母"E"所代表的"等价"（equivalent）概念也很重要，即同时向对方提出多个对自己价值相当的条件。换句话说，我们对选项一和选项二的意愿度相同，只是在考虑哪种选项对对方更有效。使用 MESOs 策略其实也是在向对方释放一种信号，即"我们灵活且关心他人喜好，不会把自己的提议强加于人"。此外，通过 MESOs 策略，我们还可以收集有关对方利益的信息，使提案与其需求相匹配，从而系统性地提高达成双赢协议的机会。

四、双赢谈判攻略

（1）区分利益与立场：为了揭示你的真正利益，问问自己这为什么对你很重要。你真正的利益是什么？对它们进行优先排序。对方的利益是什么？是否有其他利益相关者的利益应该被考虑？

（2）确定筹码：任何有价值的东西。你有什么是对方所看重的？他们有什么是你所看重的？你可以利用哪些筹码来创造价值？一定要考虑认知、时间、风险承受能力、无形资产、情感需求等方面的差异。

（3）创建提案：可能的解决方案/筹码组合。哪些提案最能获得自身利益或对方利益？寻找创造性的解决方案。怎样才能利用各种筹码（包括无形资产）创造更多的提案选择？

（4）制订 B 计划：列出你能想到的所有备选方案及其优缺点。哪种备选方案最为有利？它是否实际？能否改进？你最多能在多大程度上预计对方的 B 计划？怎样才能将其降到最低？

（5）理由：评估可能出现的结果的外部客观标准。你能想出哪些可能的理由？公平很重要。确定标准的优先次序——哪些对你最有利？哪些对对方最有利？你如何帮助对方说服其老板/利益相关者？

（6）沟通建立融洽关系，主动共情，博得青睐。多问问题，仔细聆听。考虑文化问题。

（7）沟通中对事不对人，思考清晰，表达明确。同时也要努力理解对方的处境和观点，控制好情绪。

（8）执行：关于各方职责的承诺和协议。你希望完成什么？最终的协议会是什么样子？使用担保、押金、分批付款等方式把风险降到最低。明确后续行动，谁应该在什么时候做什么事情。将争端解决程序写入协议。

课程回顾

1. 建立谈判双赢思维。
2. 了解自己的谈判风格。
3. 掌握双赢谈判的核心技能。

沟通实践

记住这四个选择

我们在职场中有很多练习双赢沟通的机会，除了在正式的谈判桌上，很多场景都需要使用这个策略，例如会议、回复客户邮件、跨部门的合作、接待用户的投诉等，你在做回应时，可以有四个选择：

(1) 自我觉察：问自己的立场是什么，而真正的利益是什么？

(2) 同理对方：静默地猜测对方的立场和利益又分别是什么？

(3) 倾听：了解对方的情况和诉求。

(4) 表达：陈述自己的情况和需求，并提供更多的选项以供双方讨论协商。

如果你觉得自己在工作中的沟通陷入了困境，那么你要重新思考这四个选择中的哪些能给你带来新的想法。

双赢沟通不仅要改变与自己沟通的语言（也就是我自己如何思考），而且要改变与他人沟通的语言（也就是我怎么说），还要学会甄别自己对周遭世界的认知和感觉。在接下来的学习中，审视自己对哪些情境无法应对。尝试使用这四个选择，看看使用双赢沟通能否改善沟通双方之间的连接效果。

记录你的练习过程：

第八节　拒绝：勇敢说"不"，聚焦自身目标

📖 格言

世界上最伟大的事，是一个人懂得如何做自己的主人。

——蒙田

✏️ 导言

很多人常常自嘲为"讨好型人格"，在工作和生活中，他们发现自己难以拒绝他人的请求，这往往让他们感到挫败。我们因为不懂得拒绝而不得不加班、借钱给别人，结果还是出力不讨好。明明是他人强人所难，为什么我们就是张不开口说"不"呢？因为，我们把拒绝对方的要求等同于拒绝对方这个人，认为只要说出"我拒绝"三个字，就彻底把对方得罪了。

在本节中，你将学到在必要的时候，如何去拒绝他人。说"不"虽然使你看起来

像是关上了一扇门，而不是向前迈出一步，但勇敢而坦诚的表达自己的意愿，也许是更明智的做法。一个真正懂得沟通的人，是可以做到只拒绝对方提出的要求，而不否定对方这个人的。学会拒绝应该是一种高级的沟通能力之一。

课前思考

1. 做个不得罪他人的"老好人"有什么问题吗？
2. 你认为拒绝时有哪些注意事项？
3. 被他人拒绝后如何自洽？

课程内容

一、对自己保持尊重

（一）"老好人"身上的特征

从不说"不"虽然会让你变得平易近人，但也会让事情变得复杂。你可能已经意识到了自己是个"老好人"，每当同事在需要帮助时，是不是总是第一个想到你。如果是的话，这会给你自己的生活带来极大的不便。从某种意义上说，你是个可靠的人，他人的赞美往往让你飘飘然。然而，这种信任是以牺牲你自己的人生目标为代价的。你的时间全都会花在与别人无谓的沟通上，而无法专注于实现自己的目标。一个老好人通常有几点特征：在具体的事情上不够细致；实现个人目标的时间有限；容易做出错误的判断；绝大部分时间都很累。

为什么我们有时会不假思索地说出"不"来？

（二）"拒绝"的三个含义

我希望在你说"不"时，你已经经过深思熟虑，把自己放在足够重要的位置上，只接受那些你真心想要的事物。有些提议看起来很美好，但往往它们的出现，只能成为阻碍你完成更大目标的诱惑。永远不要忘记，尽管有些事物或许会给你带来好处，但你应该致力于一个你真正朝向的目标。"拒绝"的三个含义如下：

（1）诚实。说出你的真实意图，而不要迎合同事的期望。专注于真诚地表达自己的观点，而不是为意见冲突而烦恼。他们可能不喜欢你的论点，但因为你没有表达虚假的观点，对方实际上更欣赏你的真诚。

（2）忠诚。有时候你会发现谈判完全偏离了你最初的愿景与初心，这时候，你必须说"不"并坚持原来的路线。一条截然不同的道路可能令人兴奋，但你必须考虑长远的结果。特别是如果你重视你的初心，说"不"会帮助你制定目标，忠诚于初。

（3）尊重。拒绝屈服于让你不舒服的行为意味着你珍视你的自我价值。尤其是当你内心强烈反对某项提议时，你必须在自己和给同事留下好印象之间进行平衡与抉择。

（三）会说"不"的人的特征

会说"不"的人是值得称赞的。实际上，表达拒绝的行为往往需要很大的信心。"不"可能只是一个字，但并非每个人在说它时都能毫不畏惧。因为如果鲁莽行事，人际关系就会变得不稳定。我们要面对不被喜欢或者误解的风险。会说"不"的人身上有着令人欣赏的特质：勇于承认错误；有好奇心；意志坚强；不怕出错；不怕显露出弱点；不张扬；很少寻求外界认可；不拿自己和别人比较；实至名归。

二、什么时候可以说"不"

在一段关系里，即使你知道说"不"对自己更有利，但你却常常说不出口，因为害怕破坏你与对方的关系。但长期妥协和忍耐并不会促进这段关系的健康发展。如果你始终不能在一段关系里说"不"，那么说明你在这段关系里不是被爱，而是在被控制。

在职场上，你与他人的关系建立在长期合作的基础关系中，要知道什么时候可以说"不"。拒绝有时是在表达双方的真实需求，不会拒绝的人很难在职场沟通中获得完整的信息，因为他人无法清晰地知道你的意愿与需求。

无论你多么委婉地拒绝他人，都有可能令他人失望。如果你没有精力完全投入到所承诺的事情中，就不要强迫自己。根据具体情况的不同，拒绝也许会让你付出代价。你应该接受这样一个事实：总有那么一些时候，是你决定了最终的结局走向。如果你真的不想做，那就勇敢地拒绝吧。你也没有义务一直解释，纠结如何找一个好的借口。

在以下情况下，说"不"是可以的：

（1）你不太热衷于参与。与其勉强做出贡献，或者内心不愿意，不如坐着别动。被迫追求目标可能事与愿违。为了避免浪费自己和他人的时间和金钱，避开这个机会是更明智的策略。

（2）你对这个提议不是很满意。不管有多少人已经被说服了，你也可能不同意某个提议，也不想为其进一步投入。记住，当你参与其中时，你有权根据自己的喜好做出决定。如果这样的选择与大多数人不一致，那就让它不同吧。

（3）你不想再腾出手帮忙。当你被要求做出额外的贡献时，如果你不想，你应该说"不"。不管是不是出于好心，你都不应该为你不喜欢的事情而烦恼。如果你实在想帮忙，他们会感谢你的，即使你其实应该对自己的内心更诚实些。

（4）你没时间了。不再思虑直接拒绝别人，并不意味着你是一个无能的人。如果你觉得有更重要的事情要你去处理，就不要再去答应给别人帮这个忙。

三、温和有效地传递"不"

事实上，"不"这个词相当有力，你得接受你变得不那么受欢迎的现实。然而，没有勇气，就不会有辉煌的成就。不过，勇气和鲁莽是两回事。

在团队和公司里，你应该意识到你不是唯一的成员，你可以观察其他人的做法。重要的不是你说了什么，而是你怎么说。如果你想知道为什么在你的同事中你很难让人接近，尽管你对客户说"不"的次数仅仅是他们的一小部分，那么这可能与你把信息传递出去的技巧有关。例如，"不，我不能，因为我只是不想"这样的回答显得幼稚和情绪化。在职场中最好保持专业性的拒绝，以下是一些温和而有效地传递"不"的方法。

（一）有礼貌地坚持自己的立场

如果对方因为你不得不拒绝他的提议而向你表达失望，那你可能需要向他解释你有更重要的事情必须要做。虽然你可能不欠他一个解释，但给他一个解释会让他觉得你拒绝他不是因为一时的心血来潮，也不是因为最近出现的任何问题，这会使他更安心。

（二）陈述事实

对于大多数被拒绝的人来说，听到事实比直接听到"不"要简单得多。听了你拒绝这份工作的理由，你的客户可能会觉得生气是不合适的。这样，他就更可能放下这件事，保持冷静。

（三）说你现在有其他重要的事情

当你表明自己没有足够的时间帮助对方时，对方通常是可以理解的。你不需要再赘述理由，也不用在自己做不到的情况下勉为其难地说："如果我有空的话，就帮你做啊。"

（四）告诉对方你会在考虑后给他答复

提出的建议不值得被考虑有时会很伤人。尤其是如果提出解决方案的客户倾向于让你签署协议，最好推迟说"不"，避免直接拒绝。

（五）意志更重要

尽管说"不"很重要，但你必须记住，一个人充分利用各种情况的决心对事情的发展起着至关重要的作用。在职场中，说"不"并不是最大的事情，被拒绝也不总是坏事。没有让事情按照某种方式发展，会让你更有韧性，做得更好。这些障碍会激发你的一部分潜能，启发你更加关注自己的行为。

（六）加强自身心理建设

要真正地去了解拒绝和有意识地放弃低回报机会会给自己带来的益处。在平日要刻意地练习如何保持个人兴趣、减少焦虑和压力、不受操纵，并学会观察他人常用的制造负罪感的技巧以及各种形式的人身攻击等。这样一来，你就能学会尽可能免受其影响。

四、明智地接受对方的拒绝

如何接受对方拒绝的时候不受伤，牢记以下三点：

（1）遭到拒绝表示对方现在有更重要的自身需求。如果可以把对方的拒绝理解为他自身利益的一种表达，那么就增加了我们对对方的了解。

（2）对方并不是拒绝"我"这个人，而是拒绝我为了满足自身需求而向他求助的"方式"，为自己做好心理建设。

（3）应该准备好次优方案。在职场沟通和谈判中，有时候次优方案才是真正的方案。记住生意不成情义在的道理。

课程回顾

1. 理解说"不"的价值。
2. 理解说"不"的情境。
3. 掌握说"不"的方法。
4. 当他人说"不"时如何应对？

沟通实践

区分拒绝的行为和背后的欲求

父亲退休三年后开始沉迷于炒股。听母亲提起这件事后，我对父亲说："您现在有多少私房钱啊，还拿去炒股？别让家人担心了，收手吧！"父亲立刻大发雷霆："你小子，我和你要钱了吗？你少管我做什么！管好你自己！"

1. 父亲拒绝了什么行为？

不要继续炒股。

2. 父亲的欲求是什么？

自己依然有能力赚钱；有能力、自信保护、照顾家人；保护、生产力、认可。

3. 写下对话，并与搭档分享。

"父亲，您依然想照顾家人，为家里提供经济支持吗？"

参考以上案例，思考以下情况应该如何倾听他人的拒绝和如何拒绝他人。写下你的回答，并与搭档分享。

（1）由于公司人手不足，同事们分担的工作量有所增加，一个组员抱怨分担的工作："为什么不多招人，总是给大家安排做不完的工作？我不做了。"

这位组员拒绝了什么行为？

这位组员的诉求是什么？

（2）每次在过道里遇见新员工，他都不和你打招呼。你提醒他之后，他却回答说："不打招呼也没什么吧，谁规定新人必须先打招呼呢?"

新员工拒绝了什么行为?

新员工的诉求是什么?

（3）由于人员减少，现在每个人负责的工作增多。本应该增加组员，却没人提出这个建议。组长说："B组以前做的工作现在由我们负责，我们每个人负担一点吧，明白了吗?"你并不讨厌组长，但是不能忍受这种负担，心里非常想拒绝这份工作安排。

你想拒绝什么行为?

组长的诉求是什么?

第五章

职场沟通礼仪

第一节　职场个人形象与仪态礼仪

格言

> 友善的言行、得体的举止、优雅的风度，这些都是走进他人心灵的通行证。
>
> ——斯迈尔斯

导言

个人的外在形象是商务活动中的第一张名片，良好的形象和得体的谈吐能够直接促进商务交往顺利进行。

课前思考

1. 我留意到生活中的职场礼仪现象了吗？
2. 维护个人的职场形象和礼仪有什么价值？

课程内容

一、仪容礼仪

仪容主要指一个人的容貌，是仪表的重要组成部分。仪容由发式、面容以及人体所有未被服饰遮掩的肌肤（如手部、颈部）等内容所构成。仪容在人的仪表美中占有举足轻重的地位。仪容需要修饰。修饰即对个人的仪容进行修整妆饰，使其外在形象达到整洁、大方、美观、典雅的效果。

仪容修饰的要求如下：

（1）整洁。皮肤要干净，经常洗脸、梳头、理发以及修剪指甲、鼻毛等。

（2）自然。要艳而不俗，淡而不灰，柔和顺眼。

（3）整体感。整体形象协调统一方为美。

（4）突出重点。突出自己最美的部分，使其更美，还要巧妙地运用修饰技巧，弥补不足之处。

（5）与环境气氛统一。人与工作环境处于一体，应以与环境"相容"为宜。

二、服饰礼仪

（一）着装的 TPO 原则

1. 时间原则（Time）

时间既指每一天的早、中、晚三个时间段，也包括每年春、夏、秋、冬的季节更替，以及人生的不同年龄阶段。时间原则要求着装考虑时间因素，做到随"时"更衣。比如，白天工作时间的着装应根据工作特点和性质，以便于工作、庄重大方为原则；晚间的宴请、音乐会之类活动中，穿着应以晚礼服为宜。夏季以凉爽、轻柔、简洁为着装格调，冬季应以保暖、轻便为着装原则，避免臃肿不堪，也要避免为了形体美观而着装太单薄。

2. 地点原则（Place）

地点原则指随着地方、场所、位置不同，着装应有所区别，特定的环境应配以与之相适应、相协调的服饰，才能获得视觉和心理上的和谐美感。比如，穿着只在正式的工作环境才合适的职业正装去娱乐、购物、休闲、观光，或者穿着牛仔服、网球裙、运动衣、休闲服进入办公场所和社交场地，都是与环境不和谐的表现。在办公室穿着一身很随意的休闲服，穿一双拖鞋，或者在绿草如茵的运动场上穿一身笔挺的西装，脚穿皮鞋，往往会引起人们的疑惑、猜忌、厌恶和反感，导致交往空间距离与心理距离的拉大和疏远。

3. 场合原则（Occasion）

不同的场合有不同的服饰要求，只有与特定场合的气氛相一致、相融合的服饰，才能产生和谐的审美效果，实现人景相融的最佳效果。例如，会见外宾，参加会议、庆典仪式、正式宴会、商务或外事谈判等隆重庄严的活动，服饰应当力求庄重、典雅，请柬上规定穿礼服的，可以按规定进行穿着。在庄重场合，一般不宜穿运动装、牛仔裤等便装，更不能穿短裤或背心，不宜赤脚穿凉鞋、拖鞋。

（二）适体性原则

着装应与性别、年龄相适宜。男士不宜选择色彩鲜艳和大花图案服装；女士不宜穿着没过膝的短裙。

着装应与个性气质相适宜。人的个性气质不同，要借助服装美化自身，首先要懂得服装彰显的含义。

着装应与职业身份相适宜。职业、身份不同，着装自然应不同。

（三）独特性原则

着装不能一味地追逐"流行"，也不能看别人穿什么，自己就效仿。要有能体现自己审美和品位的独特之处，穿出自己的风格。

（四）适度性原则

修饰要有度，要与工作需求浑然一体，却也不露痕迹。一个人的穿衣品折射的是个人的品位、涵养，甚至是职业性格。通常情况下，职业着装忌过分时尚、过分暴露，这样的着装可能会将个人才能和智慧埋没；忌过分正式，或过于平淡朴素，否则在某些工作环境下会埋没个人的创意和灵活性；有时又忌过分个性化，否则在一些严肃的场合会将个人的职业素养和严谨的个人作风埋没；忌过分可爱型，服装市场上有许多可爱俏丽的款式，并不适合在职场中穿着，这样的着装会令个人气场大打折扣。

三、仪态礼仪

培根说："相貌的美高于色泽的美，而秀雅合适的动作的美又高于相貌的美。"这是因为姿态比相貌更能表现人的精神气质。

仪态是指一个人举止的姿态和风度。姿态是指一个人身体显现出来的样子，如站立、行走、弓身、就座、手势、眼神、面部表情等，是一个人内在气质的外在表现。

（一）站姿的礼仪

（1）挺胸、收腹、脖颈正直。这种直立姿态显得既稳定又平衡。不要弯腰或垂头，不要显出萎靡不振或松松垮垮的样子。

（2）下颌微收，双眼平视。下颌扬起，给人以傲气、张扬或缺少智慧之感；下颌尽收，给人以羞怯懦弱之感；下颌微收，会使面容端正。另外，目光向上或向下，都会给人留下不好的印象。

（3）双唇微闭，面带微笑。

（4）双肩展开，双臂自然下垂。

（5）注意双手的位置。在庄严肃穆地站立时，应双臂下垂，双手中指贴于裤缝；在其他情况下站立时，若手中不拿文件，男士的双手可轻搭于腹前或背后，右手虎口张开握于左手腕根部，左手自然伸开，双臂自然弯曲，也可自然地双臂下垂。女士可双手叠放，手指自然伸直，拇指向内，左手四指轻轻搭握右手四指，即左手四指在外侧，这样既美观又有益于女性健康；也可右手四指在左手外侧，即右手四指搭握在左手四指上，这样便于右手随时做其他手势。不管手指采用哪种搭法，双臂要自然弯曲，轻提搭于脐下3厘米左右之处（显示彬彬有礼），或后腰下部（显示恭敬），或者轻放于正面腰部，手指自然弯曲，掌心向下（显示优雅舒适）。不要牵拉衣角或插在兜里，更不可抱臂或上举。

（6）注意两脚的位置。在庄严地站立时，男士、女士的双脚可成 V 形，脚跟并拢，脚尖分开适度。在其他环境下站立时，男士两脚可以分开，与肩同宽，重心可在两脚中间，肌肉略有收缩感，身体的重量均衡地落在双脚上，显得稳重、大气；女士最好脚跟并拢，也可以站成小"丁"字步，即两脚尖稍稍展开，右脚在前，将右脚跟靠于左脚心内侧，双腿绷直并拢，也可反向。

（二）坐姿的礼仪

1. 入座礼仪

入座要轻、稳，走到座位前15厘米左右处站好，右脚后撤半步，小腿贴近座位下端，然后屈膝，用大腿力量支持上体落座，上体保持原状，不得弯腰撅臀，如图5-1所示。穿裙装的女士需稍拢裙摆，以确保裙子平整。女士入座后将后撤的右脚前提与左脚并拢，双膝靠拢，双手叠放搭于右腿内侧，右手在上，握左手四指，双臂自然弯曲；大腿与小腿成直角，小腿与脚面成直角，这很重要，大于直角略显松散，小于直角略显拘谨。

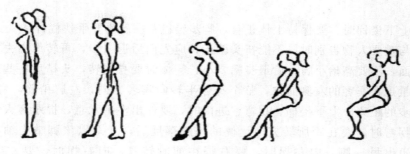

图 5-1 女士入座礼仪

2. 男士常用坐姿

男士可以分腿而坐，并将双手打开放于两腿之上，不要盖住膝盖，也不要置于大腿根，双臂要自然弯曲，以舒服为好，也可以采用架腿式坐姿。将左腿搭在右腿外侧（也可反之），脚尖下绷，形成架腿式，双手搭起放于腿上。这种坐姿自信、大气，但要注意场合是否适用。

3. 女士常用坐姿

女士可以采用双腿斜放式坐姿。在端坐的基础上，女士可将右脚向右平拉，拉开的距离大小由骨骼和韧带决定，以舒服自如为好，注意膝关节并紧，左脚跟进与右脚并拢，双小腿向右倾斜，上体和大腿保持原位，双手仍搭在一起，稍有位移；反之亦然，只是小腿形成左倾斜。这种坐姿展现出女性的曲线美，保持了端庄，凸显了女性的优雅、教养。女士也可以采用脚踝相交式坐姿。在端坐姿态的基础上，右脚向右侧拉开，脚尖略向右前方，左脚跟进，向右脚外侧移动，左脚掌外侧贴右脚跟外侧，左脚尖点地，双脚踝贴紧，双脚成麻花状在右侧斜放；反之，左脚向左，右脚移至左脚跟外侧，呈麻花状在左侧斜放。这种坐姿可显得腿部修长，呈现女性曲线美，优美得体。

（三）走姿的礼仪

简单来说，正确的走资主要有三个要点：从容、平稳、直线。

（1）上身挺直，头正、挺胸、收腹、立腰，重心稍前倾。双肩平稳，目光平视，下颌微收，面容平和自然。手臂伸直放松，手指自然弯曲，以肩关节为轴，大臂带动小臂自然摆动，摆幅以 30°～35° 为宜。

（2）步幅适中，步幅与性别、着装有关，一般以一脚之长为宜。步速保持相对稳定，既不要太快，也不能太慢（一般 80～120 步/分钟）。过快给人以轻浮的印象，过慢则显得没时间观念，没有活力。

（3）注意步位。女士两脚内侧成一线，显得优雅婀娜；男士两脚内侧成平行线，显得稳健大气。端正、稳健、轻盈、有节奏感、充满活力，鞋跟不要发出太大声响。

（4）尽量靠右行走，携带吊挂式皮包时，应挂在右肩上；携带手提式皮包或袋子时，应右手提；携带手拿式皮包或牛皮纸袋时，应拿在右身侧或偏右侧。行进间，迎面遇见熟人，点头微笑招呼即可，若要停下步伐交谈，注意不要影响他人行进。

（5）上下楼梯时，要保持上体正直，脚步轻稳；一般不要手扶栏杆。

（6）与重要人物告别时，不能扭头就走，应先向后退三步，再转体离去。退步时脚轻擦地面，不要高抬小腿，后退步幅要小；转体时要身先转，头稍后一些转。引宾时，要尽量走在宾客的左侧前方，整个身体半转向宾客方向，左肩稍前，右肩稍后，保持两三步的距离。上下楼梯、拐弯、进门时，要伸出左手示意，提示客人先走。在前行中要拐弯时，要在距所转方向远侧的一脚落地后，立即以该脚掌为轴，转过全身，然后迈出另一脚。向左拐时，要右脚在前时转身，向右拐时，要左脚在前时转身。

（四）表情礼仪

感情的表达＝语言（7%）＋声音（38%）＋表情（55%）。健康的表情留给人们的印象是深刻的，它是优雅风度的重要组成部分。表情具有这种传情达意的重要功能，因此它也是职场沟通中一种很重要的交际手段，特别是目光和微笑最具有礼仪功能和表现力。

1．目光礼仪

权威人士调查研究发现，人们在交谈时，视线接触对方脸部的时间占全部谈话时间的 30%～60%。超过这一平均值，可认为对谈话者本人比对谈话内容更感兴趣；低于平均值，则表示对谈话内容和谈话者本人都不怎么感兴趣。不难想象，如果谈话时心不在焉、东张西望，或由于紧张、羞怯不敢正视对方，目光注视的时间不到谈话时间的 1/3，这样的谈话必然难以被人接受和信任。

另外，要留意自己目光注视的部位。人们在日常交谈中常用的注视部位分为三个区域：①公务注视，一般用于洽谈、磋商、谈判等场合，给人一种严肃、认真的感觉，注视的位置在对方的双眼至额头之间的三角区域内（上三角区）；②社交注视，一般在社交场合，如舞会、酒会上使用，位置在对方的双眼至唇心之间的三角区域内（中三角区）；③亲密注视，一般在亲人之间、恋人之间、家庭成员等亲近人员之间使用，注视的位置在对方的双眼至胸部之间（下三角区）。

有的人在与陌生人打交道时，往往因为不知道怎样安置目光而窘迫不安，被人注视而将视线移开的人，大多有相形见绌之感；仰视对方，一般表达了"尊敬、信任"的态度；频繁而又急速地转眼，是一种反常的举动，通常是一种掩饰的手段。当然，如果死死地盯着对方或者东张西望，不仅是极不礼貌的，而且也显得漫不经心。如果对对方的讲话感兴趣，就要用柔和友善的目光正视对方的眼区，内心充溢着爱慕、友善和敬意。如果想要中断谈话，可以有意识地将目光稍微转向他处；当对方说了幼稚或错误的话显得拘谨害羞时，不要马上转移自己的视线，相反，要继续用柔和理解的目光注视对方，否则会被对方误解为嘲笑他；当双方缄默不语时，不要再看着对方，以免加剧尴尬局面；谈得很投入时，不要东张西望，否则别人认为你已经听得厌烦了。当你被介绍与人认识时，眼睛要看着对方脸部，但不能上下打量对方；有求于对方或者等待对方回答时，眼睛略朝下看，以示谦恭和恳请。进入上级的办公室，不要把目光落在桌上的文件；走进陌生人的居室，不要东张西望；和长辈说话时，最好走近他，直视对方。在上台讲话时，要先用目光环顾四周，以示对到会人的尊重。在社交场合，最忌讳与别人眉来眼去和使用满不在乎的眼神，这是没有礼貌和修养的表现。另外，不能将目光长时间地集中在对方的脸上或身体的某一部位，特别是在初次见面时或异性之间。在不太亲密的交往对象之间，长时间地直盯着对方，是一种失礼行为。

2. 微笑礼仪

微笑的基本做法是不发声、不露齿，肌肉放松，嘴角两端向上略微提起，面含笑意，使人如沐春风。注意整体的配合，微笑应当与仪表和举止相结合，得体的着装、优雅的姿态，结合着亲切、自然的微笑，才能展现出最佳的礼仪形象。微笑要发自内心、发自肺腑，无任何做作之态，当一个人心情愉快、兴奋时，都会自然地流露出这种笑容。这是一种情绪的调节，是内心情感的自然流露，绝不是故作笑颜，故意奉承。发自内心的微笑既是一个人自信、真诚、友善、愉快的心态表露，同时又能制造明朗而富有人情味的生意气氛。发自内心的真诚微笑应该做到笑到、口到、眼到、心到。只有笑得真诚，才显得亲切自然，与你交往的人才能感到轻松愉快。商务人员想要笑得真诚很容易，只要把顾客想象成自己的朋友或亲人，就可以自然大方、真实亲切地微笑了。微笑要适度，微笑很美，能给人以美的享受，但也不能随心所欲，随便乱笑，不加以节制。

正确微笑八原则：主动微笑；自然大方微笑；眼中含笑；真诚微笑；健康微笑；最佳时机和维持；一视同仁；天天微笑。

课程回顾

1. 熟识职场仪容、服饰的原则。
2. 刻意练习站姿、坐姿、走姿职场礼仪。
3. 懂得目光礼仪和微笑礼仪的运用。

沟通实践

一、站姿的练习

（1）背靠背训练。可由身高相仿的两人组成一对，背靠背地站立，两人的头部、肩背部、臀部、足部靠紧站立，持续10～15分钟，体会姿态，记忆感觉，然后保持姿态。

（2）贴墙训练。背贴着墙站好，使身体的后脑、双肩后背、臀部、小腿肚及足跟均与墙壁紧密接触，站立10～20分钟。

（3）顶书训练。在站立姿态训练时，按照要求站好后，将书放于头顶，稳住不动，站立 10～20 分钟。体会姿态，记忆感觉，然后保持这种姿态。

站姿训练口诀：头正、目平、梗颈，挺胸、收腹、立腰，腿绷直，脚并拢，双臂下垂，莫乱动。

二、坐姿的训练

（1）就座姿势练习。①右脚退后半步；②女士右手拢裙；③落座，男士和女士的坐姿参照课程讲解；④收回右脚，与左脚相并。

（2）起座姿势练习。①右脚向后收半步；②右脚蹬地，起身；③收回右脚。

（3）控制动作，成规范站立姿态。

三、走姿的训练

走姿训练的口诀：以胸领动肩轴摆，提臀提膝小迈步，跟落掌接趾推送，双眼平视背放松。

（1）双肩双臂摆动训练。学生列横队，看齐，找好间距，面对镜墙，听教师口令开始原地摆臂，以肩关节为轴，大臂带动小臂自然摆动；保持上体姿态，做到摆臂协调自然，幅度符合要求。

（2）步位步幅训练。利用教室地面直线（地砖、地板缝，或用线绳拉出），学生按照走姿要求，练习步位和步幅。

（3）顶书训练。采用头顶书本走路的方法，对于走路时喜欢低头看地、头部歪向一方、肩膀习惯前后晃动的人，是一种很好的纠正。

（4）步态综合训练。可在室内放适合行进的音乐，进行步态综合练习。

第二节　商务社交礼仪

📖 格言

生命是短促的，然而尽管如此，人们还是有时间讲究礼仪。

——爱默生

✏️ 导言

在贸易、经济全球化的当今社会，每一位职场专业人士都应该了解和学习一些商务接待和往来中所遵循的礼仪，恰到好处地运用商务礼仪，可以给事业伙伴一种良好的印象，有助于商务交往的顺利进行。

课前思考

1. 我留意到生活中的社交礼仪现象了吗？
2. 职场社交礼仪有什么价值？

课程内容

一、称呼礼仪

称呼是指人们在日常交往应酬之中，所采用的彼此之间的称谓语。在人际交往中，选择正确、适当的称呼，反映着自身的教养、对对方尊敬的程度，甚至还体现着双方关系发展所达到的程度和社会风尚，因此不能乱用。

职场中称呼的注意要点：

（1）称呼他人时应遵循"就高不就低"的原则。

（2）很多人有多种不同的职务，称呼时应以双方的关系为优，如是普通关系，则称呼学术职称更好。

（3）在进行自我介绍或称呼他人时，应放慢语速，咬字清晰，有必要可以进行姓名的进一步诠释，避免他人没有听清楚。

（4）在工作场合中，一般以职务称呼为宜，无需太过谦虚。

（5）关系越熟越要注意称呼。与对方十分熟悉之后，千万不要因此而忽略了对对方的称呼，一定要坚持称呼对方的姓加职务（职称），尤其是在有其他人在场的情况下。人人都需要被人尊重，越是熟人，越是要彼此尊重。

（6）称呼对方时不要一带而过。在交谈过程中，称呼对方时要加重语气，称呼后稍作停顿，然后再谈要说的事，这样引起对方的注意，他才会认真地听下去。如果过于匆忙地提及对方姓名，而过分强调了要谈的事情，会有失礼仪。因此，请确保在称呼对方时，语言认真清晰且缓慢，以显示对对方的尊重。

二、介绍礼仪

介绍是社交场合中相互了解的基本方法。简单地说就是向相关人士说明有关情况，使双方相互认识。通过符合礼仪的介绍可以缩短人们之间的距离，消除陌生感和畏惧，建立必要的了解和信任，以便更好地交谈、更多地沟通和更深入地了解。在日常生活与工作中常用的介绍有自我介绍和为他人介绍。

（一）自我介绍

在职场沟通中自我介绍时，个人的姓名全称、供职单位、担负的具体工作等，被称作构成介绍主体内容的三大要素。在具体交流时，其内容在三大要素的基础上又有所变化。具体而言，依据对当下情境的判断，它可以分为以下4种形式：

（1）应酬型。应酬型适用于一般性的人际接触，只是简单地介绍一下自己。比如，"您好！我叫×××。""您好！我是××。"

（2）沟通型。沟通型适用于普通的人际交往，但是意在寻求与对方交流或沟通。内容上可以包括本人姓名，也可是昵称、专业、兴趣、个性等。比如，"您好！您可以叫我×××，我是学计算机的，我是个地道的'吃货'，我老家在四川，有很多好吃的，您要是想吃到正宗的川菜，可以找我做向导"。

（3）工作型。工作型是以工作为介绍的中心，以工作会友。其内容应重点集中于本人的姓名、单位以及工作的具体性质。比如，"您好！很高兴认识您。我叫×××，是××公司的业务经理，专门营销电器，有可能的话，我随时都愿意为您及您的公司效劳"。

（4）礼仪型。礼仪型适用于讲座、报告、演出、庆典、仪式等一些正式而隆重的场合，属于一种出于礼貌而不得不做的自我介绍。其内容除了必不可少的三大要素以外，还应附加一些友好、谦恭的语句。比如，"大家好！在今天这样一个难得的机会中，请允许我做一下自我介绍。我叫×××，来自杭州××公司，是公司的公关部经理。我代表本公司热烈欢迎大家光临我们的展览会，希望大家……"。

（二）为他人介绍

为他人介绍，首先要了解双方是否有结识的愿望；其次要遵循介绍的规则；再次是在介绍彼此的姓名、工作单位时，要为双方找一些共同的谈话材料，如双方的共同爱好、共同经历或相互感兴趣的话题。

目前国际公认的介绍顺序为将男性先介绍给女性，将年轻者先介绍给年长者，将职位低的先介绍给职位高的，将主人先介绍给来宾，将晚到者先介绍给早到者。

1. 介绍人的做法

介绍时要有开场白。比如，"请让我给你们介绍一下，张女士，这位是……"，"请允许我介绍一下，李先生，这位是……"。为他人做介绍时，手势动作要文雅，无论介绍哪一方，都应手心朝上，手背朝下，四指并拢，拇指微张开，指向被介绍的一方，并向另一方点头微笑。必要时，可以说明被介绍的一方与自己的关系，以便新结识的朋友之间相互了解和信任。介绍人在介绍时要掌握先后顺序，语言要清晰明了，不含糊其辞，以使双方记清对方姓名。

在介绍某人优点时要恰到好处，不宜过分称颂而导致难堪的局面。为别人介绍之前不仅要征求一下被介绍双方的意见，还要在开始介绍时再打一下招呼，不要上去开口即讲，让被介绍者措手不及。

2. 被介绍人的做法

当被介绍者询问是不是要有意认识某人时，不要拒绝或扭扭捏捏，而应欣然表示接受。实在不愿意时，要委婉说明原因。当介绍者走上前来，开始为你进行介绍时，被介绍者双方都应该起身站立，面带微笑，大大方方地目视介绍者或对方。介绍时除了女士和长者外，一般都应该站起来，但是若在会谈进行中或在宴会等场合，就不必起身，只略微欠身致意就可以了。当介绍者介绍完毕后，被介绍者双方应依照合乎礼仪的顺序进行握手，彼此问候一下对方，比如，"你好""见到你很高兴""认识你很荣幸""请多指教""请多关照"等，也可以互递联络方式。

如果被介绍的双方，其中一方是个人，另一方是集体时，应根据具体情况采取不同的办法。第一种情况是将一个人介绍给大家，这种方法主要适用于在重大的活动中对身份高者、年长者和特邀嘉宾的介绍。介绍后，可让所有的来宾自己去结识这位被介绍者。第二种情况是将大家介绍给一个人，这种方法适用于在非正式的社交活动中，满足那些想结识更多自己所尊敬的人物的年轻人或身份低者个人交往的需要，由他人将身份高者、年长者介绍给自己；也适用于正式的社交场合，如领导者接见劳动模范和有突出贡献的人；还适用于两个处于平等地位的交往集体的相互介绍；以及开大会时对主席台就座人员的介绍。将大家介绍给一个人的基本顺序有两种，一是按照座位次序、意义介绍；二是根据身份的顺序介绍，千万不要随意介绍，以免使来者产生厚此薄彼的感觉。

三、握手礼仪

握手是一种无声的人体语言，是人际交往中必不可少的礼节。人们会通过握手表达自己对对方的情感，并由此显示自己的风度、气质、性格和教养。

(一) 握手的顺序

在正式的场合，握手时双方伸手的先后次序应当遵守"尊者决定原则"，即当两人握手时，首先应确定握手双方彼此身份的尊卑，然后以此来决定伸手的顺序。通常应由位尊者首先伸出手来，即尊者先行。位卑者只能在此后予以回应，而绝不可贸然抢先伸手，否则就是违反礼仪的举动。

先后次序主要包括如下几种情况：

(1) 年长者与年幼者握手，应由年长者首先伸出手。

(2) 长辈与晚辈握手，应由长辈首先伸出手。

(3) 女士与男士握手，应由女士首先伸出手。

(4) 身份高者与身份低者握手，应由身份高者首先伸出手。

(5) 在接待来访时较为特殊一些：当客人抵达时，一般应由主人首先伸出手来与客人相握；而在客人告辞时，则应由客人首先伸出手来与主人相握。前者是表示欢迎，后者则表示再见。若这一次序颠倒，则极易让人误解。

上述握手时的先后次序可以用来律己，却不必用来处处苛求于人。如果当自己处于尊者之位，而位卑者抢先伸手要求相握时，最得体的做法还是应与之配合。若是过分拘泥于礼仪，对其视而不见、置之不理，令对方进退两难、当场出丑，也是失礼于对方、有失身份的表现。

(二) 握手的方式

握手的标准方式是行礼时行至距握手对象约一米处，双腿立正，上身略向前倾，伸出右手，四指并拢，拇指张开与对方相握。握手时应用力适度，上下稍许晃动三四次，随后松开手来，恢复原状。具体来说，握手时应加以注意的问题有以下几点。

1. 神态自然

与人握手时，神态专注、热情、友好、自然，应面含笑意，目视对方双眼，并且口道问候。在握手时，切勿显得自己三心二意、敷衍了事、傲慢冷淡。如果在此时迟迟不握他人早已伸出的手，或是一边握手，一边东张西望，甚至忙于跟其他人打招呼，都是极不礼貌的。

2. 姿势正确

向他人行握手礼时，只要有可能，就应起身站立。除非是长辈或女士，否则坐着与人握手是不合适的。握手之时，双方彼此之间的最佳距离为一米左右，因此握手时双方均应主动向对方靠拢。若双方距离过大，显得像是一方有意讨好或冷落另外一方。若双方握手时距离过小，手臂难以伸直，也不雅观。最好的做法，是双方将要相握的手各向侧下方伸出，伸直相握后形成一个直角。

3. 手位恰当

在握手时，手的位置至关重要。男士之间相互握手时，握住手掌、虎口相对，如图 5-2 所示。女士之间手指相握，如图 5-3 所示。男士握女士的手指，不应超过手指尾关节，如图 5-4 所示。商务场合，与女士握手，男士切忌把左手也热情的盖上去。当然拜见年长者时如果对方主动加上另一只手，此时也可以加上自己的左手，以表达敬意。

  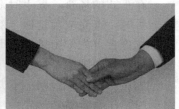

图 5-2　男士间握手礼仪　　　图 5-3　女士间握手礼仪　　　图 5-4　异性间握手礼仪

4. 力度适中

握手时，为了向交往对象表示热情友好，应当稍许用力。与亲朋故旧握手时，所用的力量可以稍大一些；与异性以及初次相识者握手时，则千万不可用力过猛。总之，在与人握手时，不可以毫不用力，不然就会使对方感到缺乏热情与朝气。但也不宜矫枉过正，如果在握手时拼命用力，则难免有示威或挑衅之嫌。

5. 时间得体

在普通情况下，与他人握手的时间不宜过短或过长。大体来讲，握手的全部时间应控制在 3 秒以内，一般握上一两秒即可。但若握手时两手稍触即分、时间过短，好似在走过场，又像是对对方怀有戒意。而与他人握手时间过长，尤其是拉住异性或初次见面者的手长久不放，则会被人误解。

6. 握手的禁忌

（1）不要用左手与他人握手。

（2）不要在握手时争先恐后。应当遵守秩序，依次而行。

（3）不要在握手时戴着手套。只有女士在社交场合戴着薄纱手套与人握手才是被允许的。

（4）不要在握手时戴着墨镜。只有患有眼疾或眼部有缺陷者方能例外。

（5）不要在握手时将另外一只手插在衣袋里。

（6）不要在握手时另外一只手依旧拿着东西而不肯放下。

（7）不要在握手时面无表情、不置一词，好像根本无视对方的存在，纯粹是为了应付。

（8）不要在握手时长篇大论、点头哈腰、热情过度，这样会显得过于客套，有时会使对方不自在、不舒服。

（9）不要在握手时只递给对方一截冷冷的手指尖，此种握手方式叫作死鱼式握手，被公认是失礼的做法。

（10）不要在握手时把对方的手拉过来、推过去，或者上下左右抖个没完。

（11）不要用脏污不洁的手与他人相握；不要在与人握手之后，立即擦拭自己的手掌，好像与对方握一下手就会使自己受到污染；不要直接拒绝与他人握手，即使有手疾或手被汗打湿、弄脏了，也要礼貌和对方说一下"对不起"并解释理由。

四、手机使用礼仪

手机已经成为人际沟通不可替代的重要工具，无论是在社交场所还是工作场合，过于自我地使用手机已经成为礼仪的最大威胁之一，手机使用礼仪越来越受到关注。

（一）手机的铃声设置

在职场社交场合，在不使用手机时，尽量将手机放在不起眼的地方，如手边、手袋等，特别是在重要场合和与重要人物见面时。手机铃声的设置直接体现了使用者的公共意识和职业涵养。对于手机铃声，要注意以下两点：

（1）不设置搞怪和噪声很强或具有刺激性的铃声。

（2）铃声音量尽量调小，最好选择静音或震动模式。

（二）手机的通信礼仪

（1）给对方打手机时，首先想到的是，这个时间他（她）方便接听吗？建议的做法是，首先通过微信等工具文字留言，告知对方你是谁，因何事沟通，大约需要多长时间，何时电话方便等。切忌直接拨打对方电话，或者在微信上来一句"在吗？""有空吗？"，又或者大段大段地发语音留言。除非你们彼此之间很熟悉，但这样的方式在职场上也要尽量少用，特别是在非工作时间，工作沟通要节制，注意尊重他人的私人空间。

（2）给对方发送信息时，要打好文字草稿，整理好后一次性发送，不要碎片化地想到一句发出一句，过于随意。但也不要长篇大段，100字内无法说清楚的事情，不要长篇大论发给对方，并且一来一回的打字交流也容易占据对方大量的时间，可以询问对方是否方便通话沟通。

（3）手机上的微信工作群、钉钉群等，原则上只用来进行工作交流，信息量大、透明度高，使用这些平台时要务必尊重群内的公约，并且尽量考虑到大家目前信息过载的压力，能私窗沟通的不在群里说，有必要在群里说的应言简意赅。

（4）添加名片，包括通过微信、钉钉等扫码添加好友，要注意顺序。按照礼仪"长幼有序、主客适宜"的原则，应该是"晚辈（下属、主人、乙方等）"扫描"长辈（上司、客人、甲方等）"的微信二维码。不论是晚辈还是长辈提出添加微信，晚辈都应该去扫描长辈的微信二维码。

（5）及时回复，使用社交工具进行交流可以大大地提高工作效率，但前提是要及时回复对方的信息。所以在工作中要尽量及时回复对方，如果无法及时回复也要向对方解释清楚。比如，你需要查询一下信息才能回答对方的问题，那么最好先回复一下"稍等，我需要查询一下"。

（6）注意交流用语，在用社交工具交流时，如上文提到的，最好要直接说明你的工作目的，像"在吗？有空吗？"这样的起始用语缺乏职业性。另外在收到通知的时候，也不要回复"哦""嗯"这样的句式，直接回复"收到＋对方需要自己看到的关键词"；在工作讨论的时候，最忌讳的就是回复"行吧"，你的回复最好能鲜明地表现出你的态度。

（7）祝福语不要群发，"群发的信息是对他人的不尊重"，所以在职场中，你想和他人搞好关系，最好不要盲目地群发消息。

（8）管理好你的社交平台，例如你的微信朋友圈，你的客户、同事和老板很有可能会通过你的朋友圈侧面了解你，要注意自己的朋友圈信息与自己的职业形象是否契合。

课程回顾

1. 熟识称呼礼仪中的"就高不就低"原则。
2. 介绍礼仪中的三种介绍的要点。
3. 握手礼仪的顺序、姿势、时机和要点。
4. 手机使用礼仪中的禁忌。

沟通实践

职 场 礼 仪 调 研

　　课程结束后，参照范例来完成调研和记录，可参照以下礼仪内容提示，也可自行拟定内容组织调研。

1. 办公室礼仪。
2. 接待礼仪。
3. 馈赠礼仪。
4. 拜访礼仪。

5. 宴请礼仪。

6. 赴宴礼仪。

7. 会议礼仪（现场和视频会议）。

8. 谈判礼仪。

9. 通信礼仪。

10. 中西餐桌礼仪。

......

范例：办公室礼仪

1. 不论住得多远，每天早上最少提前 10 分钟到办公室。

2. 人们相信办事高效的人，办公桌也是井然有序的，所以要让你的办公桌体现你的工作风格。

3. 在办公室时，同事引领客户面对面走过来，需站到一侧，微笑向客户和同事打招呼，和领导见面时，也要微笑打招呼。

4. 与同事交流时多点笑容，因为微笑也是一种赞美，表示我欣赏你，我认可你，知道你可以的。

5. 在办公室，将手机设置成静音，接听电话应小声。

6. 不做茶水间的"传话筒"，闲谈时要注意自己的言辞，一个人选择的闲谈话题，会显示他的个人修养、知识积累、兴趣爱好，甚至是职业操守。

7. 在办公室不要谈论八卦。

8. 进入办公室应主动整理卫生，即使有专职清洁工，自己的办公桌也要自己清理。这一切都应在上班时间正式开始前完成。

9. 早餐应在办公室之外的地方、上班开始前的时间里完成。

10. 在办公室说话做事都不应发出太大的声音，以不影响他人工作为宜。

11. 下班后，整理桌面，并留意桌面资料和电脑信息是否需加密。

我的记录：

第六章

沟通价值观

格言

在不断变化的世界中，保持坚定的价值观至关重要，它可以帮助我们坚守立场，做出正确的选择。

——佚名

导言

有句话说："价值观决定一切。"这句话意在提醒人们无论做什么皆需要拥有正确的价值观，否则话难讲、事难成。每个人都有自己的喜怒哀乐，都有区别于他人的心理活动。沟通的目的是要让对方明白你的想法，或是达成共识，能走进对方心里才是真正的沟通。

与人沟通时如果忽视了这种内在的价值观因素，信马由缰地说，往往会出现"沟通危机"，最终使人生厌，甚至会影响工作。所以，我们不妨从"价值观"开始。无论是生活也好，工作也好，都保持一个正确的价值观和好的心态。

课前思考

工作中，我们很多时候需要和他人沟通，学会与人沟通，掌握沟通中的价值观与心态艺术，工作就做好了一半。

在以上章节中，我们学到了沟通方方面面的实用方法与技巧，但依然存在虽然掌握了很多具体技术，却依然难以达到良好的沟通效果的现象。那么问题可能在哪里呢？具体的沟通技巧应属于沟通中"术"的层面，而更高层次与更深层次的"道"的层面，或许是对于沟通效果作用更为深入和重要的，也是具有长期、导向性的。那么，哪些更高层次与更深层次的"道"，也就是价值观，会在我们的职场沟通中发挥长期性、导向性的作用呢？

课程内容

天下之事，分为术与道两端。事物总在不断变化，但万变不离其宗。所谓宗，就是道，由道衍生就是术。道为体，术为用。有道者术能长久，无道者术必落空。有道无术，术尚可求也，有术无道，止于术。以道驭术，术必成；离道之术，术必衰。有道无术者，纸上谈兵；有术无道者，盲人摸象。在沟通中，前文所述具体的技术与技巧，即为"术"，沟通核心价值观，则为"道"。

习近平总书记历来高度重视价值观，强调一个国家、一个民族不能没有灵魂，价值观念在一定社会的文化中是起中轴作用的，文化的影响力首先是价值观念的影响力❶。价值观对沟通的达成与长期效果，同样具有非常大的影响力。在正确价值观指导下的沟通交流才能达到持久、良好的效果。

本书中有大量体现沟通价值观的案例，这些案例均来自浙江水利水电学院校友们的真实故事、宝贵经验与感悟心得，在本章中加以提炼与呈现，将对在校学子有更大的启发，仰忆前贤，薪火相传。

第一节　平等

任何沟通都要建立在平等的原则之上，不论是父母与孩子之间、上司与下属之间、师生之间，抑或是朋友、同事之间，都应如此。平等的原则在沟通中主要体现在以下三个方面。

首先是物理性的平等。物理性的平等是沟通的第一步。首先，父母、上级等在沟通当中占据强势的一方，要从行动、姿势上做到平等，收起自己作为强势一方的架子，要尽量坐下来、蹲下来，和孩子、下属平静地沟通，以解决问题的态度去谈，而不是高高在上地俯视，不是"三堂会审"般地批斗，更不是侮辱性地指、戳，甚至动手。再有，视线要保持平衡，目光要真挚，要让对方最先感觉到的是关爱，之后才可能会有一个好的沟通。

其二是方式方法的平等。沟通的过程中，方式方法很重要，以一种平等舒适的方式去沟通就显得更加可贵。例如，在公司时，你可以选择在饮水机、咖啡机旁边，在员工接水或者冲咖啡的时候，主动挑起话题，开始一段 2～3 分钟的短交流；如果你面对的是一个 5～10 岁的小孩子，可以尝试写信给他，通过写信的方式来聊天；如果你面对的是一个朋友或同事，你可以在一起吃饭或者上下班相遇的路上，以闲聊的方式去和他沟通；如果你面对的是一个老人，那么你可以多附在耳边去听，亲切地牵着他的手，和蔼地去说。

其三是态度和情绪的平等。态度和情绪的平等是沟通中最重要的一步。首先作为强势的一方一定要主动促成沟通和交流，展示自己积极正面的态度，推动问题的解决，多一些微笑、多一点活泼，坚决拒绝"冷暴力"。其次，沟通的时候一定要展示出尊重和克制，不管对方有多大的错误，一定要认真听对方把话讲完，给对方解释说明的机会，"我不同意你的观点，但我誓死捍卫你说话的权利"说的就是这个意思。法官都会给罪犯辩驳的机会，请问问自己，你有没有给员工或者孩子一个平等的"说的机会"？你是否已经剥夺了他的这一权利？最后，沟通的时候一定要换位思考，尽管由于家庭状况、经历阅历、行事方式等不同，我们无法做到完全的换位思考，但也一定要让自己站在对方的角度去想一下问题，看一下事件，多花一些时间去了解和认

---

❶ 《一个国家、一个民族不能没有灵魂》是习近平总书记 2019 年 3 月 4 日在参加全国政协十三届二次会议文化艺术界、社会科学界委员联组会时提出治国方针理念。由《求是》杂志第 8 期刊登全文。

识，而不是急于下结论，轻率地做决定。

平等沟通需要多建议商量、少命令强制，多鼓励赞扬、少指责谩骂，需要多了解认识、少轻下结论。总之，一定要把沟通放在一个平等的方式、舒适的环境之下。

◆ 优秀职场人的职场沟通分享

"在不同的沟通场合会遇见不同的人，有的人的社会身份地位，会看起来不如你，有的则会明显高于你。当遇到不如你的沟通对象时，要予以对方格外的尊重。而当遇到明显高于你的沟通对象时，则应在心中平等以待，将对方视为与自己并无本质差异的平等的个体，不卑不亢、平等交流，方能收到良好的沟通效果。"

——陈建锋

◆ 人物简介

陈建锋，浙江康华物联科技有限公司、上海中普能新能源科技有限公司、湖南湘西青水城乡村振兴有限公司董事长，中国航天神舟飞行器光电事业部总经理，资深创业者，目前主要往乡村振兴及新能源方向发展。

◆ 沟通实例

在谈一个工业园区项目的时候，我创业不久，资历不高、年纪不大，在别人眼中我就是一个毛头小伙子。那次对方来了很多重量级人物，我虽然看起来年纪轻轻，但我内心一点都不胆怯。我坚信人与人都是平等的，无论对方多大来头，虽然成绩有差异，但本质上也都是互相平等的人。

"各位前辈，我是来自浙江绍兴的陈建锋，今天很高兴跟各位合作一起商谈这个项目……"洽谈中，在内心始终将对方与自己放在平等的位置上。当然，我沟通交流的言语是非常礼貌的，我强调的是内心并不觉得自己低人一等，或者要卑微地去讨好对方。在这样内心双方平等的心态下，这个工业园区项目沟通得很融洽，最终洽谈的效果与结果也很好。

还有一次在参加会议的时候，我与某省省委领导沟通一个项目，在交流过程中，身边有的人对领导似乎有些恭敬过头了，显得有点底气不足。我并没有像其他人那样在领导面前一个劲地表达恭敬，依然还是在内心摆正双方平等的心态，虽然言语客气，但也不卑不亢，"某书记您好，我是浙商陈建锋，这是我的资料……今天荣幸参会，我这边有一些相关资料，您看，……（展示与项目相关的材料），在这些方面，可以跟贵省进行深入合作……"，交谈中，我没有太多客气话，而是抓住有限的沟通时间，有理有据地表明了我的资源，以及可以合作的方面。结果这位领导并没有太多理会身边那几位不停点头哈腰的，反而跟我相谈甚欢，最后合作也顺利谈成了。

我记得习近平总书记强调过，国与国相处，要把平等相待、互尊互信挺在前面❶。那么人与人之间的沟通交流，道理也是同样的。彼此相互平等，相互尊重和信任，是进行职场沟通交流的前提。如果没有这个心态，一味站在低位、刻意讨好，或者高高在上、藐视对方，都无法进行顺畅而深层次的职场沟通。

---

❶ 出自 2021 年海南博鳌亚洲论坛 4 月 20 日年会开幕式，习近平总书记发表的主旨演讲。

课程回顾

1. 了解平等沟通的涵义。
2. 了解如何平等沟通。

沟通实践

先有鸡还是先有蛋

你对在职场中使用良好沟通是否心存忐忑呢？你是否担心同事会感觉你的说话方式开始变得如此奇怪？你的这种忐忑其实是个"先有鸡还是先有蛋"的问题："你要是害怕使用这些技能，又怎么能成功掌握它们呢？你在掌握这些技能之前，又该如何自如地使用它们呢？"

在职场使用良好沟通技能的一个强有力的方式就是静默练习，你无需让他人知道便能在工作中良好沟通。

静默练习的一个方式是"意识连接阻碍"，这个练习能帮助我们发现沟通中潜意识对与人建立连接的阻碍。

静默练习有以下几步：

（1）发现自己在谈话中没有与同事或上级建立连接的情况。

（2）当你意识到自己没有以合自己心意的方式与对方建立连接时，思考自己或对方是否有以下几种情况：捍卫某个立场、解释，进行道德上的评判，评估对方、指责对方、希望惩罚对方或你自己"需要"成为正确的一方。你心底里希望对方被感动、感到内疚或羞愧同样也会阻碍彼此建立连接。

发现并意识到这些阻碍是学习良好沟通重要的一步。在开始对话前就发现你想要被满足的需要和请求，能给你带来很多好处。

这周花时间静默地回顾一下工作中沟通并不顺利的一次对话，思考自己的思维方式是否对你共情和同理的能力产生了负面影响。

第二节　尊重

尊重是一切正常交往的基础，任何失去了尊重的情感关系都不可能获得正常的沟通方式和沟通效果。所以，我们必须真诚，尊重对方，真正把对方所说的话听进去，然后才能在互动的过程中恰当提出自己的见解。尊重是一种礼貌，更是人们之间友谊的桥梁。

　　想要有效沟通，在尊重的辅助下，才能事半功倍。在人与人的相处中，相互尊重是一个基础点，能否做好至关重要。

　　有一天，苏东坡与佛印一起打禅。佛印问苏东坡："你看我打禅像什么？"苏东坡想了一下，并没有回答，同时反问佛印："那你看我打禅像什么？"佛印说："你真像是一尊高贵的佛。"苏东坡听了这一番话，心中暗暗地高兴。于是佛印说："换你说说你看我像什么？"苏东坡心里想气气佛印，便说："我看你打禅像一堆牛粪。"佛印听完苏东坡的话淡淡地一笑。苏东坡高兴地回家找家里的小妹谈论这件事，小妹听完后笑了出来。苏东坡好奇地问："有么可笑的？"苏小妹斩钉截铁地告诉苏东坡："人家和尚心中有佛，所以看你如佛；而你心中有粪，所以看人如粪。当你骂别人的同时，也是在骂自己。"所以人的心里想什么，就会说出什么样的话，这正好反映出一个人待人处事的风范和内涵。运用言语骂人的人，骂人的同时也成为别人讨厌的对象，必定得不到对方的认同，也会失去别人的信任。

　　一个良好的沟通应是建立在彼此尊重的基础上，才能产生良好的沟通效果。沟通就像在跳交际舞，必须要相互尊重。沟通的过程是在相互尊重基础之上收集正确的信息、给出好的信息和取得进展的过程。只尊重自己但不尊重别人会成为自大的人，没有人愿意与自大的人沟通。所以，对别人缺乏尊重会阻碍自己成为有效的沟通者。同样的，如果不尊重自己也会导致无效的沟通。

　　如果自我评价很低，我们将不能说出自己的想法、目标、好恶。所以，沟通过程中的尊重标准是指：我们要赢得别人的尊重，首先必须尊重自己，如果我们不尊重自己，没有人会尊重我们；其次，我们要尊重他人，要表现出对别人的尊重，同时赢得别人对自己的尊重。所以尊重是双向的，这就是相互尊重的真正含义，尊重他人也尊重自己，没有这一点，成功的沟通是不可能的。这也促使我们努力获得和给予好的信息。如果这些都做得好而彻底，取得进展就是水到渠成的事情了。

　　美国加利福尼亚州立大学对企业内部沟通进行研究后得到了一个重要成果：沟通的位差效应。他们发现，来自领导层的信息只有 20％～25％ 被下级知道并正确理解，而从下到上反馈的信息则不超过 10％ 被正确理解。但平行交流的正确理解率可达到90％。进一步研究发现，平行交流的效率之所以如此之高，是因为平行交流是一种以尊重与平等为基础的交流。

　　许多企业强调沟通，却往往忽视有效沟通渠道的建立。企业规模不大时，这种问题可能表现得不会很明显。但当企业发展到一定规模的时候必定会出现沟通上的问题，从而影响企业的发展。如果不能很好地解决这些问题，企业发展就会严重受挫。

　　在企业中，信息的交流主要有三种：上传、下达与平行交流。前两种是非平等交流，后一种总体上是一种平等交流。要想提高沟通效率、一个企业要实现高速运转、要让企业充满生机和活力，都有赖于信息沟通的有效性。一个企业中，中层领导大约有 60％ 的时间在与人沟通，高层领导则可达 80％，沟通的有效性对领导力和企业发展的影响，由此可见一斑。

　　国内外事业有成的企业，无不视领导沟通为管理的真谛。正如英特尔公司的前任

CEO安迪·格鲁夫所言，公司成功的方法是沟通、沟通、再沟通。

打破上下级之间的等级壁垒，实现尽可能的平等与相互尊重的交流，在沃尔玛，这一信条得到了完美的体现。沃尔玛公司一再强调倾听基层员工意见的重要性，即使现在公司规模不断扩大也是如此。在公司内，沃尔玛实行门户开放政策，即任何时间、地点，任何员工都有机会发言，都可以口头或书面形式与管理人员乃至总裁进行沟通，提出自己建议和关心的事情，包括投诉受到不公平的待遇。公司保证提供机会讨论员工们的建议，对于可行的建议，公司会积极采纳并用来管理公司。

在沃尔玛，经常有各地的基层员工来到总部要求见董事长。董事长沃尔顿先生总是耐心地接待他们，将他们要说的话听完。如果员工是正确的，他就会认真地解决有关的问题。他要求公司每一位经理人员认真贯彻公司的这一思想，而不要只做表面文章。

在沃尔玛，任何一个员工佩戴的工牌上除了名字外，没有标明职务，这种规定使员工们放下了包袱，分享到了被尊重与平等分工的快乐，营造了一个上下平等尊重的沟通氛围。

沃尔顿还强调：员工是"合伙人"。沃尔玛公司拥有全美最大的股东大会。每次开会，沃尔玛都要求有尽可能多的部门经理和员工参加，让他们看到公司的全貌，了解公司的理念、制度、成绩和问题，做到心中有数。每次股东大会结束后，沃尔顿都会邀请所有出席大会的员工约250人到自己家里来举办野餐会。在野餐会上，沃尔顿与众多不同层次的员工聊天，大家畅所欲言，交流对工作的看法，提出对公司的建议，讨论公司的现状和未来。每次股东大会结束后，被邀请的员工和没有参加的员工都会看到会议的录像，而且公司的刊物《沃尔玛世界》也会对股东大会的情况进行详细报道，让每个员工都能了解到大会的每一个细节，做到对公司切实全面的了解。

沃尔顿说："我想通过这样的方式使我们团结得更紧密，使大家亲如一家，并为共同的目标而奋斗！"正是这种视员工为合伙人的尊重与平等精神，造就了沃尔玛员工对公司的强烈认同和主人翁精神。

在同行业中，沃尔玛的工资不是最高的，但它的员工却以在沃尔玛工作为快乐，因为他们在沃尔玛是合伙人。尊重与平等的沟通渠道，为沃尔玛带来了巨大的财富，同时给我们以无尽的启示：有尊重才有交流，有尊重才有忠诚，有尊重才有效率，有尊重才有竞争力。

在联想，杨元庆每天早上站在公司的大门口，每个进门的员工都会对他道一声："元庆，你早！"为什么呢？因为，联想要打破内部可能存在的任何形式上的不平等机制，它不希望自己变成一个官僚机构，它要大家尽可能地相互尊重、平等、亲近。不管怎样，我们一定记住一句话：有效沟通的前提是尊重，要把自己放在和对方相互尊重的位置上。

◆ **优秀职场人的职场沟通分享**

习近平总书记曾引用"盖有非常之功，必待非常之人"❶来强调尊重人的重要性。一个懂得尊重别人的人必定会得到信任，在生活中体现对人的尊重也算是一种艺术。

---

❶ 出自于习近平总书记2016年11月30日，在中国文联十大、中国作协九大开幕式上的讲话。

沟通是人类不可或缺的交流方式，每一个人所说的每一句话，都带有某种信息，不管是职场还是生活中的事，是喜悦抑或愤怒的表达，这一切都必须仰赖彼此尊重的"沟通"。

——何志峰

◆ 人物简介

何志峰，尚格控股有限公司董事长、浙江畅盛投资有限公司、金华市大禹水利建设有限公司等公司法定代表人等。

职业生涯履历与主要从事行业：主要从事工业建造、房地产业以及大健康休闲产业。

◆ 沟通实例

"在我跟我公司的员工们聊天的时候，我几乎都记住他们名字的……这是对别人第一印象的尊重。"

有一次公司有一个家庭遭遇困难的员工，公司了解了他的情况后，准备给他一点帮助，那天请他到我办公室来坐坐。"老李，最近在公司忙不忙……"我们从关心他在公司的近况开始，进行了一场比较轻松的聊天，但很少说到他家里的困难。因为人在困境中时，虽然是给予帮助，但如果沟通不当，就容易变成一种居高临下的施舍，这对当事者不是一种真正尊重的态度。

因此在这个聊天沟通过程中，我主要关心了他在公司的工作情况，最后在沟通聊天快要结束时，简单提到了他的困境，"最近听说你遭遇了点难处，人都有这低谷和走背字的时候，公司能关心和帮助的不多，一点心意吧，希望能给你更多的面对困难的信心和勇气……"在老李离开我办公室时，我感觉到的是他用力的握手和比进门时更为坚定、踏实的步伐。

课程回顾

> 1. 了解沟通中尊重的涵义。
> 2. 了解如何在沟通中尊重对方。

沟通实践

如何尊重：这个人需要提高

你的同事或上级可能给过你这样的反馈：
1. 你很难相处。
2. 你没有团队合作精神。

3. 你太不会沟通了，没人愿意跟你一起工作。

4. 你没有尽全力。

毫无疑问，这样的反馈无益于改进你的行为；相反，只会让你感到气愤、抑郁、羞愧或内疚。

如果你在工作中与周围人的某次互动不合你的心意，不要让它影响你对自己的判断。

相反，你可以用自我同理哀悼这次经历，这样能将你从毫无益处的自我评估带回学习周期中。

不用同事在场你就可以使用哀悼练习。你可以选择在脑海中自行练习，也可以请一位朋友帮忙。你可以在意识到自己不喜欢这次互动的那一刻进行练习，并观察你的反应和感受，分析出背后没有得到满足的需要。

若要让自己从在职场上被贴的标签或所做的评估中得到释放，那么你要做的第一步就是不要评估自己。

在开始学习使用一项新技能的时候，关键是要时刻提醒自己使用它。这周要意识到自己在某次互动中开始自我评估或评估同事。要注意自己是如何通过进行哀悼练习避免这种评估的。

第三节　真诚

"逢人只说三分话，莫要全抛一片心。"这是一句为人处世的俗语。说对人要"阴者勿交，傲者少言"，其实这是给自己围起了一道防线，生怕自己交错朋友。这样的防线，在人与之之间、无形之中加了层层防备与隔膜。人们也就感叹，人与人之间相处和沟通很难。却不知，是自己把自己先封闭起来了，如果人人都将自己封闭起来，在沟通中，又如何进入对方的心？

假如你以诚待人，别人也会以诚待你。反过来也可以这样说：每个人都希望得到别人的真诚相待，要想别人真诚待你，你就应当首先主动真诚地去对待别人。你怎样待人，别人也会怎样待你。你与人为善、真诚待人，别人通常也会反过来如此待你。

不能否认，生活中有这样的人：虚伪、狡诈、阴险，小心眼，玩弄他人的真诚，戏弄他人的善良，算计他人的毫无防备，踩躏他人的真情实意，以怨报德、以恶报善。但是，这种人在生活中毕竟是极少数，当他们的嘴脸充分暴露后，必将被众人所指责和唾弃，并被群体厌恶和排斥。

很多人都觉得，积极主动地付出友善真诚仅仅是指如何对待别人，其实准确地说，友善真诚地待人更重要的是指如何善待自己。你待人以善意，别人以善意相报，你待人以真诚，别人以真情回馈。这就是我们经常说的"将心比心""以心换心"。

沟通从"心"开始，是中国移动的经典广告词。之所以经典，恐怕正是因为抓住了沟通中的重点：心。我们都太渴望真心真意。联邦快递中国区副总裁钟国仪曾经总结自己多年的经验："最需要做到的是：用你的心去感觉你的员工想要表达的心意。"

沟通能力的提升对于钟国仪来说是一个渐进的过程。刚工作时，钟国仪是"我讲你听"，后来是"多听少讲"，但是在对方讲话的时候，"我就在开始想我如何去反驳，我根本没有在听对方讲。"直到有一天，钟国仪明白了如何真正地倾听："我可以把自己放在对方的位置上，用心去听他的讲话；如果我还只是在平静地听时，我可能站在自己的立场上，而当我把自己放在对方的位置上时，就不同了。"这就是真诚和换位思考的沟通。

大多数情况下，当你试图取悦他人，尤其是当你担心说真话或表达内心的真实感受会让人嫌弃时，伪善就会不期而至了。如果不是出自本意，请不要假装对某件事情表示关切，结果只能使他人希望你说出本不想说的话。记得要彬彬有礼，但不要妨碍你直抒胸臆。

无数事实证明，真正打动人心的话语并不在于说得多么流畅，多么滔滔不绝，而在于是否善于表达真诚。最能推销产品的人并不一定是口若悬河的人，而是善于表达真诚的人。当你能够用得体的话语表达出你的真诚时，你就赢得了对方的信任，建立起人与人之间的信赖关系，对方也可能由信赖你的人进而喜欢你说的话，更进而喜欢你的产品。

同样的道理，在社交场合，说得最多的人并不一定是最受欢迎的人；背得很熟、讲得最顺畅的演讲并不一定就是好的演讲，如果缺少诚意，言之无物，谈话就失去了吸引力，变得跟一束没有生命力的绢花那样，非常美丽却不能鲜活动人，从而失去魅力。

◆ 优秀职场人的职场沟通分享

有的人怕真诚待人吃亏上当，因此想让别人先主动真诚待己。你真诚待了我，我再真诚待你，这是被动为善的人际关系态度。如果人人都这样想，人人都不肯首先付出，那这个世界上还能找到真诚吗？作为一个个的人之间的沟通交往，要讲究真诚。

—— 张敬伟

◆ 人物简介

张敬伟，杭州创巢投资管理有限公司董事长、杭州市创业导师，主要从事产业园区运营、高层次人才项目引进等工作。

◆ 沟通实例

我前面在做销售时，业绩是做得非常好的。期间，在与顾客沟通与介绍产品时，我觉得这其中起作用最大的就是真诚。在与顾客沟通做销售的时候，你有没有站在顾客的角度，真诚地为他考虑？并且在沟通过程中，真诚地分析给他听，让顾客能够感受到我们在真心为他选择适合他的产品，不是为了纯粹卖货而在给他做推销。

比如，在一个顾客逛街想买东西的时候，就拿买衣服这件事来说吧，顾客挑选衣服拿进试衣间试穿，导购员可以站在试衣间为他介绍。一个人逛街买东西是最纠结的，因为没有人可以给到意见，顾客只能相信我们导购员的眼光。

如果我们想多推几件，会对顾客说她试穿的每一件衣服都很不错，但是这种销售方法对一个人的顾客来说，给她的感受会是，你只是在卖衣服，并没有为我选衣服，自己一人本来就不会明确看出哪件衣服更适合自己，导购再不给出真诚的沟通与建议，这个顾客是不会在我们家购买衣服的。

所以，我们要学会真诚地沟通，从沟通中我们可以了解到顾客的喜好。在沟通中去了解一个人，然后我们再提出真诚的建议，可以让我们的沟通更加顺利。与顾客沟通要大胆说出自己的看法，比如"这件其实在色彩上不太适合您，可以换这件试试"。这种做法可以让顾客感觉到我们是在为她选衣服，为她排除不适合她的，可以让她更加相信我们。顾客相信我们，我们可以更好地为她服务，可以再选择其他产品让她试穿，她也会接受。

无论是生意中与顾客沟通，还是生活中与朋友沟通，我们都要学会了解对方，站在对方的立场上真诚地为对方考虑，并要大胆真诚地说出自己的看法和建议，真诚地沟通，才能让对方相信自己。

课程回顾

1. 了解沟通中真诚的内涵。
2. 知晓如何真诚地去沟通。

沟通实践

你 怎 么 了

沟通中真诚的价值：它帮助我们在面对高难度沟通的时候愿意与对方连接，而不是情绪化的防御。

在进行充分的真诚的自我同理后，你的目的和重点会转向对方，并且你会很自然地思考："这个人是怎么回事？"

例如："如果他不这么过分，那么这些事情都不可能发生。"当你同理之后，问题就会变成："他有哪些需要希望被满足？"你也可以通过静默同理的方式很安全地不出声地问这些问题。这与自我同理的方式一样，区别只是自我同理是同理自己，而静默同理是去同理他人。你要去猜想对方身上发生了什么，他想要满足什么需要。

在这两步完成之后，你就会发现自己的行为举止都发生了变化。你的目的也转变成了与对方产生共情，至少是表示了理解，可以与对方坦诚沟通。如此一来，你就有更大可能满足自己以及对方的需要了。良好沟通不是让你改变说话的方式，而是让你改变你的思维和看待世界的方式。

通过这种练习真诚地自我同理和静默同理的方式，来让自己做好准备进行高难度的对话。注意留心自己的感受和肢体语言的改变。

第四节　双向互动

只有单方面发言的称为命令，那是以上对下的关系，那是一种单向的沟通。职场上的沟通，多数是双向的，甲提出了他的看法，乙也有发表他意见的空间。如果只有尊敬而彼此都互不了解，这种尊敬往往只建立在容忍之上。感情若要长久，又岂能一味容忍？

宾夕法尼亚大学法律系教授艾德恩·凯迪博士，工作20年间，每学期在他上第一堂课的时候，总是先在黑板上写下两个数字：4和2。然后他问学生："结果是多少？"许多学生都争相作答，有的说："6"，他摇着头，最后有人得意地说："我知道了，那是8"，他也没有点头，学生一阵纳闷，凯迪博士才说："你们根本还没问这是个什么题目？是加法、减法、乘法或除法？你们都不了解问题，又怎么能说出真正的答案呢？"

我们常常如此，弄清问题之前，就急忙下定义，做出似是而非的决定，这样又怎能得到正确无误的答案呢？在没有听清对方的话之前，就忙不迭地予以否定，这样的反驳怎么能够服人呢？喋喋不休、自说自话并非有些人的专利，有许多人都不懂得说话的艺术。切记，沟通应该是双向的，而非一方的自言自语。

有则笑话，一位老先生对儿子说："我这50年没有跟你妈讲过一句话。"儿子诧异地说："怎么可能？昨天我还亲耳听到妈在数落您的不是。"老先生说："没错，这50年你妈每天唠唠叨叨的像个关不上的水龙头，她从来没发现我没对她说过一句话。"如果你不想成为那个自说自话的老妈，就记住沟通中非常重要的两个词：双向、互动。

◆ 优秀职场人的职场沟通分享

我们在工作和生活中，常常热衷于单向沟通。在与别人沟通的过程中总是一方说而另一方听，这样的效果非常不好。换句话说，只有双向的沟通才是真正意义上的沟通。因此，有效沟通的另一个重要前提是：双向互动。

——沈海标

◆ 人物简介

沈海标，宁波舜农集团有限公司、余姚市海涂开发有限公司、余姚市明弘开发建设有限公司等公司法定代表人。

职业生涯履历与主要从事行业介绍：水利行业开发建设。

◆ 沟通实例

沟通是一个双向、互动的反馈和相互理解的过程。有人认为，既然我们每天都在与别人沟通，那么沟通并不是一件难事。是的，我们每天都在与别人沟通，但这并不表明我们是一个成功的沟通者，正如我们每天都在工作但并不表明我们每天都能获得工作上的成功一样。为达到有效沟通，应寻找共同点，做到知己知彼。寻找共同点是说话前选择话题的重要前提。比如有次跟合作伙伴聊天，我十分关注对方的情绪状态，而不是只顾自己单方面说个痛快。那天看他不是很开心，本来我有个很好的项目，就没急着说，而是先问他说，"老兄你今天看起来心事重重啊……"，这句话打开了他的话匣子，他就跟我吐槽了，说了之后，他心情开朗了一些，这时候我才再提起打算跟他合作的项目的情况，他也很感兴趣，两个人你一言我一语，聊得很投机。

沟通对象的心理状态对沟通方式有很强的影响。不同的交谈方式在不同的心理状态下，会产生不同的效果。例如，他在高兴时，容易接受别人的夸奖；而遇到苦闷时，却反感别人的夸奖。因此，交谈前要考虑交谈对象的心理状态，去创造一个双向互动的良好沟通氛围。

课程回顾

1. 了解沟通中双向互动的涵义。
2. 知晓如何在沟通中做到双向互动。

沟通实践

"请 提 醒 我"

之所以要建立这种承诺，是因为我们要明白，当我们尝试使用双向互动的沟通技能时，很容易在情绪激烈时仍使用原来惯有的行为方式。与他人一起使用提醒承诺，能够让对方在看到我们做出与自己期望中不一样的行为时，及时提醒我们。

这类提醒最能满足我们学习的需要，在练习时，你和你的练习伙伴可以试着将它写下来。要明确写出当你的行为与预期出现偏差时，你期望从练习伙伴那里得到怎样的反馈。思考一个他可以问你的、不会再次触发你的情绪的问题（例如，不要说"这是个评判！"相反，对方可以说："你觉得这是个观察还是评判呢？"），把这个问题写下来。随着双方使用承诺的经验越来越丰富，你们可以不断调整这个承诺的问题。记住，这个承诺是帮助你学习的，而不是要求你严格遵守那些在一开始设置的问题的。

如不加以练习，你就不能达成与他人相连、进行良好沟通的目的。思考一个你希望改变的行为。在你的生活中，有谁可以与你一起使用双向互动的提醒承诺，来帮助你改变这个行为？你希望对方问你什么具体的问题或给你什么具体的回应？

第五节　自信

胆小害羞的人往往因为胆怯而不敢与人沟通，结果仅限于很小的朋友圈子，变得越来越孤僻、退缩。胆小退缩的人很少与人沟通，并不是他们自恃清高，而是相反，他们往往认为自己是不可爱的，不受欢迎的，别人不愿与之沟通的。如果他们形成了这样消极的自我概念，即对自我的一种稳定的认识，那他们在行动上就会有意无意地表现得让人很难接近，很难沟通。当你认为自己是可爱的，被别人接受的时候，你就会表现得自信，而自信的人往往是可爱的、人们愿意与之沟通的，而沟通的人越多，就越会增加他们的自信，从而在别人面前就不那么胆怯退缩。

美国作家爱默生说过："自信是成功的第一秘诀。"在与他人沟通时，你的自我感觉会在很大程度上影响着别人如何看待你。如果你心里都觉得自己"不行"，那么你让对方如何对你赏识，如何与你继续沟通下去呢？所以说，培养一种自信的感觉是非常重要的，它会让你在与人沟通的过程中受益无穷。

一个人没有自信，从某种程度上说就是对自己不信任。那么，在沟通中，别人在意识上就会忽视你，这样是不利于与他人建立良好的、公平的人际关系的。一个人如果没有自信，那么这个人言语的影响力就弱，所要表达的思想就不会被有效地传达，也不利于和他人进行有效的沟通。

一个人没有自信，那么他在别人心目中的分数就会大打折扣，因为大多数人还是喜欢和自信的人在一起。有自信的上司一定不喜欢唯唯诺诺的员工，因为这样的员工不能提供不同的想法。

所以，我们在日常的人际交往过程中，要有沟通成功的信心，不要总是被沟通会失败的心理所困扰。只有通过多与人沟通，才能增加与他人进行交流的机会，也才能发现自己的长处，从而有利于形成正确的自我认识与评价，增强自己的信心，克服自卑感。当然，自信不是盲目的，更不是表演出来的。自信首先是建立在自我认知之上的，所谓的自我认知，就是对自己有一个明确的、实事求是的看法和评价，包括自己的性格、能力、长处、短处、人生目标等。

成功学的创始人拿破仑·希尔说得好：有很多思路敏捷、天资高的人无法发挥他们的长处参与讨论，并不是他们不想参与，只是因为他们缺少信心。

许多沉默寡言、不肯开口的人都认为："我的意见可能没有价值，如果说出来，别人可能会觉得很愚蠢，我最好什么也不说。而且，其他人可能都比我懂得多，我并不想让你们知道我是这么无知。"这些人常常会对自己许下很渺茫的诺言："等下一次再发言。"可是他们很清楚自己是无法实现这个诺言的。每次这些沉默寡言的人不开口时，他就又中了一次缺少信心的毒，他会越来越丧失自信。从积极的角度来看，如果尽量发言，就会增加信心，下次也更容易发言。所以，要多发言，这是信心的"维他命"。

不论是参加什么性质的活动，每次都要主动发言，也许是评论，也许是建议或提问题，都不要有例外。而且，不要最后才发言。要做破冰船，第一个打破沉默。也不要担心你会显得很愚蠢，因为总会有人同意你的见解。所以不要再对自己说："我怀疑我是否敢说出来。"要相信自己，你一定能行的。

◆ 优秀职场人的职场沟通分享

自信是美德，可以得到别人的好感。但只有付诸行动，才可能让人彻底信服。在与客户、合作伙伴和其他各种人的沟通中，自信的交谈，往往能收获对方的信任，以及收获继续合作的机会。

——胡家扬

◆ 人物简介

胡家扬，聚疗康复医疗中心副院长，浙江聚疗医疗管理有限公司联合创始人/CEO，中欧智慧医疗研究院理事，中欧商学院校友会智慧医疗创业协会副秘书长。主要从事工业机械销售、医疗健康产业。

◆ 沟通实例

我大学毕业后去找工作，拿着简历去参加人才交流会、招聘会。整个会场人如潮涌，我先随便找了一家单位，找了找自己的应聘感觉，象征性地提交了一份简历，给自己的求职生涯开了个头。

之后，我去了我们行业当时的龙头企业——正大医疗器械有限公司的招聘台。他们招聘若干名业务代表，虽然没指明要名校毕业生，但我看了看排在队伍里的应聘者，有不少学生毕业的学校是很不错的。而且招聘启事里写的是招聘技术业务人员，没有销售人员招聘计划。而我心里非常清楚我是来应聘销售的。看到很多人排队，我直接非常自信地走上前去，走到队伍最前面，大大方方问了一个领导模样的人"您好，请问，您这里招不招销售人员？"对方有点吃惊地看了我一眼，"招的"，然后我就安心地回到队伍末尾排队去了。

排了好一会儿队才轮到我，我径直地走到应聘席前坐下。刚才那位回答我问题的人是招聘主管，他看了我一眼，"你是刚才问销售的那位？"我点点头，很自信地说："对的，我今天就是为了应聘贵公司的销售岗位来的，如果不招销售，我就不排队了。""哦？说说看，你为什么专门来应聘销售？"我看着对方的眼睛，依旧非常自信地说："我大学期间在保证本专业学业的同时，自学了销售的全部专业课程，做了一些相关的销售实践。我相信，在这个专业领域的毕业生中，我是最懂销售、销售做得最好的；同时，在能做销售的专业人员中，我是本专业毕业的，是最懂得这个专业的。我进公司之后，不需要接受额外的培训，就可以胜任这个专业的销售工作，我相信，我会做得很出色。"

这一番话，直接让这位招聘主管把我的简历单独放在了一边，而其他大多数人的简历则被摞在一起。参加面试后不久，我就接到了正大公司的见面约请电话。再之后，我和另外几位同样被迅速录用的佼佼者作为第一批录用的新员工，到公司报到了。后来，我也用我自己的实际销售业绩证明了我所说并非盲目自信，而是基于对自身了解的自信。

课程回顾

1. 了解沟通中自信的涵义。
2. 知晓如何自信地去沟通。

沟通实践

要 记 得 庆 祝

你给的反馈是否关注你想要改变的和你并不太享受的事情？

在工作中，重要的是要对满足你需要的正面行为进行观察。沟通中自信很重要。欢庆能大大增强团队动力和士气，明确团队成员的优秀之处，从而增强自信。

正面的反馈可以以与负面反馈相同的方式进行沟通。先列出一个清晰的观察，不要有评判，并将行为与得到满足的需要连接。

例如，你不要说："你这次的议案写得非常好！"相反，你可以说："我对这次调研的信息量和完整性非常满意""我知道细节对这类客户的重要性，而你的工作会让我们的服务进行得更加轻松"。

在接下来的一周里，寻找提供正面反馈的机会，用观察和需要的语言来欢庆一个成就，并观察对方的反应。

第六节　同理心

沟通是人与人之间，人与事物之间进行协商、交流、协调、发现问题和解决问题的过程。沟通是任何社会和文化中极其重要的一环，也是社会学研究中受到广泛关注的话题之一。沟通不仅可以建立和谐的关系，还能帮助交流双方理解对方的思想、情感和情绪，以及共同协作解决问题。

同理心是沟通过程中一个重要的组成部分，它是让自己感受到他人情感的能力。同理心能够帮助人们更好地理解他人的情感。研究表明，对于沟通质量，同理心是一个重要因素。从爱因斯坦的著作中可以看出，具备同理心是一个人的情感力量的重要组成部分，也是沟通过程中最重要的组成部分之一。

可以说，同理心是一项技能，可以帮助人们更好地理解人并更好地沟通。首先，它有助于激发双方对对方的兴趣。当双方之间存在同理心，一方可以更加关注另一方，用心去听另一方的故事，更加深入地了解对方。其次，它可以促进更好的沟通。当双方有了同理心，可以更好地表达自己，不再有说不清的感觉，沟通变得更加有效。

同理心也称为"设身处地理解""感情移入""心神移入""共感""共情"。泛指心理换位、将心比心。亦即设身处地对他人的情绪和情感的认知性的觉知、把握与理解。主要体现在情绪自控、换位思考、倾听能力以及表达尊重等与情商相关的方面。同理心一般具有如下原则：我怎么对待别人，别人就怎么对待我；想他人理解我，就要首先理解他人。

将心比心，才会被人理解；别人眼中的自己，才是真正存在的自己。学会以别人的角度看问题，并据此改进自己在他们眼中的形象；只有修正自己，很难修正别人。想成功地与人相处，让别人尊重自己的想法，唯有先改变自己；真诚坦白的人，才是值得信任的人；真情流露的人，才能得到真情回报。

同理心也分为不同的等级，第一个等级是很少从他人的角度思考问题，做事情很少考虑到他人的感受；沟通时讲客套话，无法引起对方的共鸣，对方也不愿意将自己的真实想法说出来；不愿意倾听；安排事务几乎不考虑下属的需要。第二个等级是能够从别人的角度思考问题，做事情会考虑到他人的感受；与人沟通比较真诚，愿意将自己的一部分想法表露出来；能让人觉得被理解被包容；学会倾听，工作中尽量考虑对方的需要。第三个等级是能够站在对方的角度考虑问题，想对方之所想，急对方之所急；能够使人不知不觉地将内心的想法，感受说出来；能够让人觉得被理解，被包容；能够用心倾听；在安排事务时，尽量照顾到对方的需要，并愿意做出调整。最高等级是能够将心比心，设身处地地去感受和体谅别人，并以此作为工作依据；有优秀的洞察力与心理分析能力，能从别人的表情、语气判断他人的情绪；投其所好，真诚，说到听者想听，听到说者想说；以对方适应的形式沟通。

同理心的培养可以分为 4 个主要的步骤，首先是倾听自己的感觉，同理心的起始是先倾听自己的感觉，假如无法触及自己的感受，而要想体会别人的感受，就太难了，因为这个领域对你来说还是一片空白呢！因此，首先你必须能把自己调整到可以发掘自己的感受，能体会这些感受。第二是表达出自己的感觉，重要的是选择表达感受的方式。第三是倾听他人的感觉，一旦你自己的感受与表达方式不再干扰你倾听别人后，你才能开始练习体会他人的感觉；可以帮助你找出别人感受的线索很多。第四是用体谅来回答他人的感觉，你一听到别人的感觉就会发出某种反应，并能让对方认为你听进去了，且能体会他的感觉。因此，倾听自己以找出自己的感受、表达它们、与体会他人的感觉并与之起共鸣，是同理心发生的 4 个过程。

用同理心来指导我们的沟通实践。同理心的基本意思是说，一个人要想真正了解别人，就要学会站在别人的角度来看问题，也就是人们在日常生活中经常提到的设身处地、将心比心的做法。心理学家发现，无论在人际交往中发现什么问题，只要你坚持设身处地、将心比心，尽量了解并重视他人的想法，就比较容易找到解决问题的方法。

尤其在发生冲突和误解时，当事人如果能够把自己放在对方的处境中想一想，也许就可以了解到对方的立场和初衷，进而求同存异、消除误会。其实同理心并不是什么新的想法，早在两千多年前孔子就说过：己所不欲，勿施于人。这就是同理心所说的，要做到"推己及人"：一方面自己不喜欢或不愿意接受的东西千万不要强加给别人；另一方面，应该根据自己的喜好推及他人喜好的东西或愿意接受的待遇，并尽量与他人分享这些事物和待遇。

现实生活中常说的"人同此心，心同此理"，强调的也是同理心。不管是东方文化还是西方文化，都把同理心作为一种思维方式和道德标准，而没有从个人发展与成功的角度去阐述同理心的重要性。事实上，同理心既是人际交往的基础，也是个人发展与成功的基石。社会学家发现，同理心是人的社会化的一个重要环节，而社会化则是一个人发展与成功的前提。

人与人之间冲突的来源，通常起源于对彼此的误解，或是一方态度咄咄逼人，或是一方拉不下脸来，或是情绪过于激动，或是过于固执己见……其实这都是可以避免的，同理心的作用也就在于此。简单来说，同理心就是将心比心。同样的时间、地点、事件，将当事人换成自己，也就是设身处地去感受、体谅他人。人与人的关系没有公式可言，只能以关心为出发点，为双方都留下空间，设想他们所想要、所需求的东西，他们能做的事，及他们自己的生活。也就是说，人与人之间只是关心仍是不够的。还需要爱，需要对于别人的处境感同身受。有了同理心，我们将不会处处挑剔对方，抱怨、责怪、嘲笑、讥讽便也大大减少；取而代之的是赞赏、鼓励、谅解、扶持。这样一来，人与人的相处便变得愉快、和谐。

同理心对于个人的发展极为重要。它体现在一个人一旦具备了同理心，就容易获得他人的信任，而所有的人际关系都是建立在信任的基础上的。注意这里所谈的"信任"不是指对个人能力方面的信任（例如，让别人相信我能把某项工作做好），而是指对人格、态度或价值观方面的信任（例如，让别人相信我的出发点是好的，相信在我面前不必刻意设防或掩盖自己的缺点和错误）。从这个意义上说：没有同理心就没有彼此之间的信任，没有信任也就没有顺利的人际交往，也就不可能在分工协作的现代化社会中取得成功。

有人可能会问："在人际交往中，信任真的那么重要吗？"我们可以回忆一下，在生活中，当你无意中冲撞别人时，如果对方非常信任你，在多数情况下对方会不会一笑了之？如果你们没有建立良好的信任关系，一次小小的冲突就有可能造成很大的麻烦。所以英国作家麦克唐纳说："信任是比爱更好的赞美。"

所以，同理心不仅是为了理解别人，也是让别人理解自己。同理心并不要你迎合别人的感情，而是希望你能够理解和尊重别人的感情，希望你在处理问题或做出决定时，充分考虑到别人的感情，以及这种感情可能引起的后果。

拥有同理心，亲密关系才得以建立，反之，传送与接收同理心的神经线路会短路。直到某天，当一个人发现世界是不断地亏待自己，对自己的感觉不闻不问时，他（她）将不再努力与尝试跟其他人建立关系，并让自己同理的情绪关机。可想而知，其后果将是他（她）开始去伤害别人，以生气或暴力作为情绪的出口。不曾接受过同理之人，其脑部也对同理心毫无记忆可言，更惶让其他人能有同理的经验。

◆ **优秀职场人的职场沟通分享**

回顾前几年新冠疫情期间，从国内动员到国际合作，从双边外交到多边舞台，我国最高领导人习近平总书记，在全球战疫时刻的一系列动作，展现了我们中国的解题思路——在与世界的互动中始终保持一份将心比心、推己及人、换位思考的"同理心"❶。无论在日常工作还是生活中，凡是有同理心的人，都是善于体察他人意愿、乐于理解和帮助他人的人。这样的人最容易受到大家的欢迎，也最值得大家的信任。沟通中具备同理心非常重要，你要明白，当你无法对别人的感受感同身受的时候，你们的沟通是不会很深入和高效的。

——杨悦仁

信任关系来源于同理心，要建立信任关系，就要在人际交往中逐步体现出自己的同理心，并以此证明自己是值得信任的。这是一个长期的不断深化的过程——你对别人越真诚，越善于倾听、体谅、尊重或宽容别人，别人也就会越真诚和信任。如此继续下去形成一个良性循环后，人与人的交往就非常顺利了。

——石向荣

◆ **人物简介**

杨悦仁，牛墨集团/汉牛集团总裁。主要从事石墨烯材料与制品的市场营销。
石向荣，九州治水董事长兼总经理。主要从事水利水电勘测设计。

◆ **沟通实例**

公司同事小张，他本来是个很优秀的销售代表，在公司业绩也时常处于领先的位置，但他最近有点消沉。下班以后，在办公室，他找我聊天。小张说："我用了整整

---

❶ 出自于 2020 年 4 月 6 日，全球战疫，习近平展现中国的"同理心"，中国新闻网报道，

一周的时间做一个客户，但客户的销售量还是不高。真是……"这时我打住了想出口的指导意见，没急着去指导他该怎么做，而是想到，如果是我，对一个客户费了一周时间去做，却没有大的起色，我应该会有点沮丧吧？此时应该是想继续发一下牢骚吧，因此，我只是接了一句话"哦，怎么会这样？"他果然接着滔滔不绝地说了一通，如何努力，但却没见成绩，很郁闷，不过他已经有后续客户了，打算跟进后续这个客户。

如果我一开始在他说完第一句时，就给出了我的指导意见，不仅把他一肚子想要发泄的牢骚给憋回去了，而且也容易让他反感：又没有马上请你指导，就你能耐，就你知道该怎么办，真讨厌。这样的话，后面的沟通效果一定不会好。你马上建议他怎么做，或者你一起来抱怨销售政策，这些都是不对的。你看，在沟通中，我们怎么理解对方的一句话，怎样来回应，其实非常需要同理心的参与。

课程回顾

1. 了解沟通中同理心的涵义。
2. 知晓如何在沟通中具备同理心。

沟通实践

同理"敌人"

沟通中用同理心来与敌对印象背后的需要建立连接。这个敌对印象针对的是职场中的权威人士，可如果"自己"就是敌人，那么这个同理的过程也同样适用。如果你认为某个领导大权独揽，那么你可能发现这个评判的背后是你自主和被信任的需要。你知道自己独立工作会更有创造性并且效果会更好，因此你希望你的领导在整个工作过程中能够充分相信你。

现在，我们要完全转变这个敌对印象。与你领导大权独揽背后的需要建立连接同样非常重要。在你发掘他的需要时，思考你的想法或言行能够做出怎样的改变。这样，你可能就会发现这个敌对印象被完全打破，对方在你心里也更具人性了。

当我们预想到接下来的互动会有很大的难度时，我们可以采取一定的措施，让互动更令人满意。在接下来的一周中，留心发现你在职场中存在敌对印象的人，他可能只是你的同事，也可能是某个有权力的人。使用沟通中的同理心，发现改善你们之间关系的方法。

大家都知道龟兔赛跑。可能大家觉得这个故事在幼儿园的时候老师就讲过了，再提它似乎有些多余。要知道，这个故事体现出现代管理中的双赢原则。首先问：龟兔赛跑难道只赛这一次吗？不对。

第一次，兔子骄傲，半路上睡觉了，乌龟赢了。赛完以后，兔子不服，于是进行第二次赛跑。第二次，兔子吸取经验教训，不睡觉了，一口气跑到终点。所以，第二次，兔子赢了，乌龟输了。乌龟不服。它说，咱们比第三次吧。前两次都是你指定路线跑，这次得由我指定路线跑。兔子想，反正我跑得比你快，你爱指定就指定吧。第三次赛跑，兔子按乌龟指定的路线跑了，兔子又跑在前面，快到终点时，被一条河挡住了，兔子过不去。乌龟慢慢爬到河边，它向河游过去了，它又跑第一了。

再赛第四次？它们说，为何老这样赛呢？咱们优势互补，成为合作伙伴吧。于是，陆地上，兔子驮着乌龟跑，过河的时候，乌龟驮着兔子游，同时到达终点，是双赢的结果。在现代市场中要记住，要追求双赢。

这个故事在现代管理与沟通中有什么启示？

第一次龟兔赛跑的启示是：当你处在劣势的时候，不要气馁，不要松懈，要坚持到底，等待对手犯错误。乌龟处在劣势的时候，不气馁，不松懈，坚持到底，等待对手犯错误，果然，兔子睡觉了，乌龟跑了第一。

第二次龟兔赛跑的启示是：要善于把潜在的优势转化成现实的优势。你看，兔子能跑，但这是它的潜在优势。第一次，潜在的优势没有转化，兔子睡觉了。第二次，兔子之所以赢，是把潜在的优势转化成了现实优势。所以，别老是说自己的潜在优势在哪儿，只有把潜在优势转化成现实优势才行。

第三次龟兔赛跑的启示是：当你发现原来的策略不管用了，要及时调整策略，改变策略。第二次跑完后，乌龟懂了：假如顺着原来的路线跑，只要兔子不睡觉，我就永远不会赢。及时调整策略，换条路线跑，一条河把对手挡住了，到时候对手过不去了，我却可以过去。

第四次龟兔赛跑的启示是：优势互补、双赢，都是建立在互相信任的基础上的。假如不是互相信任，陆地上，兔子驮着乌龟跑，兔子一扭身把乌龟摔个半死；或者过河的时候乌龟往下一沉，把兔子淹死了。这怎么办？所以，双赢必须建立在相互信任的基础上。沟通中也是如此。

"双赢"一词来自于英文"win—win"的中文翻译。双赢是成双的，对于客户与企业来说，应是客户先赢企业后赢；对于员工与企业之间来说，应是员工先赢企业后赢。双赢强调的是双方的利益兼顾，即所谓的"赢者不全赢，输者不全输"。

多数人所谓的双赢就是大家都有好处，至少不会变得更坏。"双赢"模式是中国传统文化中"和合"思想与西方市场竞争理念相结合的产物。在现代企业经营管理中，有人强调"和谐高于一切"，有人提倡"竞争才能生存"，而实践证明，和谐与竞争的统一，才是企业经营的最高境界。市场经济是竞争经济也是协作经济，是社会化专业协作的大生产，因此在市场经济条件下的企业运作中，竞争与协作不可分割地联系在一起。

互利共赢，是经济全球化时代的理性选择，经济全球化既是历史之必然，也是二战后大国齐心协力促成，它自 20 世纪 90 年代以来席卷了世界。如果把加入 WTO 作为参与经济全球化的标志，那么世界上 3/4 的国家，包括发达国家、发展中国家和不发达国家，都已投身到经济全球化的大潮中。但我们对全球化不能盲目乐观，"在未来 5～10 年中，全球化是否能够继续推进，取决于主要国家能否有效地开展合作，取决于它们能否克服彼此之间的利益冲突，取决于它们能否有效地解决全球化带来的负面效应"。中国政府基于对经济全球化的客观认识，秉承"维护世界和平，促进共同发展"的外交宗旨，作出了对外经济实施互利共赢的务实的选择，这也是促进经济全球化良性发展的理性选择。经济上如此，沟通中也是如此。

两个贩子背着酒篓走在去集市贩酒的路上，他俩竟打起赌来：赢者饮对方一勺酒。一路上，他们不断地赌，也不停地饮，到达集市时，各自的酒几乎全尽了。两个人都感到高兴，因为赢尽了对方的酒。

总之，在市场经济中，今天的对手说不定明天就是合作伙伴。一定要懂得双赢效应。近年来，很多学者提倡"合作竞争"，提出了有"竞合"概念的"双赢"模式，旨在说明企业之间团结合作，在竞争中共同创造价值，才能在现代经济条件下共同取得前所未有的盈利能力与市场竞争力。双方都得利、都得好处，生意才能做得长久。在沟通中，只有沟通的双方都达成自己的核心需求，沟通才取得了最重要的成功，这样的沟通才能更深入与有效。

◆ 优秀职场人的职场沟通分享

习近平总书记强调，我们将拉紧互利共赢的纽带❶。沟通要产生好的效果，首先需要改变你输我赢的模式，寻求持久的关系需要建立合作双赢的伙伴关系。在这个基础上再进行那些有效倾听与表达的训练，才真正有效。争"输赢"的思路，不利于发展沟通中长久的关系，在沟通实践中应该摒弃只有你自己赢的想法。

—— 吕志升

◆ 人物简介

吕志升，缙云县水务投资有限公司董事长。主要负责水利监察、水土保持、分管重点工程建设工作。

◆ 沟通实例

有次因为要进一批货，需要和对方沟通来谈价格。在见面谈之前，我们这边查了一些资料，对这批货在最近市场上的行情，还有这类货品接下来的市场趋势和走向等，做了一番了解。

见面开始谈的时候，对方一上来就要价不菲，那我们当然不能同意。当双方有些

---

❶ 出自习近平总书记向 2023 年中国国际服务贸易交易会全球服务贸易峰会发表的致辞。

僵持不下的时候，我给对方分析了一下这批货的市场行情，"从以上数据来分析，贵公司这批货之前在市场上卖价确实不错，最近的成交也是不错的，因此你们要价高，我可以理解，但同时也要看到，接下来的市场走势并不十分理想，如果现在因为价格居高不下而僵持，不肯成交，那后面价格不理想时，岂不是更难出货？岂不是要亏了？不如这样，参照当前和以后的市场情况，你们价格上做一个平衡，在我们能承受的范围内，你们完成出货交付，我们完成材料采购，两全其美，你们看如何？"

这一番为双方共赢考虑的话讲完，对方的态度明显缓和了。接下来的沟通顺畅了很多。对方也意识到，无论卖货还是沟通，只有一方赢，而另一方输的局面，显然是很难达成的。因此，双赢的思维，无论在做生意的商场，还是在沟通当中，都是不容忽视的。

课程回顾

1. 了解沟通中双赢的涵义。
2. 知晓如何在沟通中达到双赢的结果。

沟通实践

做 得 好

我们通常会说需要改进某些做得不好的行为，但常常忘记庆祝某件做得好的事情。实际上，即使像很好地完成了一次对话、会议或团队建设这样的小事，也值得我们庆祝这样双赢的结果。

但是很多时候我们的庆祝都仅限于一句"谢谢"或"不错"，而这些都不足以具体表达出我们内心真正的情感。

良好沟通为我们提供了一系列能够从需要的层面正确表达庆祝的词汇，而不仅仅只是简单的"谢谢"或"不错"。

例如你对自己某次使用同理技巧来处理客户关系的经历非常满意，那么你可以再次回忆这次互动，同时问自己："我有什么感受？我的哪些需要因此得到了满足？"

你可能会回答："我感到满足和自信，因为客户表示对我能够同理她感到非常开心，她相信我理解她的处境。得到这样的回应后我觉得我做出贡献的需要得到了满足。"

从需要的层面思考，你希望庆祝最近的哪次互动或成就？

这周从需要的层面去思考你想在哪个层面的沟通中达到双赢。用上述几个步骤同自己或他人交流这次庆祝过程，要观察使用这种基于需要的庆祝方式与普通庆祝方式有哪些不同。

第八节 宽容

没有一颗宽容的心，不能接受刺耳的话，谈何沟通呢？沟通是必需的生活技能之一。良好的沟通需要宽容的心做桥梁，宽容需要沟通来体现，有不同的心态，沟通就会产生不同的结果。所以，开口说话之前，我们既要谨慎小心，努力让对方听得进去，也要用心聆听对方所说的道理，不要过于在意对方怎么说。

不过话又说回来，可能我们都会拒绝接受别人不恰当的批评方式及言语，也会有马上自圆其说的念头和反唇相讥的冲动，在这种情况下无论如何你都要克制，因为反击的表现就是你不接受别人的批评，尽管你也许是无心之失。经常对别人的批评进行直接反驳，你的信誉度会直线下降，使别人认为你固执己见。对待来自他人的批评，最重要的是断定他人的批评是否对你有价值，不一定所有的批评你都要接受。

如果是出于成见的批评、无关紧要的批评、恶意的批评，你根本不用在意；如果是善意的批评、有价值的批评，接受下来又何乐而不为呢？如果别人对你的批评是善意的，有参考价值的，你就应该承认，并考虑接纳他的意见，而且要表示出感谢。同时尽可能地按照他的意见进行改正，和他一起找到解决问题的方法，表明你改正错误的决心和勇气。

如果批评的事情确实不是你的原因造成的，你一定非常生气，你一定觉得受了很大的委屈。尽管你心里很不平衡，你还是要耐心地听对方把话说完，假若你没有耐心把话听完，中途打岔，申诉你的理由，你多半会被认为是狡辩，不虚心接受他人意见，他对你的行为会非常不满，这样你只会使双方的冲突更加剧烈，而且从此你的形象大打折扣。因为往往人们都不能接受别人对自己不认可，对自己意见不重视，即使有时对方是对的。

你认为自己真的没有必要接受批评，可以表示出遗憾的态度，但这和认错不一样，因为这只是一种礼貌，却能显示出你的修养和体谅别人的风度。认真听完他的批评之后，再提出你的理由、解释你的行为、证明你的看法，最后的结果可能是不成功的，如果对方仍然不肯原谅你的行为，你也没必要为此太伤神，因为时间可以证明一切、努力可以改变一切。

听到不顺耳的话时，你应该这样想：没有人会对自己不在乎的人提出忠告，最刺耳的话往往是最为你着想而且诚实的话，因为他是为我好。良药苦口可以治病，忠言逆耳可以减少犯错误的机会。

另外，当别人提高声音时，你千万不要试图也提高声音，这样的沟通，将会很容易改变原本沟通的性质。保持心平气和，才能降低对方欲要燃烧的内火。道理学了一箩筐，看了很多的书，但是很多时候当书上所讲的事发生在自己身边时，我们却总是不能改变自己一贯的坏脾气，任由自己不经过思考意气用事。

任何一句话，认真去听，都可能听出些道理，不可能毫无价值。但是，我们常常不在乎这些道理，却斤斤计较于对方表达时的态度和语气。换句话说，我们不认真听对方在讲什么，却十分介意对方是怎么讲的。事实上，越有道理，越容易引起听者的反感，所谓忠言逆耳。只要双方都认真地听，那么沟通起来就会顺畅得多。

◆ **优秀职场人的职场沟通分享**

有时一个人说出的话，其中的言词，和他们本身的文化素养有关，不是所有的人都会说出好听的话，既能让我们理解、受用，又能让我们发自内心地接受。这时候，在沟通中，你更需要宽容。海纳百川，有容乃大。在与人的沟通中，这份宽容尤其重要，我们要努力踏实践行，才能收获好的沟通效果。

——余开润

◆ **人物简介**

余开润，衢州凯西水利工程有限公司总经理。主要从事建筑工程行业。

◆ **沟通实例**

记得有次我开车出门，没开多远，只听"咣"的一声，一辆街对面从左后方向前开过来的车子，莫名其妙地撞上了我的车。当时我正常往前行驶，要论责任，是对方全责。我们两辆车都停下来，我下车走到后面车旁边一看，他手里还拿着手机，估计是这辆车驾驶员在打电话、没专心开车导致的。我先查看了对方的前盖，对方是一辆网约车，估计急急忙忙赶着去接单，不小心发生了这个事故。"你人没事吧？"我首先问他，这个小伙子有点意外，"啊，没事没事"，"不好意思啊，把你车撞了……"他愣了一下，才开始道歉，"没事没事，你肯定也不是故意的，人都没事就好……"，因为带着宽容的心态，我们不仅没有像很多车子相撞的司机那样出言不逊，甚至拳脚相向，反而都很客气，后来很快商量好了后续怎么处理，就拍好照片，各自继续赶路，并没有耽误很长时间。

课程回顾

1. 了解沟通中宽容的涵义。
2. 知晓如何在沟通中具备宽容的特质。

沟通实践

暂 停 指 责

我们一旦在职场上出现问题，都会玩指责游戏，不遗余力地争辩到底是自己还是对方错了。这与沟通中的宽容背道而驰。

我们对这个指责动作驾轻就熟，因为它早已深深地植入我们的语言中：

- "他没错。"
- "她别无选择。"
- "除了这样没有别的办法了。"
- "我只能这样做。"

与指责相关的感受是气愤、抑郁和愧疚。很自然，当你试图通过指责他人来避免让自己受到惩罚的时候，你的需要是无法得到满足的，你只会感到气愤、抑郁、羞愧或内疚。

你在职场中习惯第一时间指责的频率有多高？

宽容是沟通遭遇冲突时转危为安的核心。请为你和他人的沟通创造一个更宽容的软环境。这周要留心是在哪些情境中你开始进行指责他人的？要意识到整个过程如何限制和影响了你的沟通，特别是如何限制了你做出正面积极的选择。